Der erfolgreiche Weg zum A-Mitarbeiter: Neunstufiger Auswahlprozess

1. **Anforderungsprofil erstellen** (Seite 71)
   Was exakt wird an diesem Arbeitsplatz benötigt? (2-3 Stunden Vorbereitung)

2. **Netzwerk aktivieren – Talente entdecken** (Seite 81)
   Den Pool an Bewerbern ständig pflegen, damit im Bedarfsfall genügend Bewerber für den Auswahlprozess da sind.

3. **Personalfragebogen zuschicken** (Seite 87)
   Ein Personalfragebogen hilft die Daten der Bewerber zu standardisieren und gleichzeitig die Anzahl zu reduzieren.

4. **Telefoninterview** (Seite 93)
   Telefoninterviews anhand eines Leitfadens (20-30 Minuten pro Bewerber) helfen, die Zahl auf 3-4 Bewerber zu reduzieren.

5. **Erstes Interview** (Seite 95)
   Mehrstündiges Interview anhand eines Leitfadens (mit mehreren Mitarbeitern aus dem Unternehmen) – anschließend 1-2 Kompetenzinterviews.

6. **Referenzen einholen** (Seite 104)
   3-5 Referenzgespräche sind unverzichtbar. Referenzgeber sind nicht die vom Bewerber genannten, sondern frühere Arbeitgeber bzw. Vorgesetzte.

7. **Zweites Interview** (Seite 106)
   Hier geht es um Werte und Charakter. Eine alte Erkenntnis: Wir stellen ein wegen fachlichen Fähigkeiten und entlassen wegen charakterlichen Schwächen.

8. **Den Bewerber für das Unternehmen »gewinnen«** (Seite 115)
   Jetzt gilt es dem Bewerber das Unternehmen zu »verkaufen«. Wer jetzt noch im Rennen ist, hat viele attraktive Angebote.

9. **Probezeit nutzen** (Seite 116)
   Die Formulierung von Meilensteinen hilft, die Entscheidung zu verifizieren. Exzellente Firmen sind nicht rücksichtslos, aber rigoros.

Die besten Mitarbeiter finden und halten

Prof. Dr. Jörg Knoblauch ist geschäftsführender Gesellschafter der Firmen tempus, persolog (Persönlichkeits-Profile D-I-S-G) und tempus-Consulting. Der führende Managementvordenker für den Mittelstand entwickelt und vermittelt seit über 20 Jahren in seinen Firmen zielgerichtet neue Führungsmodelle, radikale Kundenorientierung, Mitarbeiterbindung und Prozessoptimierung. Seine Bücher wurden in ein Dutzend Sprachen übersetzt.

Jürgen Kurz, MBA, ist Geschäftsführer der tempus. GmbH. Er war Projektleiter bei den Bewerbungen zum Ludwig-Erhard-Preis 2002 und International Best Factory Award 2004. Sein Schwerpunkt sind Seminare zu den Themen »Zielvereinbarung – Ihr Weg zu Spitzenleistung und variabler Entlohnung« sowie »Für immer aufgeräumt – 20 % mehr Effizienz im Büro«.

tempus-Consulting ist ein Geschäftsbereich der tempus. GmbH. Die Unternehmensgruppe wurde mit einer Vielzahl der angesehensten Wirtschaftspreise ausgezeichnet, unter anderem mit dem BestPersAward für exzellente Personalführung sowie mit dem International Best Service Award. Dieses Know-how wird unter dem Motto »Unternehmer beraten Unternehmen« in der Beratung an mittelständische Unternehmen weitergegeben. Mehr Informationen zur Firma finden Sie unter: www.tempus-consulting.de.

Weitere Informationen zum Thema dieses Buches finden Sie unter: www.abc-strategie.de.

Jörg Knoblauch, Jürgen Kurz

Die besten Mitarbeiter finden und halten

Die ABC-Strategie nutzen

Campus Verlag
Frankfurt/New York

Bibliografische Information der Deutschen Nationalbibliothek:
Die Deutsche Nationalbibliothek verzeichnet diese Publikation in der
Deutschen Nationalbibliografie. Detaillierte bibliografische Daten
sind im Internet über http://dnb.d-nb.de abrufbar.
ISBN 978-3-593-39004-8

2., überarbeitete und erweiterte Auflage 2009

Das Werk einschließlich aller seiner Teile ist urheberrechtlich geschützt.
Jede Verwertung ist ohne Zustimmung des Verlags unzulässig. Das gilt
insbesondere für Vervielfältigungen, Übersetzungen, Mikroverfilmungen
und die Einspeicherung und Verarbeitung in elektronischen Systemen.
Copyright © 2009 Campus Verlag GmbH, Frankfurt am Main
Umschlaggestaltung: Guido Klütsch, Köln
Satz: Publikations Atelier, Dreieich
Druck und Bindung: Druckhaus »Thomas Müntzer«, Bad Langensalza
Gedruckt auf Papier aus zertifizierten Rohstoffen (FSC/PEFC).
Printed in Germany

Besuchen Sie uns im Internet: www.campus.de

Inhalt

Warum ich dieses Buch empfehle.................................. 9

Teil I
Mitarbeiter finden – Der Krieg um Talente ist voll entbrannt

Auf einen Blick: Teil I 12
Der 5-Minuten-Test:
Wie gut sind Sie im Finden von Mitarbeitern?.................. 15

Kapitel 1
Das Thema Personal auf der strategischen Tagesordnung
    Der wichtigste Erfolgsfaktor der Unternehmen sind die
    Mitarbeiter 18
    Fehlentscheidungen sind extrem teuer 25
    Erst wer, dann was – also: Menschen vor Aufgaben........... 29

Kapitel 2
A-, B- und C-Mitarbeiter unterscheiden
    Schärfen Sie Ihren Blick für A-, B- und C-Mitarbeiter 33
    Differenzierung funktioniert – Zahlen von Jack Welch bis Gallup.. 39
    Ist eine solche A-, B-, C-Differenzierung ethisch vertretbar?..... 44

Kapitel 3
Das Unternehmen attraktiv machen
    Sorgen Sie für ein positives Image 53
    Machen Sie Ihr Unternehmen bekannt 57
    Ziehen Sie herausragende Talente in Ihr Unternehmen 61

Kapitel 4
Professionalisieren Sie die Suche nach Mitarbeitern
    Dreistufiger Auswahlprozess für gering qualifizierte Mitarbeiter.. 64
    Fünfstufiger Auswahlprozess für höher qualifizierte Mitarbeiter.. 66
    Auswahlprozess beim Erfolgsmodell Schindlerhof 66

Kapitel 5
Der neunstufige Auswahlprozess – ein Garant für A-Mitarbeiter
    Schritt 1: Anforderungsprofil erstellen 71
    Schritt 2: Netzwerk aktivieren – Talente entdecken 81
    Schritt 3: Personalfragebogen zuschicken 87
    Schritt 4: Telefoninterview 93
    Schritt 5: Erstes Interview 95
    Schritt 6: Referenzen einholen 104
    Schritt 7: Zweites Interview 106
    Schritt 8: Den Bewerber für das Unternehmen »gewinnen« 115
    Schritt 9: Meilensteine festlegen (Probezeit) 116

Kapitel 6
Gewinnen Sie die besten Auszubildenden
    Schritt 1: An Schulen werben 121
    Schritt 2: Die besten Bewerber einladen 122
    Schritt 3: Assessment-Center, Runde 1 122
    Schritt 4: Assessment-Center, Runde 2 124
    Schritt 5: Einstellung des gewünschten Bewerbers 125

Kapitel 7
Zweimal messen, einmal schneiden –
Fehlbesetzungen vermeiden 126

Teil II
Mitarbeiter halten – Mitarbeiter werden Mit-Unternehmer

Auf einen Blick: Teil II 130
Der 5-Minuten-Test:
Wie gut sind Sie im Halten und Motivieren von Mitarbeitern? 133

Kapitel 8
Stufe 1: Mitwissen
    Neue Mitarbeiter gut und schnell integrieren 136
    Mit Informationen verblüffen 139
    Offenheit leben – alle sollen es wissen 141

Kapitel 9
Stufe 2: Mitdenken
    Nutzen Sie die ungeahnte Kraft des Beurteilungsbogens 143
    Sagen Sie die Wahrheit mit A-, B- und C-Briefen 148
    Lassen Sie die Vorgesetzten durch Mitarbeiter bewerten 152
    »Führungskräfte« oder »Nicht-Führungskräfte« 155

Kapitel 10
Stufe 3: Mitlernen
    Entwickeln Sie eine Kultur des Lobens und Dankens 157
    Fördern Sie Ihre Mitarbeiter durch ständiges Feedback 160
    Bilden Sie begabte Mitarbeiter weiter. 167

Kapitel 11
Stufe 4: Mitverantworten
    Motivieren Sie jeden Tag – der Chef als Muntermacher 175
    Führen Sie mit Ihren Mitarbeitern Quartalsgespräche 183
    Vereinbaren Sie Ziele, um gemeinsam an einem Strang zu ziehen . . 188

Kapitel 12
Stufe 5: Mitgenießen
    Wer sich um seine Mitarbeiter kümmert, kümmert sich damit
    zugleich um sein Unternehmen. 195

Lassen Sie Ihre Mitarbeiter spüren, dass Sie sie schätzen 199
Feiern Sie auch kleine Erfolge 202

Kapitel 13
Stufe 6: Mitbesitzen
Investieren Sie in die Karriereplanung Ihrer Mitarbeiter. 204
Schaffen Sie ein kreatives Entlohnungsmodell 207
Binden Sie Ihre Mitarbeiter langfristig durch Kapitalbeteiligung . . . 211

Kapitel 14
Stufe 7: Mit Werten unterwegs
Gewinnen Sie die Herzen Ihrer Mitarbeiter 214
Werte machen wertvoll 218
Arbeiten Sie an einer sinnstiftenden Unternehmenskultur. 220

Danksagung 224

Literatur 226

Anmerkungen 229

Register 231

Um das Lesen zu erleichtern, verwenden wir in diesem Buch meist die männlichen Formen. Alle weiblichen Führungskräfte, alle Mitarbeiterinnen möchten wir gleichermaßen ansprechen. Wir bitten unsere Leserinnen um Verständnis.

Warum ich dieses Buch empfehle

Sie haben Personalverantwortung? Eine wunderbare Aufgabe. Schließlich wird hier der Erfolg Ihrer Firma begründet.

Das innovative Beratungskonzept des mittelständischen Unternehmers und Wirtschaftsprofessors Jörg Knoblauch und seines Kollegen Jürgen Kurz bringt es so auf den Punkt: »Es gibt A-, B- und C-Mitarbeiter. Der A zieht den Karren, der B geht nebenher und der C sitzt oben drauf und lässt sich ziehen.« Während in durchschnittlichen Firmen A-, B- und C-Mitarbeiter gleichmäßig verteilt sind, zeichnen sich exzellente Companies durch eine überdurchschnittlich hohe Anzahl von A-Mitarbeitern aus.

Was erfolgreiche Konzerne schon immer wussten, wird hier in eine komprimierte und vor allem umsetzbare Anleitung zur Gewinnung qualifizierter und motivierter Mitarbeiter für den Mittelstand übersetzt.

Vor allem die Beispiele aus den eigenen Unternehmen der Autoren sorgen für eine praxisorientierte Anleitung zur Umsetzung einer effizienten und nachhaltigen Personalpolitik. Dieses Buch ist eine wahre Fundgrube nützlicher Ideen gerade in einer Zeit, in der viele Unternehmer ihre Maschinen und ihre Kunden besser pflegen als ihre Mitarbeiter und Mitarbeiterinnen.

Dr. Peter F. Barrenstein,
Direktor McKinsey & Company, Inc. (bis 2007)

Teil I

Mitarbeiter finden –
Der Krieg um Talente ist voll entbrannt

Auf einen Blick: Teil I

Wie findet man die besten Mitarbeiter und wie hält man sie? Dies ist die Schlüsselfrage erfolgreicher Unternehmensführung. Es ist verständlich, dass der Kampf um talentierte Mitarbeiter voll entbrannt ist. Es geht nicht mehr darum, *gute* Mitarbeiter zu finden, nein, es geht darum, die *besten* zu finden. Die *Besten* zu finden entspricht allerdings nur der Note 2. Letztlich geht es darum aus den *Besten* die *Richtigen* auszuwählen, die dann zur Unternehmenskultur und so weiter passen. Dies ist dann die Note 1.

Im ersten Teil gehen wir deshalb in sieben Kapiteln Schritt für Schritt der Frage nach, wie Sie die besten Mitarbeiter erkennen, auf sich aufmerksam machen und für sich begeistern können:

1. *Das Thema Personal auf der strategischen Tagesordnung*
Das erste Kapitel macht klar, warum das Thema Personal auf der strategischen Tagesordnung den obersten Platz verdient hat: In der Wissensgesellschaft sind es die Mitarbeiter, die über den Erfolg eines Unternehmens entscheiden. Außerdem können Fehlbesetzungen sehr teuer werden. Die Empfehlung, Personalfragen über Sachfragen zu stellen, ist die logische Schlussfolgerung aus diesen Tatsachen.
Es geht dabei nicht nur um Schlüsselpositionen. Alle sind wichtig. Ein Beispiel: Im Zuge unserer Bewerbung um den Ludwig-Erhard-Preis war eine fünfköpfige Jury eine volle Woche in unserem Unternehmen. In der Mitte der Woche zu später Stunde ereignete sich Folgendes: Um 21 Uhr war die Putzfrau auf der Toilette zugange. Ein Mitglied der Jury kam mit ihr ins Gespräch. Die beiden fachsimpelten über »KanBan«, wie in ihrem Arbeitsumfeld sichergestellt wird, dass kein Putzmittel ausgeht und über »Muda«, den Kampf gegen Verschwendung. Sie sprachen über Umstellung auf ökologisch-verträgliche Putzmittel und wie die Mitarbeiterin

trotz höherer Preise mit dem Budget klarkommt. Das Gespräch gipfelte in Themen rund um Total Quality Management. Spätestens jetzt war es dem Jurymitglied nicht mehr klar, ob sein Gegenüber wirklich die Putzfrau war oder ob er mit einem Mitglied der Geschäftsleitung diskutierte. Keine Frage, dass dieses Gespräch die Jurymitglieder nachhaltig beeindruckt hat.

2. *A-, B- und C-Mitarbeiter unterscheiden*
Wer wie wir hunderte Unternehmen studiert hat, und sich die Frage stellt: »Was ist der Unterschied zwischen erfolgreichen und nicht erfolgreichen Firmen?«, der stößt auf ein entscheidendes Kriterium, nämlich auf den Anteil der A-Mitarbeiter, die in den Unternehmen beschäftigt sind. Nichts beeinflusst den Erfolg einer Firma stärker. Im zweiten Kapitel geht es deshalb darum, den Blick für A-, B- und C-Mitarbeiter zu schärfen. Da diese Unterscheidung auch Kritik hervorruft, wollen wir ebenso der Frage nachgehen, ob eine derartige Differenzierung ethisch vertretbar ist.

3. *Das Unternehmen attraktiv machen*
Auch in Zeiten hoher Arbeitslosigkeit ist es nicht selbstverständlich, dass sich die besten Kräfte darum reißen, bei Ihnen beschäftigt zu werden. Im Gegenteil: Exzellente Mitarbeiter sind sich ihres Wertes durchaus bewusst. Sie suchen gezielt nach Arbeitgebern, bei denen sie Respekt und Anerkennung bekommen und ihre Gaben entfalten können. Aber selbst dann, wenn Sie solch ein guter Arbeitgeber sind, werden Sie noch nicht von A-Mitarbeitern überrannt. Sie müssen Ihr Unternehmen bekannt machen, damit Ihre potenziellen A-Mitarbeiter auch von Ihnen wissen. Wer diese begehrten Arbeitskräfte schließlich für sich gewinnt, der hat gewonnen; wer sie nicht gewinnt, der hat verloren.

4. *Professionalisieren Sie die Suche nach Mitarbeitern*
Je anspruchsvoller die Position, desto mehr muss in die Auswahl der besten Mitarbeiter investiert werden. Wir haben Ihnen deshalb den typischen dreistufigen Auswahlprozess vorgestellt, aber auch einen deutlich anspruchsvolleren fünfstufigen Prozess für höherqualifizierte Mitarbeiter. Erfolgreiche Unternehmen wie z. B. der preisgekrönte Schindlerhof in Nürnberg haben noch einen deutlich detaillierteren, in diesem Fall einen neunstufigen Einstellungsprozess.

5. *Der neunstufige Einstellungsprozess – ein Garant für A-Mitarbeiter*
Dieses Kapitel ist, wenn Sie so wollen, das Herzstück des Buches. Der hier beschriebene neunstufige Einstellungsprozess ist das Ergebnis unserer Recherchen mit erfolgreichen Unternehmen rund um die Welt. Es ist kein Geheimnis: Die Schere zwischen der Mehrzahl der durchschnittlichen Firmen und der exzellenten Firmen öffnet sich ständig weiter. Dies hat offensichtlich in erster Linie mit der Qualität der Mitarbeiter und natürlich mit dem damit verbundenen Einstellungsprozess zu tun.
Unser Anliegen war es einen Prozess zu schaffen, der für möglichst viele Unternehmen anwendbar ist. Zugegeben, der mit dieser Auswahl verbundene Aufwand ist beachtlich. Am Ende jedoch zählt die Trefferquote und die lässt sich gegenüber dem herkömmlichen Einstellungsprozess mehr als verdoppeln. Wer zusätzliche detaillierte Anweisungen sucht wie z. B. die konkreten Interviewfragen und Leitfäden, findet diese in einer umfangreichen Materialbox (www.abc-personalbox.de). Der Umgang mit diesen Unterlagen wird in eintägigen Seminaren eingeübt.

6. *Gewinnen Sie die besten Auszubildenden*
Alle Studien sind sich einig: Eine Stelle intern zu besetzen, ist immer die bessere Wahl. Dies aber bedeutet, sehr früh die besten Auszubildenden zu gewinnen und auszubilden. In diesem Kapitel stellen wir den in unserem Hause entwickelten und seit vielen Jahren gewinnbringend angewendeten Prozess vor.
Gerade kleine und mittelständische Firmen finden damit Zugang zum talentierten Nachwuchs, der in der Regel nur größeren bekannten Firmen zur Verfügung stand.

7. *Fehlbesetzungen vermeiden*
Ob sich ein Bewerber tatsächlich für eine bestimmte Stelle eignet, hängt nicht nur von seinen Fachkenntnissen und seiner Erfahrung ab, sondern auch von seinem Charakter. Seine Persönlichkeit, sein Auftreten, seine persönlichen Wertvorstellungen und Ziele müssen zur Unternehmenskultur und zur sozialen Struktur Ihres Unternehmens passen. Deshalb ist es mit dem Identifizieren der Besten nicht getan. Es kommt darauf an, aus den Besten die *Richtigen* auszuwählen – das ist die Königsdisziplin des Personalwesens. Fehlentscheidungen an dieser Stelle können nicht

durch Weiterbildung aufgewogen werden, zumal sich die Experten einig sind: Jede Fehlbesetzung kostet das Unternehmen 15 Monatsgehälter.

Im Vorfeld einer Vertragsunterzeichnung bekommen Sie nur oberflächliche Eindrücke von der Persönlichkeit der Kandidaten. Während der Probezeit können Sie dagegen aus nächster Nähe beobachten, wie der neue Mitarbeiter mit Herausforderungen und Chancen umgeht. Daher ist es sehr wichtig, die Probezeit bewusst zu nutzen und den Mitarbeiter in diesen Monaten aufmerksam zu begleiten.

Erweist sich der Mitarbeiter nicht als passend, trennen Sie sich schnell und auf faire Weise. Bestätigt sich allerdings Ihr guter Eindruck aus der Bewerbungsphase, dann geht es ab jetzt darum, den Mitarbeiter zu halten und seine Entfaltung zu fördern.

Jedes der sieben Kapitel enthält erprobte Hinweise auf Maßnahmen und Instrumente, die dazu dienen, die besten Mitarbeiter zu finden.

Der 5-Minuten-Test:
Wie gut sind Sie im Finden von Mitarbeitern?

Der folgende Test hilft Ihnen zu bestimmen, wie gut Ihr bisheriges Vorgehen dazu geeignet ist, um die besten Mitarbeiter zu finden.

Der 5-Minuten-Test funktioniert mit Noten. Bearbeiten Sie Frage für Frage und vergeben Sie jeweils eine Note. Wenn Sie denken, dass die Aussage auf Sie zutrifft beziehungsweise dass Sie mit Blick auf den beschriebenen Aspekt ausgezeichnet sind, geben Sie sich die Note 1. Sind Sie der Auffassung, dass Sie massive Defizite haben, geben Sie sich die Note 4.

1. Unser Einstellungsprozess stellt sicher, dass personelle Fehlentscheidungen vermieden werden.	☐ 1 ☐ 2 ☐ 3 ☐ 4
2. Personalentscheidungen sind für mich wichtiger als Entscheidungen zu Sachfragen.	☐ 1 ☐ 2 ☐ 3 ☐ 4
3. Ich kenne die Kriterien für A-, B- und C-Mitarbeiter und bin in der Lage, einen Bewerber mit hoher Treffgenauigkeit zuzuordnen.	☐ 1 ☐ 2 ☐ 3 ☐ 4

4. Ich kann einschätzen, ob wir uns mit Blick auf die Mitarbeiterstruktur von durchschnittlichen Unternehmen unterscheiden. ☐1 ☐2 ☐3 ☐4

5. Für Bewerbergespräche (auch Telefoninterviews) habe ich einen Gesprächsleitfaden. ☐1 ☐2 ☐3 ☐4

6. Unser Unternehmen hat ein positives Image, weil wir auf angenehme Weise anders sind als unsere Mitbewerber. ☐1 ☐2 ☐3 ☐4

7. Wir nutzen systematisch geeignete Instrumente, um A-Mitarbeiter gezielt auf uns aufmerksam zu machen. ☐1 ☐2 ☐3 ☐4

8. Es ist sichergestellt, dass Personalentscheidungen ausschließlich von A-Mitarbeitern getroffen werden. ☐1 ☐2 ☐3 ☐4

9. Wir haben schriftlich Kriterien festgelegt, denen ein Bewerber unabhängig von seiner Aufgabe und Position gerecht werden muss. ☐1 ☐2 ☐3 ☐4

10. Das in Stellenausschreibungen veröffentlichte Anforderungsprofil ist so präzise, dass die Zahl ungeeigneter Bewerber sehr gering ist. ☐1 ☐2 ☐3 ☐4

11. Wir verlassen uns nicht nur auf Stellenanzeigen, sondern nutzen den Kontakt zu guten Leuten (Talent Pool). ☐1 ☐2 ☐3 ☐4

12. Bevor die interessantesten Bewerber zum Vorstellungsgespräch eingeladen werden, klären wir die wichtigsten gegenseitigen Erwartungen bereits am Telefon. ☐1 ☐2 ☐3 ☐4

13. Unser Rekrutierungsprozess ist mehrstufig aufgebaut. ☐1 ☐2 ☐3 ☐4

14. Um die Personalentscheidung abzusichern, nutzen wir im Rekrutierungsprozess Instrumente wie Persönlichkeitstests (z. B. D-I-S-G, MBTI, HBDI). ☐1 ☐2 ☐3 ☐4

15. Um umfassendere Eindrücke zu gewinnen, sind bei einem Einstellungsgespräch stets mehrere Personen beteiligt. ☐1 ☐2 ☐3 ☐4

16. Wir führen mindestens zwei Einstellungsgespräche – auch bei Mitarbeitern ohne Führungsverantwortung. ☐1 ☐2 ☐3 ☐4

17. Wir nutzen einen mehrstufigen Prozess, um unsere Ausbildungsplätze mit den aussichtsreichsten jungen Menschen zu besetzen. ☐1 ☐2 ☐3 ☐4

18. Wir achten bei der Auswahl von Bewerbern nicht nur auf fachliche Kompetenzen, sondern auch darauf, dass der Bewerber zur Unternehmenskultur und zur sozialen Struktur unseres Hauses passt. ☐1 ☐2 ☐3 ☐4

19. Wir führen während der Probezeit mehrere Feedbackgespräche. □ 1 □ 2 □ 3 □ 4

20. Wenn sich der Mitarbeiter als nicht passend erweist, trennen wir uns schnell und auf faire Weise. □ 1 □ 2 □ 3 □ 4

Auswertung
Zählen Sie alle Noten zusammen und dividieren Sie das Ergebnis durch 20. Auf diese Weise erhalten Sie Ihre Durchschnittsnote.

Note 1,0 bis 1,9: Sie wissen, worauf es beim Finden der besten Mitarbeiter ankommt. Der Anteil von A-Mitarbeitern ist in Ihrem Unternehmen höher als im Durchschnitt. Sie sind für die Zukunft gut gerüstet.

Note 2,0 bis 2,9: Falls Sie einen A-Mitarbeiter finden sollten, ist dies eher ein Glückstreffer. Um A-Mitarbeiter zu identifizieren, müssen Sie sich stärker engagieren. Es gibt noch viele Möglichkeiten, die Sie ausschöpfen können.

Note 3,0 bis 4,0: Soll es Ihre Firma auch in fünf Jahren noch geben, dann müssen Sie Ihre Personalpolitik grundlegend überdenken. Wenn Sie die im Folgenden beschriebenen Instrumente anwenden, werden Sie die Treffsicherheit Ihrer Personalentscheidungen deutlich erhöhen.

Der 5-Minuten-Test gibt Ihnen einen ersten Hinweis auf die Frage, wo Sie stehen. Durch Ihre Festlegung auf eine Note haben Sie zugleich entschieden, wo Ihre Verbesserungspotenziale liegen. Haben Sie bei einer Aussage die Note 4 angekreuzt, liegt hier Ihre Herausforderung.

Was den Notendurchschnitt angeht, so scheint es auf den ersten Blick nicht sehr schwer, um eine Note besser zu werden. Erfahrungsgemäß ist diese Verbesserung jedoch eine anspruchsvolle Aufgabe. Rechnen Sie damit, dass Sie sich pro Jahr im Gesamtdurchschnitt um etwa eine halbe Note verbessern können. In den nachfolgenden Kapiteln finden Sie zu jeder der 20 Aussagen praxisbezogene Anregungen.

Kapitel 1

Das Thema Personal auf der strategischen Tagesordnung

In diesem Kapitel erfahren Sie:

- ▶ Warum die Mitarbeiter der wichtigste Erfolgsfaktor sind
- ▶ Fehlentscheidungen sind extrem teuer
- ▶ Die richtige Priorität heißt: Menschen vor Aufgaben

Der wichtigste Erfolgsfaktor der Unternehmen sind die Mitarbeiter

Welchen Platz nimmt das Thema Personal auf Ihrer strategischen Tagesordnung ein? Ist es für Sie gleichrangig mit Aufgaben wie Produktpolitik, Prozessoptimierung und Qualitätsverbesserung?

Die meisten Unternehmer sind bisher erfolgreich geworden, weil sie die Wertschöpfungskette gut beherrschen. Sie haben Produkte und Dienstleistungen entwickelt, produziert und anschließend vermarktet. In jeder einzelnen Stufe war genügend Geld zu verdienen. Das ist heute jedoch längst nicht mehr der Fall. Denn einerseits sind die meisten Märkte gesättigt, sodass Preiskämpfe die Gewinnmargen dahinschmelzen lassen. Man denke hier nur an die Automobil- und die Computerindustrie. Andererseits gibt es in einer hochgradig vernetzten und globalisierten Welt Billiganbieter, die nicht nur günstig produzieren, sondern zunehmend auch Produkte entwickeln, Software programmieren und weitere schöpferische Leistungen erbringen.

Konnten sich viele Unternehmen jahrzehntelang über die von ihnen hergestellten Produkte definieren, haben sich die Umstände mittlerweile verändert. Selbst für die mittelständischen Weltmarktführer – die sogenannten »hidden champions« – ist das Überleben spürbar schwieriger geworden.

Der US-amerikanische Erfolgsmanager Lee Iacocca bringt es so auf den Punkt: Letzten Endes lassen sich alle wirtschaftlichen Vorgänge auf drei Worte konzentrieren: Menschen, Produkte und Profit – und zwar in dieser Reihenfolge. Menschen stehen dabei zunehmend an erster Stelle. Wer kein gutes Team hat, wird mit seinen Produkten kaum konkurrenzfähig sein und – wenn überhaupt – nur wenig Profit machen.

Die Frage nach der Existenzberechtigung mittelständischer Unternehmen wird sich deshalb mit Sicherheit nicht mehr primär auf der Produktebene entscheiden, sondern – viele Personalleiter wird es freuen – auf der Personalebene. Wettbewerbsvorteile entstehen nicht mehr mit dem Kauf neuer Produktionsanlagen oder durch ein Jointventure in China, sondern über die Auswahl des Personals.

Wir laden Sie ein, diese These zu hinterfragen:

- Ist es nicht so, dass hinter besonderen Erfolgen außerordentlich engagierte und begabte Menschen stehen?
- Und umgekehrt: Lassen sich viele Katastrophen nicht darauf zurückführen, dass Mitarbeiter gleichgültig oder gar fahrlässig gehandelt haben? Denken Sie an das Führungsfehlverhalten von Rick Wagoner, dem CEO von General Motors. Als er 2000 den Vorstandsvorsitz übernommen hat, war GM der größte Automobilhersteller der Welt. Die Branche hat in diesen Jahren fett verdient. Als er im Frühjahr 2009 auf Druck des amerikanischen Präsidenten Barack Obama die Bühne verlassen musste, hatte GM nicht nur seine Vorreiterrolle eingebüßt, sondern einen Schuldenberg von 82 Milliarden aufgebaut.[1] Oder denken Sie an die Explosion des Atomkraftwerkes Tschernobyl in der heutigen Ukraine im April 1986. Auch wenn bis heute einige Fragen offen sind, waren die Ursache des Unglücks betrunkene Operateure, die in unverantwortlicher Art und Weise den Reaktor in einen instabilen Zustand brachten.[2] Beim Absturz des Space Shuttles »Challenger« waren Wartungsingenieure schuld, die einen kleinen Dichtungsring nicht ausgetauscht hatten, der zum Auslöser der Katastrophe wurde.[3]

Die Frage, die sich bei Katastrophen stellt, ist stets die Gleiche: Wie konnte es passieren, dass an der entscheidenden Stelle ein einflussreicher, aber unfähiger Mitarbeiter saß, der das Unglück zuließ? Wenn Sie Triumphe und Tragödien, Erfolge und Flops mit Blick auf deren Ursachen untersuchen, kommen Sie zu der Erkenntnis: Alle Unternehmen leben oder sterben in Abhängigkeit davon, ob sie hervorragende, durchschnittliche oder ungeeignete Mitarbeiter beziehungsweise A-Mitarbeiter, B-Mitarbeiter oder C-Mitarbeiter beschäftigen.

Wir verfolgen jedes Jahr die Wahl zum »Unwort des Jahres«. Das von einer Jury bestimmte Wort ist oft bezeichnend dafür, was die Gesellschaft in besonderer Weise beschäftigt. Das Unwort des Jahres 2004 hieß interessanterweise »Humankapital«. Die Begründung der Jury: Der Begriff »degradiert nicht nur Arbeitskräfte in Betrieben, sondern Menschen überhaupt zu nur noch ökonomisch interessanten Größen«[4]. Wir sehen das genau andersherum: Das Wort »Humankapital« verdeutlicht, dass Menschen einen wirklichen Wert darstellen, und zwar in jedem Bereich.

Dieser Wert wurde nicht immer gesehen. Werfen wir einen Blick zurück in die Industriegeschichte: Vor etwa 100 Jahren entwickelte Frederick W. Taylor das sogenannte Scientific Management, die wissenschaftliche Betriebsführung. Taylors Lehre beruhte auf Zeit- und Arbeitsstudien der Menschen und hatte zum Ziel, für jede menschliche Tätigkeit die allein richtige Bewegungsfolge zu ermitteln. Er ging davon aus, dass Arbeiter ähnlichen Gesetzen gehorchen wie Teile einer Maschine. Die Produktionsprozesse wurden in kleine, präzise vorgeschriebene Arbeitsvorgänge zerlegt. Taylor setzte sich dafür ein, Kopf- und Handarbeit strikt voneinander zu trennen und unterschied mit Blick auf die Farbe der Arbeitskleidung und der dazugehörigen Rolle zwischen »blue-collar worker« und »white-collar worker«, also zwischen Fabrikarbeitern und Angestellten. Menschen mit blauem Kragen waren einfach zum Arbeiten da, ihr Mitdenken war nicht gefragt. Auf ihre Begabungen und Bedürfnisse kam es nicht an.

Der Taylorismus führte dazu, dass die Fließbandarbeit Einzug in die Fabriken hielt. Freilich kam es durch die Rationalisierungen auch zu einer höheren Produktivität. Der Preis dafür war aber eine unzufriedene Haltung der Arbeiter, die nun sehr monotone Tätigkeiten zu verrichten hatten, als Individuum nicht gefragt waren und sich wie ein Zahnrad in einem riesigen Mechanismus fühlen mussten.

Nachdem Taylor die innere Teilnahme der Arbeiter abgeschafft sowie die Beziehung des Mitarbeiters zu seinem Produkt aufgehoben und zerstört hatte, geht es in der heutigen Wissensgesellschaft darum, Mitdenken und organische Beziehungen wieder einzuführen. Deshalb ist das Thema Humankapital so wichtig. Das Wissen eines Menschen sowie seine Fähigkeiten und Fertigkeiten haben stark an Wert gewonnen. Erziehung, Ausbildung, Weiterbildung und Erfahrungen spielen eine immer größere Rolle. Der menschliche Faktor, das Mitgestalten der Mitarbeiter sind so stark gefragt wie nie zuvor. Denn die Kreativität und das Engagement der Belegschaft bilden den Schlüssel, der die Tür zu einem langfristigen Unternehmenserfolg aufschließt.

Gegenwärtig befindet sich die westliche Wirtschaft in einer Stagnationsphase. Wir sind davon überzeugt: Der nächste Aufschwung wird nicht mehr durch die Technik erzielt, denn die technischen Möglichkeiten sind weitgehend ausgereizt. Hier gibt es nur noch Verbesserungen im Detail. Hinter dem nächsten Produktivitätsschub stehen Menschen, die etwas in Bewegung setzen. Das Know-how und das Engagement der Mitarbeiter wird zum wichtigsten Merkmal erfolgreicher Unternehmer werden.

Qualifizierte Mitarbeiter werden knapp

Man kann jetzt schon absehen, dass es in der Wissensgesellschaft einen Engpass an qualifizierten Arbeitnehmern geben wird. Bereits heute sind immer wieder Schlagzeilen zu lesen wie etwa »Informatiker und Ingenieure dringend gesucht«, »Metallbranche sucht 150 000 Mitarbeiter« und »Der Mangel an Fachkräften wird für Europa ein Problem«. Für diese Entwicklung gibt es mehrere Ursachen:

- Durch die niedrigen Geburtenraten und sinkenden Zuwanderungen schrumpft die Bevölkerung in Deutschland. Zudem sind diejenigen, die nach Deutschland zuwandern, überwiegend gering oder unpassend qualifiziert.[5]
- Um sich ihre Flexibilität zu erhalten, betrachten vor allem junge Menschen Arbeitsverhältnisse nur noch als zeitlich befristet. Sie wollen sich nicht zu eng an ein Unternehmen binden.
- Manchen Mitarbeitern fehlt die Bereitschaft, sich ständig weiterzubilden. Sie haben nicht begriffen, dass die Forderung nach lebenslangem Lernen keine Floskel, sondern eine Notwendigkeit ist. Die Anforderungsprofile ändern sich aber rasant. Ein Drittel aller Stellenbezeichnungen, wie sie zum Beispiel in den Stellenanzeigen der großen überregionalen Tageszeitungen nachzulesen sind, gab es vor zehn Jahren noch gar nicht.
- Nur 36 Prozent der Arbeitslosen sind laut Infratest dimap bereit, für eine neue Stelle den Wohnort zu verlassen.

Der Engpass wird dadurch verschärft, dass die Bundesrepublik derzeit die größte Auswandererwelle ihrer Geschichte erlebt.[6] Pro Jahr verlassen rund 160 000 Deutsche ihre Heimat. Das ergibt sich aus Berechnungen auf Basis von Zahlen des Statistischen Bundesamtes. Nach diesen Daten liegt die Zahl der Emigranten um 60 Prozent über den Werten Anfang der neunziger Jahre. Dabei erfasst die Statistik nur diejenigen, die sich ordnungsgemäß abmelden. Tatsächlich verlassen nach Schätzungen von Experten etwa 250 000 Deutsche im Jahr das Land.[7] Die Zahlen belegen einen Trend, vor dem Migrationsforscher und Arbeitsmarktexperten schon seit längerem warnen. Vor allem der »Brain Drain« – der hohe Anteil an Akademikern unter den Auswanderern – macht ihnen Sorge. Im 19. und im frühen 20. Jahrhundert gingen vor allem Angehörige der Unterschicht ins Ausland: Arbeiter, kleine Bauern, Dienstmädchen. Heutzutage sind die typischen Auswanderer jung, gebildet, hoch motiviert und international erfahren.

Es ist paradox: Auf der einen Seite gibt es mehrere Millionen Arbeitslose, auf der anderen Seite fehlen talentierte und engagierte Mitarbeiter, die in der Lage sind, sich den gegenwärtigen beruflichen Herausforderungen zu stellen. Unternehmer müssen sich deshalb um die ansprechende Gestaltung von Arbeitsverhältnissen bemühen. Nur dann werden sie genügend qualifizierte Kräfte für die Positionen finden, die sie langfristig besetzen möchten. Nicht umsonst ist bereits von einem »Krieg um Talente« die Rede, der in Deutschland mittlerweile zu einer Kulturrevolution führt. Immer mehr Unternehmen verabschieden sich beispielsweise vom bisher üblichen autoritären Führungsstil. Mehr und mehr setzt sich der informelle, eher amerikanisch geprägte Managementstil durch, der Mitarbeiter an Entscheidungen beteiligt und daher deutlich attraktiver ist.

Der 2002 zurückgetretene Telekom-Chef Ron Sommer hat immer wieder zwei Gründe genannt, warum der Krieg um kluge Köpfe so heftig ist:[8]

1. Der Wettbewerb um Manager und Managementpotenzial ist kein lokaler Wettbewerb mehr, sondern er spielt sich auf globaler Ebene ab.
2. Die Unternehmen haben sich in den letzten 15 Jahren stark gewandelt.

Die Wissensgesellschaft braucht nicht mehr Masse, sie braucht Klasse. Der neue zentrale Erfolgsfaktor in wissensbasierten Unternehmen ist der Mensch. Die Verknappung talentierter Mitarbeiter wird dazu führen, dass Unternehmen geschlossen werden – nicht, weil sie keine Kunden haben, sondern weil ihnen qualifizierte und befähigte Mitarbeiter fehlen.

Der Mensch rückt in den Mittelpunkt

Sie können heute in jeden Bereich eines Unternehmens hineinleuchten, und Sie werden dasselbe beobachten: »Den Menschen in den Mittelpunkt zu stellen«, ist nicht nur ein griffiges Schlagwort, sondern eine Notwendigkeit:

1. *Entwicklung*
   Es wird schwieriger, neue kundenorientierte Produkte zu entwickeln. Die Aufwendungen dafür werden teurer, die Nischen, die es zu besetzen gilt, werden enger und sind schwieriger auszuloten. Genau dies ist die Chance für hoch sensible Entwickler, die »in den Gehirnwindungen der Kunden spazieren gehen« und die Bedürfnisse der Kunden vorausahnen. Solche Entwickler können mit großer Geschwindigkeit und hoher Komplexität umgehen. Sie sind in der Lage, Produkte zu schaffen, von denen die meisten Menschen zum Zeitpunkt der Entwicklung noch gar nicht wissen, dass sie das Bedürfnis nach diesem Produkt haben werden. Die Entwickler, von denen hier die Rede ist, bieten volle Leistung »plus 1«. Ihre Produkte schaffen Fans. Denken Sie an das iPhone von Apple, das durch Design und Einfachheit einen neuen Industriestandard gesetzt hat.[9]

2. *Produktion*
   Zahlreiche deutsche Unternehmen machen die Erfahrung, dass sich in der Produktion immer weniger Geld verdienen lässt. Sie verlagern die Herstellung der Produkte ins Ausland. Für viele lohnt es sich aber sogar schon gar nicht mehr, ein Produkt selbst herzustellen. In China sind immer mehr Menschen ähnlich gut ausgebildet wie in Deutschland, nur mit dem Unterschied, dass dort die Stunde eines Ingenieurs 4 Euro kostet – abseits der Hauptstädte sind es sogar nur 3 Euro –, während sie bei uns mit 60 Euro pro Stunde rechnen müssen.[10]

3. *Vermarktung*
   Die Vermarktung von Produkten ist für talentierte Mitarbeiter eine der spannendsten Aufgaben. Unternehmer, denen es gelingt, exzellente Beziehungen zu ihren Kunden aufzubauen, werden die Sieger sein. Schließlich sind es Beziehungen, die es dem Unternehmen ermöglichen, größere Stückzahlen von Produkten und Dienstleistungen zu verkaufen.

Wir gehen davon aus, dass sich in den kommenden Jahren viele Unternehmen von Teilen ihrer Wertschöpfungskette trennen werden. Die Zusammenarbeit wird über strategische Partnerschaften gestaltet werden – und auch die gelingen nur mit hoch talentierten und marktsensiblen Mitarbeitern.

Wenn einer gezeigt hat, was es heißt, den Menschen in den Mittelpunkt zu stellen, dann war es Jack Welch. Der Ex-CEO von General Electric (GE) hat Produkte hinten angestellt und Menschen entwickelt: 75 Prozent seiner Tätigkeiten hätten mit Menschen zu tun und nur rund 25 Prozent mit anderen Dingen. Das hat dazu geführt, dass GE innerhalb von 20 Jahren zum Weltmeister wurde: Aus einem Börsenwert von nur 12 Milliarden Dollar wurde ein Börsenwert von mehr als 400 Milliarden Dollar. In einer Zeit des globalisierten, verschärften Wettbewerbs hat Welch es geschafft, den Gewinn von 1,6 Milliarden Dollar (1981) auf 12,7 Milliarden Dollar (2001) zu steigern.[11] Was für die größte lebende Managementlegende im Zentrum steht, verdeutlicht seine Aussage: »General Electric besteht nicht aus Ziegeln und Gebäuden, sondern aus den Menschen, die für das Unternehmen arbeiten.«[12]

Jack Welch hatte übrigens den Spitznamen »Neutronen-Jack«. Diesen Namen handelte er sich gleich zu Beginn seiner Karriere ein, als er rund 100 000 Mitarbeiter entließ – rund ein Viertel aller Beschäftigten von General Electric. Erklärung für den Spitznamen ist der Vergleich mit der Wirkung einer Neutronenbombe, welche die Gebäude unversehrt lässt, aber die Menschen tötet. Jack Welch hat mit seinem brutalen Einschnitt klargemacht, dass es Mitarbeiter gibt, die das Unternehmen voranbringen, und Mitarbeiter, die für das Unternehmen eine Belastung sind. Ob man Menschen einfach entlassen darf, ist vor allem eine ethische Frage, die viele Diskussionen auslösen kann. Unabhängig davon ist es jedoch tatsächlich sinnvoll, zu analysieren, welche Mitarbeiter das Geld verdienen und welche das Geld vernichten.

Eine Aussage von Hans L. Merkle, dem langjährigen Vorsitzenden der Geschäftsführung der Robert Bosch GmbH, stößt in die gleiche Richtung. Merkle sagte immer wieder: »Ich habe mein Geld nicht mit vielen Leuten verdient, denen ich wenig bezahlt habe, sondern mit wenigen Leuten, denen ich viel bezahlt habe.«

Jack Welch und Hans L. Merkle haben es verstanden, die richtigen Leute zu erkennen, ihnen die passenden Spielräume zu geben und sie damit zum Schlüssel des Unternehmenserfolgs zu machen.

Fehlentscheidungen sind extrem teuer

Unternehmer, bei denen Personalfragen auf der strategischen Tagesordnung keinen oberen Platz einnehmen, erkennt man daran, dass sie sich über die Anschaffung von Maschinen in der Regel mehr Gedanken machen als über die Einstellung eines neuen Mitarbeiters. Bevor sie die Maschine kaufen, prüfen sie Angebote, fragen nach Referenzen und investieren viel Zeit. Beim Einstellen neuer Mitarbeiter sind sie dagegen weniger engagiert bei der Sache – obwohl es beim Auswählen der Mitarbeiter immer zugleich auch um die Frage geht, wer die Zukunft des Unternehmens mitgestalten wird. Denn alle Mitarbeiter üben durch die Art, ihre Aufgaben wahrzunehmen, einen massiven Einfluss auf die Entwicklung des Unternehmens aus:

- Ein einzelner Mitarbeiter kann eine ganze Abteilung oder Firma beschädigen, wie ein einziger faulender Apfel einen Korb voller knackiger Äpfel zum Verfaulen bringen kann.
- Andererseits kann ein Mitarbeiter seine Kollegen mit seiner freundlichen Art ermutigen und beim Auftauchen von Problemen durch aufmerksames Mitdenken sowie durch beherztes Eingreifen großen Schaden vom Unternehmen abwenden.

Viele Unternehmer haben es noch nie ausgerechnet und wissen gar nicht, dass die Einstellung falscher Mitarbeiter extrem teuer ist. Ein Beispiel: Wenn Sie einen Abteilungsleiter haben, dem Sie ein jährliches Grundgehalt in Höhe von 100 000 Euro zahlen, dann können Sie diese Kosten im Falle einer falschen Entscheidung mit zwölf multiplizieren. Es entsteht also ein Schaden in Höhe von 1,2 Millionen Euro.

Möglicherweise fragen Sie sich, wie diese Kosten ermittelt werden. Der US-amerikanische Arbeitspsychologe Bradford D. Smart hat langjährige Forschungen zu dieser Frage betrieben und die Ergebnisse in seinem Buch *Topgrading* der Öffentlichkeit zugänglich gemacht.[13]

Übertragen auf Deutschland ergeben sich folgende Kosten bei einem Mitarbeiter, der zweieinhalb Jahre lang im Unternehmen beschäftigt war und 100 000 Euro jährlich verdient hat:

Abbildung 1: Kosten für die Fehlbesetzung einer Führungsposition

1. Einstellungskosten:	30 000 Euro
2. Gehaltszahlungen über den gesamten Zeitraum:	250 000 Euro
3. Ausbildung, Weiterbildung, Betreuung und Begleitung, Reisekosten, Büroeinrichtung:	70 000 Euro
4. Abfindungskosten:	30 000 Euro
5. Verursachter Schaden durch verpasste Gelegenheiten:	1 200 000 Euro
6. Kosten für »Zerrüttung« in Form von beschädigten Werten, beschädigter Teamarbeit, Kosten für Vertretungen:	240 000 Euro
Summe:	1 820 000 Euro
Geschätzter Wert der positiven Leistungen:	620 000 Euro
Gesamtkosten für die Fehleinstellung:	1 200 000 Euro

Wenn Sie sich diese Aufstellung ansehen, dann wundern Sie sich wahrscheinlich über die 1 200 000 Euro, die für verpasste Gelegenheiten angesetzt sind. Was ist mit diesen verpassten Gelegenheiten gemeint? Dazu gehört beispielsweise, dass solche wenig engagierten Mitarbeiter nicht darum kämpfen, die Topkunden zu halten. Da wird hin und wieder ein Kunde verärgert und der Konkurrenz überlassen. Auch Chancen auf eine sinnvolle Ausweitung des Geschäfts werden nicht erspürt und ergriffen. Hinzu kommt, dass unterdurchschnittlich motivierte Führungskräfte keine hoch motivierten Mitarbeiter einstellen. Durch den Einsatz eines hoch motivierten Mitarbeiters könnte sich die Führungskraft schnell in den Schatten gestellt sehen.

Eine solche Führungskraft kommt Sie teuer zu stehen. Wenn Sie sich also nicht von ihr trennen, dann wird das Millionengrab immer größer.

Die folgende Übersicht wird Ihnen helfen, überschlägig festzustellen, was in Ihrem Unternehmen ein Mitarbeiter kostet, der innerlich gekündigt hat und Ihre Werte mit Füßen tritt.

Service: Das Formular zum Ausdrucken finden Sie kostenlos unter www.abc-strategie.de/formulare.

Abbildung 2: Kosten für die Fehlbesetzung eines Mitarbeiters

Position des Mitarbeiters:	
Zeitraum, in dem der Mitarbeiter im Unternehmen beschäftigt war. Von:	**bis:**
Grund für das Ausscheiden ☐ hat gekündigt ☐ wurde entlassen ☐ wurde versetzt ☐ Sonstiges: _____	
Der Mitarbeiter wird als eine Fehlbesetzung betrachtet, weil:	
1. Einstellungskosten	
• Kosten für die Suche (Anzeigenwerbung usw.)	.... Euro
• Kosten für Einstellungstests, Interviews, Bearbeitung der Bewerbungsunterlagen	.... Euro
• Kosten für die Personalabteilung	.... Euro
• Reisekosten, Zeit, Spesen aller Bewerber	.... Euro
• Umzug des Bewerbers (Umzugskosten, Hauskauf)	.... Euro
2. Gehaltszahlungen	
• Jahresgehalt mal Anzahl der Jahre	.... Euro
• Boni	.... Euro
• Benefits wie Vorsorgeleistungen oder Altersruhegeld	.... Euro
• Dienstwagen	.... Euro
3. Weiterbildung, Betreuung	
• Training	.... Euro
• Möbel, Computer, Büroausstattung	.... Euro
• Reisekosten	.... Euro
4. Kosten der Trennung	
• Gerichtskosten (verursacht durch Klage des eingestellten Mitarbeiters)	.... Euro
• Verwaltungskosten	.... Euro
• Schlechte Presse	.... Euro
5. Verursachter Schaden durch verpasste Gelegenheiten Welche gravierenden Fehlentscheidungen hat der Mitarbeiter getroffen?	
a)	.... Euro
b)	.... Euro
c)	.... Euro
6. Kosten für »Zerrüttung«	
• Beschädigte Werte	.... Euro
• Beschädigte Teamarbeit	.... Euro
• Kosten für Vertretung	.... Euro
7. Sonstige Kosten	
a)	.... Euro
b)	.... Euro
c)	.... Euro
8. Summe (1. bis 7.)	.... Euro
9. Geschätzter Wert der positiven Leistungen der Person	.... Euro
10. Gesamtkosten (8. minus 9.)	.... Euro

Neben den aufgelisteten Kosten (S. 27) sind zusätzlich folgende Aspekte zu berücksichtigen:

- Wenn Sie Personalverantwortlicher sind, hat Ihre Karriere einen entscheidenden Rückschlag erlitten. Sie haben keinen exzellenten Mitarbeiter ausgesucht, und das fällt auf Sie zurück.
- Ihnen macht die Arbeit keinen Spaß mehr, weil Sie für die Defizite des fehlbesetzten Mitarbeiters geradestehen müssen.
- Sie haben einen »unglücklichen Menschen« im Team, der das auch andere wissen lässt.
- Es kostet Zeit und Kraft, einen solchen Mitarbeiter woanders unterzubringen.
- Ein neuer Mitarbeiter muss gefunden und eingearbeitet werden.

Bis auf die Einstellungskosten in Position 1 der Übersicht macht es übrigens keinen Unterschied, ob Sie den fehlbesetzten Mitarbeiter von außen hereingeholt oder innerhalb des Unternehmens promotet haben. Beides ist gleich teuer. Es ist auch relativ gleichgültig, ob es sich um einen Montagearbeiter für 2 000 Euro im Monat oder um einen Top-Verkäufer für 8 000 Euro im Monat handelt. Der Faktor 12 für die Ermittlung der Gesamtkosten auf Basis des Jahresgehaltes scheint sich auf allen Ebenen zu bestätigen. Bradford D. Smart geht sogar vom Faktor 15 aus.[14]

Sie sind noch nicht überzeugt, dass die Differenz zwischen guten und durchschnittlichen Mitarbeitern so groß ist? Wir haben gerade folgenden Vorfall erlebt: Da hat ein Mitarbeiter bei einer Adresseingabe die Hausnummer falsch eingetragen. Im Prinzip ist das keine große Sache. Allerdings wird der Auftrag in der Folge im falschen Haus abgeliefert. Bei dem Empfänger, der auf die Lieferung wartet, kommt es zur Verspätung und zu einer Reklamation. Die Geschichte geht weiter und weiter. Am Ende entstehen eine ganze Reihe Zusatzkosten und ein Desaster beim völlig verärgerten Kunden. Was scheinbar klein angefangen hat, entfaltet unterwegs eine große Wirkung. Der kleine Fehler am Anfang erzeugt im Verlauf riesige Prozesskosten.

Ein Beratungskunde von uns berichtete, dass, nachdem er seinen Verkaufsleiter entlassen hat, die Umsätze sprunghaft in die Höhe gingen. Natürlich waren wir über diese Aussage mehr als verwundert. Der Zusammenhang zeigte sich aber sehr schnell. Die Firma hatte in der Vergangenheit keinen Verkaufsleiter. Jeder Mitarbeiter bemühte sich nach Kräften, die

Produkte beim Kunden unterzubringen. Der neu eingestellte Verkaufsleiter war ein C-Mitarbeiter und hat seine Chance beim Kunden nicht wahrgenommen und manchen sogar verärgert. Klar, dass sich nach seiner Ablösung die Zahlen deutlich verbesserten.

Kein Problem, wenn sich das bei einem Mitarbeiter nur einmal ereignet. Aber es ist ein riesiges Problem, wenn sich solche Fehler auf allen Ebenen immer wieder ereignen. Dabei sind es nicht nur die Kosten, die mit diesem Auftrag zusammenhängen. Der betroffene Mitarbeiter hat die Qualitätsstandards der Firma verletzt und zieht damit die exzellenten Mitarbeiter nach unten. Er bringt durch seine Ungenauigkeit Mittelmäßigkeit ins Unternehmen und obendrein falsche Werte.

Wenn es Ihnen gelingt, sich von einem unfähigen Mitarbeiter zu trennen, müssen Sie zwar einen Nachfolger finden und einarbeiten. Aber die Gesamtkosten bleiben vergleichsweise gering. In den meisten Fällen wird jedoch an ungeeigneten Mitarbeitern festgehalten in der Hoffnung, das Verhalten werde sich im Laufe der Zeit normalisieren. Wer so denkt, für den wird es richtig teuer.

Insofern lässt sich die Regel formulieren, besser keinen Mitarbeiter einzustellen, als den Arbeitsplatz einem untauglichen Mitarbeiter anzuvertrauen. Diese Regel gilt trotz der Tatsache, dass Sie die Position noch einmal ausschreiben müssen und dass die an diesem Arbeitsplatz anfallenden Tätigkeiten zunächst weiter von anderen Beschäftigten mitzuerledigen sind.

Erst wer, dann was – also: Menschen vor Aufgaben

Laut dem Kulturwissenschaftler Geert Hofstede gelten die Deutschen nicht als besonders menschenorientiert. In vielen Unternehmen wird jeden Tag demonstriert, wie die Prioritäten verteilt sind:

- Strategien werden entwickelt,
- Prozesse werden optimiert,
- Strukturen werden geschaffen.

Erst dann, wenn alles geplant ist, wird die Frage gestellt, welche Mitarbeiter die Pläne umsetzen können.

Vielleicht führen Sie ja auch einen Kleinbetrieb, und große Strategien sind gar nicht Ihr Thema. Anhand einer einfachen Frage können Sie Ihre Prioritäten trotzdem selbst überprüfen. Die Frage lautet: Wie viel Zeit investieren Sie in die Auswahl einer Maschine – denn dies ist für Sie eine extrem wichtige Entscheidung –, und wie viel Zeit widmen Sie der Auswahl eines Mitarbeiters? Letzteres ist eine noch viel wichtigere Entscheidung!

Der US-amerikanische Management-Experte Jim Collins hat in seinem Buch *Der Weg zu den Besten* dem »Erst wer, dann was« ein ganzes Kapitel gewidmet.[15] Zu Beginn seiner Erfolgsstudien ging er davon aus, dass am Anfang der Entwicklung eines Unternehmens zu einem Spitzenunternehmen eine neue Vision, eine neue Strategie stand und dass die Mitarbeiter erst überzeugt werden mussten, bevor sie sich in den Dienst dieser neuen Sache stellten.

Aber genau das Gegenteil war der Fall. Unternehmenserfolge gründeten immer auf exzellenten Mitarbeitern. Collins fand heraus, dass sich die »Take-off-Manager« dementsprechend an drei einfache Wahrheiten hielten:

1. Wer sich eher an das »Wer« als an das »Was« hält, kann sehr viel besser mit Veränderungen umgehen.
2. Die richtigen Leute müssen nicht ständig kontrolliert und angespornt werden. Solche Mitarbeiter motivieren sich selbst, weil sie wissen, dass sie Teil von etwas Großartigem sind, und sie wollen das beste Resultat erzielen.
3. Hat man die falschen Leute im Unternehmen, dann ist es egal, ob man die Richtung kennt – man wird nie erstklassig werden. Eine großartige Vision ohne großartige Mitarbeiter ist belanglos.

Weil die Rangfolge von Personalentscheidungen vor Sachfragen so wichtig ist, möchten wir den Kerngedanken noch einmal mit einem anderen Beispiel verdeutlichen: Vermutlich kennen auch Sie Mitarbeiter, bei denen – bildlich gesprochen – alles zu Gold wird, was immer sie in ihre Hand nehmen. Solche Mitarbeiter können ihre Hand selbst auf einen Haufen Dreck legen, und es entsteht ein Goldberg. Umgekehrt gibt es aber auch Mitarbeiter, denen Sie einen Goldberg anvertrauen, und in dem Moment, in dem diese Mitarbeiter ihre Hand darauf legen, wird das Ganze zu einem Haufen Dreck.

Wenn Ihnen ein solcher »Gold-Mitarbeiter« gegenübersteht, und Sie haben keine Stelle für ihn – was machen Sie dann? Unser Tipp: Stellen Sie ihn trotzdem ein. Sicher fragen Sie sich jetzt, was er denn tun soll. Es wird etwas Überraschendes passieren: Ein solcher Mitarbeiter findet immer eine lohnende Aufgabe. Noch bevor an anderer Stelle in Ihrem Unternehmen eine Stelle frei wird, hat sich dieser Mitarbeiter seine ganz eigene Stelle geschaffen. Er ist dabei, neue Wertschöpfungsprozesse in Gang zu setzen. Im Bild gesprochen: Ihr neuer Mitarbeiter hat irgendwo einen Winkel entdeckt, in dem Dreck liegt, und nun ist er dabei, ihn in Gold zu verwandeln.

Wer-Fragen kommen also vor Was-Entscheidungen, vor Visionen, vor Strategien, vor der Überarbeitung einer Organisationsstruktur und vor der Schaffung einer neuen Taktik. »Erst wer, dann was« ist eine wichtige Regel.

Was passiert, wenn Sie den Personalfragen den Vorrang eingeräumt und sich mit den richtigen Menschen umgeben haben? Begeisterte Mitarbeiter begeistern Kunden, und die wiederum begeistern weitere Kunden. Ein Positiv-Kreislauf setzt sich in Gang. Exzellente Mitarbeiter ziehen weitere exzellente Mitarbeiter an, und Ihr Unternehmen wird ständig begehrter. Es sind immer die Menschen, die den Unterschied zwischen Sieg und Niederlage ausmachen. Wenn Sie Mitarbeiter beschäftigen, die nicht verlieren können, profitiert davon das ganze Unternehmen.

Der große historische Beleg für die Güte der Empfehlung, das Wer vor das Was zu stellen, ist das amerikanische Bankhaus Wells Fargo. Dick Cooley, damals CEO von Wells Fargo, sah bereits 1970, dass sich das gesamte Bankensystem grundlegend verändern würde, allerdings wusste er nicht, in welche Richtung. Seine Antwort auf diese Herausforderung bestand darin, einen schier endlosen Strom von Talenten »in den Blutkreislauf des Unternehmens einzuführen«.[16] Wo immer interessante Talente entdeckt wurden, wurden sie eingestellt. Oft geschah dies, ohne dass bestimmte Positionen vorhanden waren. Für Cooley war klar: Wenn Wells Fargo die Herausforderungen bewältigen wollte, die durch die Deregulierung der Banken entstehen würden, dann brauchte man einfach viele Talente im Unternehmen. Sein Vorgehen erwies sich als weitsichtig. Als die Veränderungen kamen, war keine Bank besser gewappnet, als Wells Fargo. Der Erfolg schlug sich in einer beeindruckenden Entwicklung des Aktienkurses nieder.[17]

Die Bank of America ging dagegen genau anderes herum vor. Dort wurden nicht systematisch die besten Leute eingestellt, sondern die Bank hielt sich an die Parole »schwache Generäle, starke Offiziere«. Das Prinzip der schwachen Generäle bei der Bank of America erzeugte ein völlig anderes Betriebsklima als bei Wells Fargo. Collins: »Während Wells Fargo als starkes Team gleichberechtigter Partner auftrat, die alle fest entschlossen über den richtigen Weg stritten, warteten die schwachen Generäle der Bank of America auf Anweisungen von oben.«[18] Erst als die Bank of America in den achtziger Jahren über 1 Milliarde Dollar Verlust machte, besann man sich eines Besseren. Man wusste jetzt, dass man starke Generäle braucht. Und wo fand man die? Bei Wells Fargo. Die Bank of America warb so viele Manager von Wells Fargo ab, dass sich die neuen Mitarbeiter untereinander als »Wells of America« bezeichneten.

»Erst wer, dann was« klingt so simpel, ist es aber nicht. Wir möchten dies an einem Beispiel belegen, das wir selbst erlebt haben: In unserer amerikanischen Niederlassung hatten wir einen Mitarbeiter namens Bill eingestellt. Wir nahmen uns viel Zeit und erklärten ihm ausführlich, was er zu tun hat, worin seine Aufgabe genau besteht und wie er sie erfolgreich bewältigen kann. Doch schon nach kurzer Zeit mussten wir uns wieder von ihm trennen. Wie viel besser wäre es gewesen, wir hätten unsere Zeit und Mühe nicht in das Erklären der Aufgabe und in die Qualifizierung gesteckt, sondern in die Auswahl der richtigen Person. Dies zeigt glasklar: Die Aussage »Jeder Mitarbeiter ist ersetzbar« stimmt nicht, auch wenn sie in vielen Köpfen anzutreffen ist.

Wer nach dem Prinzip »Erst wer, dann was« handelt, der hat verstanden, dass das Thema Personal auf der strategischen Tagesordnung ganz oben steht.

Kapitel 2

A-, B- und C-Mitarbeiter unterscheiden

In diesem Kapitel erfahren Sie:

- ▶ Wie Sie Ihren Blick für A-, B- und C-Mitarbeiter schärfen
- ▶ Differenzierung funktioniert – Zahlen von Jack Welch bis Gallup
- ▶ Warum eine A-, B-, C-Differenzierung ethisch vertretbar ist

Schärfen Sie Ihren Blick für A-, B- und C-Mitarbeiter

Dem amerikanischen Multimilliardär John D. Rockefeller wird die Aussage zugeschrieben: »Die besten Mitarbeiter zu finden und zu halten, ist die Fähigkeit, die am meisten wert ist. Für sie würde ich alles geben, mein gesamtes Vermögen.« Doch wie lässt sich sagen, ob ein Mitarbeiter gut oder gar der Beste ist? Hier hilft die Unterscheidung nach A-, B- und C-Mitarbeitern. Was ist damit gemeint?

Der legendäre Designer Rido Busse sagte einmal: »In jeder Gesellschaft gibt es Macher, Mitmacher und Miesmacher.«[19] Busse unterscheidet damit drei Gruppen. Etwas genauer betrachtet, stellt sich die Dreiteilung wie folgt dar:

- *A-Mitarbeiter*
  - übertreffen immer gesetzte Ziele und Aufgaben durch ein ungewöhnliches Maß an Engagement und Erfolg,
  - denken voraus und handeln proaktiv,
  - sind flexibel in Bezug auf Arbeitsplatz und -zeit,
  - betreiben das Geschäft, als ob es ihnen gehören würde,
  - haben großes Interesse an Weiterbildung,
  - haben exzellente Ideen,
  - betrachten ihre Kollegen und Vorgesetzten als Kunden und liefern deswegen schnell und zuvorkommend.

- *B-Mitarbeiter*
  - erreichen meistens die vorgegebenen Ziele und erfüllen die dazugehörigen Aufgaben in allen Bereichen.
  - In den USA nennt man B-Mitarbeiter auch »Nine-to-Fiver«. Sie kommen um 9 Uhr und gehen um 17 Uhr. Dazwischen machen sie ihre Arbeit, ohne kontrolliert werden zu müssen. Unangekündigte Überstunden werden sie jedoch nicht leisten.
  - Bei manchen Aufgabenstellungen erreichen B-Mitarbeiter durchaus Ergebnisse der A-Kräfte.
  - B-Mitarbeiter lösen allerdings auch hin und wieder Fragen aus wie: »Hast du daran gedacht?«, »Kann ich das noch einmal sehen, bevor es rausgeht?« und »Warum haben Sie hier nicht nachgefasst?«. Damit halten sie ihre Kollegen unnötig auf.

- *C-Mitarbeiter*
  - haben innerlich gekündigt,
  - legen wenig oder geringe Kundenorientierung an den Tag,
  - haben kaum oder gar keine Bereitschaft zur Weiterbildung,
  - sind gegen jeden Wandel, verhalten sich bei Veränderungen destruktiv,
  - tragen die Unternehmensphilosophie nicht mit,
  - erledigen zwar viele Aufgaben ordentlich, aber es gibt mindestens ein Gebiet, in dem die Qualität ihrer Arbeit mangelhaft ist,
  - machen Fehler, die von den Kollegen korrigiert beziehungsweise aufgefangen werden müssen.
  - Wer genau hinschaut, kann sehen, wie durch das Verhalten der C-Mitarbeiter die Kundschaft wegbröckelt.

Vor kurzem diskutierten wir über die Unterscheidung in A-, B- und C-Mitarbeiter. Einer in der Runde benutzte das folgende Bild, um zu verdeutlichen, was für ihn A, B oder C bedeutet:

- A zieht den Karren,
- B läuft nebenher,
- C sitzt auf dem Karren drauf.

Dann fügte er noch hinzu: »Wer also die Last verringern und den Karren voranbringen will, der muss sich der Cs entledigen und die Bs zum Mitziehen bewegen.«

Es ist nicht viel, was Unternehmen heute voneinander unterscheidet: Die Führungskräfte lesen die gleichen Bücher über die neuesten Managementtrends. Es werden die gleichen Methoden zur Verbesserung der Qualität genutzt. Alle haben den Kunden wiederentdeckt. Was den entscheidenden Unterschied ausmacht, ist die Zusammensetzung der Mitarbeiterschaft:

- Ein *typisches Unternehmen* beschäftigt einige A-Mitarbeiter, sehr viele B-Mitarbeiter und schließlich noch einige C-Mitarbeiter.
- Ein *Hochleistungsunternehmen* beschäftigt dagegen vor allem A-Mitarbeiter. Dort hat man konsequent daran gearbeitet, Cs entweder in Richtung B zu entwickeln oder sich von ihnen zu trennen. B-Mitarbeiter wurden dabei unterstützt, zu A-Mitarbeitern heranzureifen. Bei Neueinstellungen werden ausschließlich A-Kräfte berücksichtigt. So ist ein Hochleistungsteam entstanden. Die besten Companies der Welt beschäftigen 90 Prozent oder mehr an A-Mitarbeitern. Der Rest sind Bs. Cs wird man dort vergeblich suchen.

Was glauben Sie, welche Firma sich unter verschärften Marktbedingungen durchsetzen wird? Mit welchen Mitarbeitern lässt sich gemeinsam die Zukunft des Unternehmens erfolgreich gestalten? Diese Frage lässt sich leicht beantworten: Es sind die A-Mitarbeiter, die mitziehen und alles tun, um anspruchsvolle Ziele zu erreichen. Selbst beschwerliche Wegstrecken nehmen sie auf sich, und sie sind dabei oftmals sogar guter Laune. A-Mitarbeiter gehören zu den Stützen des Unternehmens, während C-Kräfte alles tun, um Anspannung zu verringern und Risiken aus dem Weg zu gehen. C-Mitarbeiter müssen im Schlepptau mitgezogen werden. Den Kampf um das Überleben entscheidet das Unternehmen für sich, das die meisten A-Mitarbeiter beschäftigt.

Dies ist auch der Grund dafür, warum gerade in diesen Tagen die Unterscheidung in A-, B- und C-Mitarbeiter eine solche Anerkennung erfährt. Nur wer besser wird, kann überleben. Typische A-Mitarbeiter haben dies erkannt und wachsen an der Herausforderung. C-Mitarbeiter dagegen sind weiterhin missmutig und wollen sich nicht bewegen. Sollten sie diese Zusammenhänge überhaupt begreifen, dann begreifen sie sie zu spät und machen andere dafür verantwortlich.

Wenn heute Unternehmen verkauft werden, dann interessiert sich der Käufer oft nicht so sehr für die Maschinen und Gebäude. Auch das Produkt steht nicht unbedingt im Vordergrund. Die Frage eines klugen Käufers lautet: »Wer sind Ihre vier oder fünf besten Mitarbeiter? Kann ich einmal mit ihnen reden? Dann sage ich Ihnen, was das Unternehmen wert ist.«

C-Mitarbeiter sind immer überbezahlt

Jack Welch hat immer wieder betont, dass C-Mitarbeiter eine Gefahr für das Unternehmen darstellen. Seine Schlussfolgerung: Selbst wenn ein C-Mitarbeiter umsonst arbeiten würde, wäre er zu teuer. Wir müssen gestehen: Als wir diese Schlussfolgerung zum ersten Mal hörten, konnten wir es nicht fassen. Bisher waren wir es gewohnt, mit C-Mitarbeitern so umzugehen, dass wir ihnen 10 oder 20 Prozent weniger bezahlt haben. Jetzt fiel es uns wie Schuppen von den Augen: Der C-Mitarbeiter ist – selbst wenn er umsonst arbeiten würde – eine Belastung für das Unternehmen. Dafür gibt es mehrere Gründe:

- Er hält andere vom Geschäft ab.
- Wir müssen ihn immer wieder kontrollieren und antreiben und können uns in dieser Zeit nicht um andere Aufgaben kümmern.
- Er tritt unsere Unternehmenswerte mit Füßen.

Das Allerschlimmste ist jedoch noch etwas ganz anderes: Ein C-Mitarbeiter demotiviert die A-Mitarbeiter. Am Anfang ist das noch nicht so tragisch. Der A-Mitarbeiter sagt: »Ich bin gerne heute Abend noch einmal zwei Stunden da, um die Fehler meines Kollegen zu korrigieren. Ich bin auch gerne bereit, zum Kunden zu gehen und mich für die Fehler des C-Mitarbeiters zu entschuldigen.«

Irgendwann jedoch ist der Tag da, an dem der A-Mitarbeiter auf Sie zukommt und sagt: »Es ist genug. Ich möchte künftig in einem Team spielen, das Tore schießt und gewinnt.« A-Mitarbeiter lieben es, mit anderen A-Mitarbeitern an einem Strang zu ziehen. A-Mitarbeiter hassen es zu verlieren, aber sie lieben es zu gewinnen.

Für den C-Mitarbeiter gilt also: Egal, wie wenig Sie ihm bezahlen – er ist immer überbezahlt. Was den A-Mitarbeiter angeht, so gilt genau das Gegenteil: Er ist sein Geld wert, ganz gleich, wie viel Sie ihm bezahlen.

Der Pilotenblick macht Schluss mit dem Bauchgefühl

Wenn der Erfolg eines Unternehmens in der Regel von den A-Mitarbeitern abhängt, ist es wichtig, den Blick für diese Unterschiede in der Mitarbeiterschaft zu schärfen. Zu diesem Zweck haben wir in unserem Hause Bögen mit Qualitätsmerkmalen erstellt. Schließlich kann ein Personalentscheider A-Mitarbeiter nur dann finden und halten, wenn er sie auch als solche erkennt.

Wir reden in diesem Zusammenhang vom sogenannten Pilotenblick. Wenn sich ein Pilot in seine Maschine begibt und sich auf den Sessel fallen lässt, dann braucht er nur Sekundenbruchteile, um mit einem einzigen Blick zu erkennen, ob eine der vielen verschiedenen Anzeigen einen Fehler meldet. Sein Blick ist geschult und geschärft. Übertragen auf die Mitarbeiterauswahl geht es darum, sich einen schnellen Überblick zu verschaffen über die Unterschiede der Bewerber in Bereichen wie Führung, Selbstständigkeit, Kundenbezug, Teamarbeit und Kommunikation.

Ich gebe gerne zu, dass der eine oder andere dieses Beispiel für etwas problematisch hält, weil es suggeriert, dass man bei einem Mitarbeiter auf einen Blick erkennen kann, ob er gut ist oder schlecht. Die Erfahrung zeigt, dass man manchmal sehr intensiv hinsehen muss, um Schein von Sein zu unterscheiden. Manchmal sind intensive Gespräche und ein geschultes Urteilsvermögen nötig, dazu ein systematisches Vorgehen, um Mitarbeiter beurteilen zu können.

Die Übersicht auf der nächsten Seite stellt typische Verhaltensmuster nebeneinander. Es geht dabei um das Fähigkeitsprofil einer Person, die Verantwortung für etwa 20 bis 50 Personen hat, sei es als Bereichsleiter oder als Geschäftsführer.

Dieses Raster gibt Ihnen Kriterien an die Hand, mit deren Hilfe Sie A-, B- und C-Mitarbeiter unterscheiden können. Sie sind nun nicht mehr auf ein diffuses Bauchgefühl angewiesen, sondern haben konkrete Ansatzpunkte, um die Situation zu beurteilen. Sie erkennen jetzt, wer das Unternehmen voranbringt und wer nicht. Zugleich haben Sie jetzt auch ein Werkzeug, das für die verschiedenen Mitarbeiter Möglichkeiten für ihre Weiterentwicklung aufzeigt.

Abbildung 3: Raster zur Unterscheidung von A-, B- und C-Mitarbeitern (bei Führungskräften)

	A-Kraft	B-Kraft	C-Kraft
Vision	Arbeitet ständig an einer Vision, die nicht nur gut, sondern auch umsetzbar ist.	Die Vision ist nicht sehr gut durchdacht und auch wenig realistisch.	Ist eher rückwärts gerichtet statt vorwärts denkend.
Führung	Liebt den Wandel und ist in der Lage, diesen zu initiieren und zu kommunizieren.	Wandel ist möglich, aber nur vorsichtig und in kleinen Schritten. Seine Mitarbeiter folgen willig, jedoch nicht begeistert.	Will alles beim Alten belassen, hat wenig Vertrauen unter den Mitarbeitern. Seine Mitarbeiter folgen nur zögernd.
Einsatzbereitschaft	Bringt einen leidenschaftlichen Einsatz. Dinge werden zügig entschieden.	Manchmal hoch motiviert, manchmal aber auch nur durchschnittlich engagiert.	Engagierte Führungskraft, jedoch mit sehr unterschiedlichem Tempo.
Selbstständigkeit	Überwindet Hindernisse. Lässt sich durch nichts zurückhalten. Setzt nicht nur neue Maßstäbe, sondern führt ein neues Weltbild ein.	Hellwach – findet immer wieder neue Lösungen.	Benötigt genaue Anweisungen.
Kundenbezug	Hoch sensibel, wenn es um Kundenbedürfnisse geht.	Bewusstsein »Kunde ist König«. Die Umsetzung ist nicht so konsequent wie bei A.	Zu sehr auf sich bezogen. Schätzt die Bedürfnisse und Ansprüche des Kunden oft falsch ein.
Mitarbeiter bewerten und auswählen	Stellt nur A-Mitarbeiter ein bzw. Personen mit A-Potenzial. Hat keine Angst vor Ungeliebtem und Konfrontationen und ist bereit, sich von C-Kräften zu trennen.	Stellt hauptsächlich B-Mitarbeiter ein, hin und wieder auch teure C-Kräfte. Kann mit Zweitklassigkeit leben.	Stellt hauptsächlich C-Kräfte ein. Mittelmäßigkeit wird akzeptiert.
Teamarbeit	Baut zielgerichtet und ergebnisorientiert handelnde Teams. Er ist der Muntermacher der Firma.	Will zwar Teamarbeit, tut aber wenig dafür.	Nimmt anderen die Motivation. Unkontrollierte Einzelaktionen lassen keine Synergieeffekte zustande kommen.
Zielerreichung	Übertrifft alle Erwartungen, sowohl der Mitarbeiter als auch der Kunden und der Inhaber.	Erreicht schriftlich festgelegte Zielsetzungen.	Ziele werden hin und wieder erreicht.
Integrität	Absolut transparent	Meistens ehrlich	Biegt sich die Dinge hin, wie er sie braucht.
Kommunikation	Erstklassige mündliche und schriftliche Fähigkeiten	Durchschnittliche Fähigkeiten	Mittelmäßige Fähigkeiten

Differenzierung funktioniert – Zahlen von Jack Welch bis Gallup

Die Pioniere des A-, B- und C-Denkens sind nach unserem Erachten Jack Welch sowie Bradford D. Smart, der viele Erfahrungen Jack Welchs aufgearbeitet hat.

Als Welch innerhalb weniger Monate 100 000 Mitarbeiter entlassen hat, sah seine Vermutung so aus:

- 10 Prozent A-Mitarbeiter,
- 25 Prozent B-Mitarbeiter,
- 65 Prozent C-Mitarbeiter.

Diese Einschätzung erwies sich als zu pessimistisch. Seine heutige Einteilung liegt ganz auf der Linie bedeutender Untersuchungen:

- 20 Prozent A-Mitarbeiter,
- 70 Prozent B-Mitarbeiter,
- 10 Prozent C-Mitarbeiter.

Bradford D. Smart kommt mit Blick auf die Verteilung von A-, B- und C-Kräften im Management zu folgenden Zahlen:[20]

- 25 Prozent A-Mitarbeiter,
- 50 Prozent B-Mitarbeiter,
- 25 Prozent C-Mitarbeiter.

Eine weiterer Vorreiter dieser Differenzierung ist die Gallup Organization. Sie untersucht die Zusammenhänge auch empirisch und veröffentlicht seit dem Jahr 2001 in Deutschland die Gallup-Studien, deren Kern der Engagement Index ist. Diese Studie hat einen immens hohen Bekanntheitsgrad.

Die Zahlen für das Jahr 2008 sehen wie folgt aus:[21]

- 13 Prozent der bundesdeutschen Arbeitnehmerinnen und Arbeitnehmer zeigen eine starke emotionale Bindung zu dem, was sie täglich bei der Arbeit tun. In unserem Sprachgebrauch sind dies die A-Mitarbeiter. Sie sind loyal und produktiv und weisen weniger Fehltage sowie eine geringere Fluktuation auf.
- 67 Prozent haben eine geringere emotionale Bindung zum Arbeitsplatz. Sie leisten »Dienst nach Vorschrift« und sind zwar produktiv, aber dem

Unternehmen nur eingeschränkt emotional verpflichtet (u. a. mehr Fehltage, höhere Fluktuation). Diese Mitarbeiter nennen wir B-Mitarbeiter.
- 20 Prozent haben keinerlei emotionale Bindung zum Arbeitsplatz. Sie arbeiten aktiv gegen die Interessen des Unternehmens, haben vielleicht auch schon die innere Kündigung vollzogen, das heißt, sie sind physisch präsent, psychisch jedoch nicht. Mit ihrer Arbeitssituation sind sie unglücklich, und sie lassen andere dies wissen. Bei diesen Mitarbeitern sprechen wir von C-Mitarbeitern.

Abbildung 4: Zahlen nach Gallup im Zeitverlauf

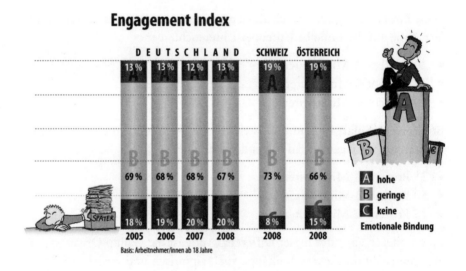

Die SAP AG arbeitet mit einer Viererklassifikation. Im sogenannten Management Excellence Survey, das die SAP seit 2003 für jeden Mitarbeiter vornimmt, gibt es:[22]

- 2 Prozent *High-Potentials* (intern auch »Happy Hippos« genannt), die möglichen Chefs von morgen,
- 8 bis 10 Prozent *Top-Performer,* also Mitarbeiter, die ihre Zielvorgaben deutlich übertreffen,
- 85 Prozent *Achievers:* Mitarbeiter, die ihre Zielvorgaben erreichen,
- 3 bis 5 Prozent *Under Performer/Improver (*Verbesserungsfähige).

Der ehemalige Direktor des Instituts für Führungs- und Personalmanagement in St. Gallen, Prof. Dr. Rolf Wunderer, unterscheidet ebenfalls mit einer Vierer-Klassifizierung:

- 14 Prozent *Mit-Unternehmer:* Sie sind unternehmerisch qualifiziert und motiviert.
- 31 Prozent *Mitrenner:* Sie sind unternehmerisch motiviert, aber noch nicht ausreichend qualifiziert.
- 39 Prozent *routinierte Mitarbeiter:* Sie machen ihren Job nach Anweisung als Normalarbeiter, verdienen ihr Geld, leisten aber auch nicht mehr.
- 16 Prozent haben *innerlich gekündigt* und/oder sind *überfordert.*

Die hier angegebenen Zahlen von Prof. Dr. Wunderer stammen aus einer empirischen Studie, die er im Zeitraum 1997 bis 1999 in über 200 Unternehmen in Deutschland, Österreich und der Schweiz durchgeführt hat. Obwohl die Studie dreimal mit verschiedenen Unternehmen durchgeführt wurde, unterscheiden sich die Ergebnisse nur unwesentlich.

Die Differenzierung in A-, B- und C-Kräfte ist übrigens nicht nur im Berufsleben anzutreffen. Auch in anderen Lebenszusammenhängen ist sie zu beoabachten. So berichtete beispielsweise die *Herald Tribune* darüber, wie sich Menschen in Hurrikanregionen verhalten:[23]

- 22 Prozent der Einwohner sagen in Umfragen, dass sie gut vorbereitet sind, und zwar immer. Sie haben schwache Stellen verstärkt und innerhalb weniger Stunden ist ihr Haus »hurrikanfest«.
- Der größte Teil der Menschen sagt: Wird eine Hurrikanwarnung ausgegeben, dann werden wir entsprechend reagieren und uns vorbereiten.
- 26 Prozent, die C-Kräfte, sagen, dass sie ganz auf Vorbereitungen verzichten. Sie erwarten, dass die Dinge kommen, wie sie kommen.

Im weiteren Verlauf dieses Buches werden wir mit den Ergebnissen von Gallup arbeiten. Sie sind empirisch am besten fundiert. Wenn wir von Differenzierung reden, dann haben wir also immer die Prozentsätze vor Augen, welche Gallup 2008 veröffentlicht hat:

- 13 Prozent A-Mitarbeiter,
- 67 Prozent B-Mitarbeiter,
- 20 Prozent C-Mitarbeiter.

Jeder Unternehmer träumt davon, nur noch mit A-Mitarbeitern zu arbeiten. Ist es möglich? Ja, natürlich, warum denn nicht? Allerdings geht es nicht von heute auf morgen. Sie müssen systematisch mit den richtigen Werkzeugen arbeiten.

In diesem Buch erhalten Sie unterschiedliche Checklisten, Formulare und Tools, die Ihnen dabei helfen, die besten Mitarbeiter zu finden und zu halten. Diese Tools wurden in unserer kleinen Unternehmensgruppe entwickelt und eingesetzt. Die Qualität der Mitarbeiter hat sich dadurch beachtlich verbessert. An unserem eigenen Beispiel zeigen wir, wie ein solcher Veränderungsprozess aussieht.

Im Jahr 1998 haben wir zum ersten Mal festgestellt, wie viele A-, B- und C-Mitarbeiter in unserer Firma arbeiten. Dabei handelt es sich um einen ganz normalen mittelständischen Produktionsbetrieb, in dem zum damaligen Zeitpunkt 70 Prozent der Mitarbeiter in der Produktion tätig waren und 30 Prozent im Büro. Die Qualität der Mitarbeiter war damals schon sehr gut. Den Grund sehen wir darin, dass es für unser familiengeführtes Unternehmen wichtig ist, schwäbisch solide nicht nur auf die Qualität der Produkte zu achten, sondern auch auf die Qualität der Mitarbeiter. Anhand der folgenden Tabelle sehen Sie, wie ein solcher Veränderungsprozess über neun Jahre hinweg aussehen kann:

Abbildung 5: Zusammensetzung der Mitarbeiter im Zeitverlauf

Jahr	Durchschnitt*	A (1,0-1,9)	B (2,0-2,9)	C (3,0-5,0)
1998	2,7	22	69	9
1999	keine Messung			
2000	2,6	25	68	7
2001	2,5	33	63	4
2002	2,4	37	62	1
2003	2,2	46	54	-
2004	2,0	64	36	-
2005	1,8	86	14	-
2006	1,5	89	11	-
2007	1,7	79	21	-
2008	1,5	91	9	-

*Der Durchschnitt bezieht sich auf die Noten des Beurteilungsbogens aus Kapitel 9

Gestartet sind wir mit 69 Prozent B-Mitarbeitern und 9 Prozent C-Mitarbeitern. Heute sind wir mit nur noch 11 Prozent B- und keinem C-Mitarbeiter unterwegs. Die Anzahl der A-Mitarbeiter wurde von 22 auf 89 Prozent gesteigert. Dieses Beispiel zeigt: Es ist möglich (fast) ausschließlich exzellente Mitarbeiter zu beschäftigen. Es zeigt aber auch, dass Sie dazu einen langen Atem haben müssen.

Wenn Sie einmal schwerpunktmäßig nur noch A-Mitarbeiter haben, können Sie natürlich beginnen, diese A-Mitarbeiter weiter zu klassifizieren. Jim Collins hat dazu einige grundlegende Überlegungen angestellt. Er klassifiziert die A-Mitarbeiter in fünf Ebenen. Dabei nennt er die Topebene den »Level-5-Unternehmensführer«.

Abbildung 6: Die fünf Ebenen individueller Führungskompetenz[24]

Level 5: Unternehmensführer
Sorgt durch eine paradoxe Mischung aus persönlicher Bescheidenheit und professioneller Durchsetzungskraft für nachhaltige Spitzenleistung.

Level 4: Effektiver Manager
Sorgt für Engagement und die konsequente Umsetzung einer klaren und überzeugenden Vision; stimuliert höhere Leistungsstandards.

Level 3: Kompetenter Manager
Organisiert Menschen und Ressourcen für eine effektive und effiziente Umsetzung vorgegebener Ziele.

Level 2: Team-Mitglied
Trägt mit seinen individuellen Fähigkeiten zum Erfolg der Gruppenziele bei und arbeitet effektiv mit anderen in einer Gruppe zusammen.

Level 1: Begabtes Individuum
Erbringt produktive Beiträge durch Talent, Wissen, Fertigkeiten und gute Arbeitsgewohnheiten.

Bradford D. Smart hat eine andere Art der Differenzierung. Er spricht von A, A1 und A2. A heißt ganz einfach A-Mitarbeiter, während A1 heißt: Dieser Mitarbeiter kann noch eine Ebene befördert werden. Ein A2-Mitarbeiter kann entsprechend zwei Ebenen befördert werden.

Ist eine solche A-, B-, C-Differenzierung ethisch vertretbar?

Wer sich mit der Einteilung von Mitarbeitern in drei Kategorien auseinandersetzt, muss mit Kritik rechnen. Schließlich geht es um Menschen, und Menschen sollten nicht in Schubladen gesteckt werden. Kritiker finden die Unterscheidung von A-, B- und C-Mitarbeitern hart, unfair oder darwinistisch.

Um es ganz klar zu sagen: Ein schlechter Mitarbeiter ist noch lange kein schlechter Mensch. Auch ein C-Mitarbeiter ist nach unserer Auffassung ein Geschöpf Gottes und deswegen mit Würde zu behandeln, so wie es auch schon das Grundgesetz vorsieht.

Nachdem mir, Jörg Knoblauch, einige wichtige Menschen die Freundschaft gekündigt haben, lassen Sie mich es nochmals und ganz ausdrücklich sagen: Es geht hier nur und ausschließlich um die Bewertung der Leistung. Es geht hier nicht um die Person. Auch die Bibel, die gerade von den Gegnern dieser Auffassung ins Feld geführt wird, kritisiert Faulheit auf das Heftigste. Paulus schreibt beispielsweise (2. Thessalonicher 3,10): »Wer nicht arbeitet, soll auch nicht essen.«

Der König Salomo sagte im Alten Testament (Sprüche 6, 6-11): »Nimm dir ein Beispiel an der Ameise, du Faulpelz. Lerne von ihr und werde weise! Obwohl sie keinen Anführer, Aufseher oder Herrscher hat, arbeitet sie trotzdem den ganzen Sommer über und sammelt Nahrung für den Winter. Aber du Faulpelz, wie lange willst du noch schlafen? Wann wachst du endlich auf? Wenn du noch ein wenig länger schläfst, da ein kleines Nickerchen und dort eine kurze Ruhepause, dann wird die Armut dich überfallen wie ein Wegelagerer und die Not über dich hereinbrechen wie ein bewaffneter Räuber …«

Johannes Czwalina, ein Personalberater in der Schweiz, lädt hin und wieder Freunde ein, die an Fragen der Mitarbeiterauswahl und -führung interessiert sind. In dieser Runde wurde die ABC-Thematik vorgetragen, um sie kontrovers zu diskutieren. Aber dort gab es interessanterweise keine Kontroverse. Es herrschte große Einigkeit: Die Differenzierung ist richtig und muss sein.

Selbst Jesus spricht mehrfach zum Thema Differenzierung. Ein Beispiel, das Sie noch aus dem Religionsunterricht kennen (Lukas 19, 12-27), berichtet von einem Chef, der geschäftlich in ein fernes Land musste. Er rief seine zehn Mitarbeiter zu sich und gab jedem denselben stattlichen

Silberbetrag. Nach seiner Rückkehr ließ der Chef seine Mitarbeiter zu sich kommen, um zu sehen, was sie erwirtschaftet haben. Der erste Mitarbeiter berichtete, dass er die Summe verzehnfacht hatte. Der Chef war begeistert und er wurde belohnt. Der zweite Mitarbeiter hatte den Einsatz verfünffacht und auch er wurde entsprechend belohnt. Der dritte Mitarbeiter jedoch übergab ihm den ursprünglichen Silberbetrag und erklärte, dass er das Geld immerhin sicher aufbewahrt habe. Der Chef war außer sich und bestrafte ihn mit den Worten: Selbst wenn du faul bist, hättest du den Betrag zur Bank bringen können, dann hätte das Geld wenigstens Zinsen gebracht. Daraufhin nahm der Chef das Geld und gab es zum Erstaunen aller dem, der den Betrag verzehnfacht hatte. Lassen Sie uns einige Punkte nennen, welche die Personalexperten ins Feld führten.

1. Schulnoten sind nicht diskriminierend.

Jeder von uns hat in der Schule Noten erhalten. War dies menschenverachtend? Eine darwinistische Auslese? Eine Gemeinheit? Nein, wir haben uns damals damit abgefunden und gespürt: Noten sorgen für Klarheit. Einem von uns ist es sogar passiert, dass er ein Semester an der Fachhochschule wiederholen musste: Jörg Knoblauch wäre fast vom Studium verwiesen worden. Richtig betrachtet, war diese Erfahrung eine Chance, etwas zu lernen. Krisen gehören zum menschlichen Leben dazu. Ihre Frucht trägt den Namen Lebenserfahrung.

2. Es kommt darauf an, Stärke und Situation zusammenzubringen.

Ob jemand ein A-, B- oder C-Mitarbeiter ist, kann nur mit Blick auf die Situation entschieden werden, in der die betroffene Person steht. Nicht selten werden Mitarbeiter als C-Kräfte abgestempelt, weil sie am falschen Platz beschäftigt sind oder weil sie falsch geführt werden. Ein schlechtes Ergebnis bedeutet immer, dass persönliche Stärken und die Situation, in der sich ein Mitarbeiter bewähren muss, nicht zusammenpassen. Oft ist es in einem solchen Fall sinnvoll, die Stelle zu wechseln, um die Stärken mit der Situation in eine bessere Übereinstimmung zu bringen. Häufig sind plötzlich Spitzenleistungen möglich.

Dazu noch ein Beispiel von Jörg Knoblauch, diesmal aus der Kindheit. Zugegeben, es war keine schöne Erfahrung, wenn ich als Kind auf dem Sportplatz war. Da funktioniert Differenzierung ja nun kurz und bündig: Zum Fußballspielen braucht man zwei Mannschaften und jede Mannschaft darf sich abwechselnd jeweils eine Person wählen. Klar, dass die besten Spieler zuerst weg sind. Dann kommen die Mittleren und zum Schluss die Unsportlichen. Auch da habe ich mich persönlich wiedergefunden. Manchmal gab es gerade noch in einer Mannschaft einen Platz. Manchmal waren aber auch genug Kids da, dann waren die letzten paar diejenigen, die zuschauen mussten.

Was habe ich dabei gelernt? Erstens bin ich kein sportliches Kind und zweitens ist Fußball nun wahrlich nicht meine Stärke. In der Quintessenz hieß dies: Such dir eine andere Sportart oder eine andere Freizeitbeschäftigung, in der du bessere Leistungen erbringst und die dir deswegen auch mehr Spaß machen wird. Schließlich verdienen nicht alle Menschen auf der Welt ihr Geld mit Fußball. Es gibt viele andere Sportarten, und außerdem gibt es auch noch Lehrer, Dichter, Handwerker, Programmierer und so weiter.

Abbildung 7: Stärke und Situation

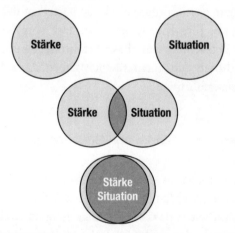

Jeder von uns spürt, wo Stärke und Situation deckungsgleich sind. Da sind wir zufrieden, da schlagen wir Wurzeln und machen andere Menschen glücklich. Das funktioniert auf dem Fußballplatz und auch im betrieblichen Alltag. Zusammengefasst: Erfolg ist da, wo der richtige Mitarbeiter am richtigen Ort zur richtigen Zeit arbeitet.

3. Das ABC-Modell hilft gerade auch dem C-Mitarbeiter.

Wir kennen Unternehmen, die nach einer Art 5/10-Methode handeln. Die 5 Prozent »besten Mitarbeiter« werden befördert. Den 10 Prozent »schlechtesten Mitarbeitern« wird gekündigt. Was die Kündigung anbetrifft, empfehlen wir erst einmal ein anderes Vorgehen:

- Geben Sie Hilfestellungen, damit Ihre Mitarbeiter die eigenen Stärken erkennen. Falls Sie nicht die Zeit und Kraft haben, kann das ein Coach übernehmen (siehe hierzu: www.life-coaching365.de).
- Ermöglichen Sie einen Positionswechsel.
- Bieten Sie intensive Trainings an.
- Prüfen Sie, ob der Mitarbeiter in seiner Entfaltung behindert wird *(nicht dürfen).*
- Unterscheiden Sie zwischen *nicht wollen* und *nicht können.* (Vielleicht ist ja auch der Vorgesetzte das Hindernis; dann wäre das *nicht dürfen.*)

Der zuletzt genannte Rat erscheint uns so wichtig, dass wir etwas genauer auf ihn eingehen möchten: Prüfen Sie genau, ob der Mitarbeiter keine besseren Ergebnisse bringen *kann* oder seine Leistungsschwäche damit zu tun hat, dass er nicht besser werden *will.* Erst dann, wenn Sie einem C-Mitarbeiter eine Weiterbildung anbieten und er dazu Nein sagt, oder wenn Sie ihm eine andere Stelle innerhalb der Firma anbieten, an der er möglicherweise zu besseren Ergebnissen kommen kann und er wiederum Nein sagt, bleibt Ihnen kein anderer Weg, als sich von ihm zu trennen.

Es gibt ein klassisches Beispiel, das den Unterschied zwischen *nicht wollen* und *nicht können* verdeutlicht. Ein Mitarbeiter der IBM hatte ein Projekt in den Sand gesetzt. 600 000 Dollar waren zerstört. Es dauerte nur Stunden, und der oberste Chef, Thomas J. Watson, rief an und sagte: »Morgen um 11 Uhr will ich Sie in meinem Büro sehen.« Der Mitarbeiter war total geschockt, rief seine Frau an und sagte: »Frau, schau dich schon einmal nach einem Job um. Ich bin in den nächsten Wochen zu nichts in der Lage. Ich habe hier wirklich die Kiste gegen die Wand gefahren.«

Am nächsten Morgen um 11 Uhr kam der besagte Mitarbeiter zum Chef. Der fragte, wie es ihm und der Familie und überhaupt geht. Der Mitarbeiter unterbrach und sagte: »Mr. Watson, ich weiß, warum ich hier bin. Machen Sie es kurz und schmerzlos. Geben Sie mir meine Papiere, und Sie sind mich los.«

Darauf antwortete der völlig entsetzte Chef: »Was? Ich habe gerade 600 000 Dollar in Ihre Weiterbildung investiert, und jetzt wollen Sie die Firma verlassen?«

Sind Sie wegen dieser Reaktion überrascht? Nein, diese Reaktion ist genau der Unterschied, von dem wir hier reden. Im vorliegenden Beispiel handelte es sich um *nicht können*. Der Mitarbeiter *wollte* gut handeln, *konnte* aber nicht. Nun hat er Erfahrungen gesammelt, und er wird es beim nächsten Mal besser machen.

In diesem Zusammenhang lohnt sich auch der Blick auf ein Gleichnis, von dem das Lukasevangelium in Kapitel 13 ab Vers 6 berichtet. Dort heißt es: »Es hatte einer einen Feigenbaum, der war gepflanzt in seinem Weinberg, und er kam und suchte Frucht darauf und fand keine. Da sprach er zu dem Weingärtner: Siehe, ich bin nun drei Jahre lang gekommen und habe Frucht gesucht an diesem Feigenbaum und finde keine. So hau ihn ab! Was nimmt er dem Boden die Kraft? Er aber antwortete und sprach zu ihm: Herr, lass ihn noch dies Jahr, bis ich um ihn grabe und ihn dünge; vielleicht bringt er doch noch Frucht; wenn aber nicht, so hau ihn ab.«

Mit anderen Worten: Wenn ein Mitarbeiter zwar Ressourcen verbraucht, aber keine guten Resultate bringt, dann vereinbaren Sie Meilensteine, verbunden mit klaren Spielregeln. Selbstverständlich ist, dass Sie den Mitarbeiter nach Kräften fördern. Wenn die erwarteten Ergebnisse dann immer noch nicht eintreten, müssen Sie sich von ihm trennen, denn Sie müssen Ihre Ressourcen genauso sorgsam behandeln, wie der Weingärtner darauf zu achten hat, dass dem Boden nicht nutzlos Kraft entzogen wird.

4. Ein Unternehmer muss die Firma vor schwierigen Situationen bewahren.

Es gibt Mitarbeiter, die fürsorglich behandelt werden müssen. In unseren Firmen hatten wir uns über viele Jahre verpflichtet, 3 Prozent der Stellen mit Menschen zu besetzen, die in irgendeiner Art behindert sind und die ohne eine Arbeit bei uns in einer Behindertenwerkstatt tätig werden müssten. Diese Menschen sind also nicht gemeint.

Es gibt aber auch den C-Mitarbeiter, der die Kollegen frustriert und die Leistungsbereitschaft seines Umfeldes ausbremst. Diese Mitarbeiter sind gefährlich. Sie verlangsamen nicht nur die betrieblichen Abläufe, sondern ziehen oft noch andere C-Mitarbeiter an, sei es, dass B-Mitarbeiter zu C-Mitarbeitern werden oder sei es, dass C-Mitarbeiter mit Personalverantwortung andere C-Mitarbeiter einstellen. Da muss die Frage gestellt werden: Was nützt es, wenn der Unternehmer die Entlassung einzelner Mitarbeiter scheut, aber wichtige Kunden verliert und die Zukunft der Firma gefährdet?

Der emeritierte Professor für Systemforschung an der Ludwig-Maximilians-Universität München, Friedrich Hanssmann, befasst sich ebenfalls mit diesen Fragen. Er gab uns beim Nachdenken wichtige Anregungen: Solange man das Überleben eines Unternehmens für ethisch wünschenswert hält, muss man auch zugestehen, dass es ethisch nicht nur vertretbar, sondern sogar geboten ist, dass der Unternehmer ständig nach Quellen der Unwirtschaftlichkeit sucht und diese ausschaltet. Ohne diesen fortlaufenden Prozess sind ausreichender Erfolg und Überleben gefährdet. Das Aufspüren von Quellen der Unwirtschaftlichkeit erfordert in jedem Fall Bewertungen, gleichgültig, ob es sich um personelle oder andere Leistungsfaktoren handelt.

5. Stärken und Schwächen in allen Bereichen zu identifizieren, ist unverzichtbar.

Es ist wissenschaftlich und praktisch fest etabliert, dass ein Unternehmen in seinem strategischen Managementprozess seine Stärken und Schwächen identifizieren und bewerten sowie entsprechende Konsequenzen ziehen muss. Stärken sind auszubauen und maximal zu nutzen, Schwächen sind möglichst zu beheben, durch defensive Maßnahmen zu lindern oder durch Aufgabe der entsprechenden Gebiete auszuschalten. Häufig wird daher eine Konzentration auf die Kernkompetenzen (Stärken) empfohlen.

In der klassischen Portfolio-Analyse werden die einzelnen Geschäftseinheiten in den beiden Dimensionen *Marktattraktivität* und *Wettbewerbsposition* bewertet. Bei einer zweistufigen Bewertung (Niedrig – Hoch) in jeder Dimension entstehen die bekannten vier Klassifikationsfelder, in denen die Geschäftseinheiten als »Sterne«, »Kühe«, »Fragezeichen« oder »Hunde« klassifiziert werden.

Abbildung 8: Matrix der klassischen Portfolio-Analyse

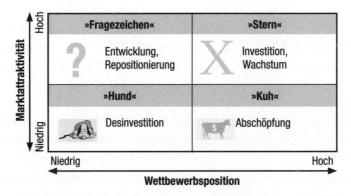

Die zugehörigen empfohlenen Normstrategien Investition/Wachstum, Abschöpfung, Entwicklung/Repositionierung, Desinvestition sind so einleuchtend und zwingend, dass sie vermutlich noch niemand als unethisch bezeichnet hat, auch wenn die Desinvestition einer Geschäftseinheit Arbeitsplätze und Entlassungen kostet. Warum sollten diese heute selbstverständlichen und akzeptierten Überlegungen im Prinzip nicht auch für das strategische Personalmanagement gelten? In der Tat lassen sie sich fast eins zu eins auf den Personalbereich übertragen, zumal Stärken und Schwächen von Unternehmen oder Geschäftsfeldern zu einem großen Teil ohnehin auf personellen Stärken oder Schwächen beruhen.

Würden wir analog zur Portfolio-Analyse einzelne Mitarbeiter hinsichtlich ihrer *Motivation* (horizontale Achse) und hinsichtlich der *Eignung* für die ihnen anvertrauten Arbeiten (vertikale Achse) mit Hoch oder Niedrig bewerten, würden die klassischen vier Felder mit neuer Bedeutung entstehen:

Abbildung 9: Matrix zur Klassifikation von Mitarbeitern

	C-Mitarbeiter	A-Mitarbeiter
Hoch	Motivationshemmnisse abbauen	Investition, Wachstum
	C-Mitarbeiter	**B-Mitarbeiter**
Niedrig	Motivationshemmnisse abbauen, andere Aufgabe zuweisen; ggf. trennen	Andere Aufgabe zuweisen
	Niedrig	Hoch

Können/Eignung (vertikale Achse) — **Wollen/Motivation** (horizontale Achse)

Allerdings sollten die Klassifikationen und ihre Konsequenzen weniger statisch gehandhabt werden als in der klassischen Portfolio-Analyse, denn es handelt sich um Menschen, die sich verändern können und denen gegenüber eine ethische Verpflichtung besteht. Mitarbeiter können sich im Klassifikationsschema horizontal und vertikal bewegen: *horizontal* durch Abbau von Motivationshemmnissen und *vertikal* durch Zuweisung einer anderen Aufgabe mit besserer Eignung. So kann ein C-Mitarbeiter durch das Zuweisen einer anderen Aufgabe ein B-Mitarbeiter werden (Bewegung nach oben) oder im günstigsten Fall durch den Abbau von Motivationshemmnissen sogar ein A-Mitarbeiter (zusätzliche Bewegung nach rechts). Erst wenn diese Möglichkeiten ausgeschöpft sind und damit auch einer ethischen Verpflichtung Genüge getan ist, sollte man zu den endgültigen Konsequenzen kommen.

Dazu gehört natürlich auch die Trennung von C-Mitarbeitern, die sich weder nach rechts noch nach oben bewegen lassen. Dies ist umso dringlicher und auch ethisch zu fordern, wenn C-Mitarbeiter für das Unternehmen eine Belastung sind. Dies ist der Fall, wenn die Kosten den Nutzen übersteigen oder der Nutzen für sich allein genommen bereits negativ ist. Eine wirtschaftliche Unternehmung ist keine soziale Einrichtung, die für die Versorgung von C-Mitarbeitern aufkommen könnte, die ihr keinen positiven Nettonutzen bringen können. Vielmehr ist sie verpflichtet, Quellen der Unwirtschaftlichkeit abzustellen. Der betroffene C-Mitarbeiter sollte versuchen, ein anderes Arbeitsverhältnis zu finden, in dem er einen positiven Nutzen stiften kann. Gelingt dies nicht, so ist nicht das Unternehmen, sondern der Sozialstaat gefordert.

Wir haben gute Erfahrungen damit gemacht, nichts zu verdrängen, sondern offen und ehrlich zu sein. Beispielsweise haben wir Mitarbeitern zum Jahresende einen Brief geschrieben, in dem in etwa Folgendes stand: »Ich weiß, dass dieses Jahr für uns beide sehr hart war. Das Ihnen übertragene Projekt war teurer als erwartet, und es hat auch nicht abgehoben. Um ehrlich zu sein: Es ist ein Desaster. Aber ich weiß auch, Sie sind ein Mensch, der ehrlich ist und dem das alles leidtut. Ich bitte Sie herzlich: Kommen Sie jetzt ja nicht auf falsche Gedanken, indem Sie über einen Weggang aus unserer Firma nachdenken und sich möglicherweise woanders bewerben. Ich weiß, der Tag kommt, an dem Sie die Dinge im Griff haben und das jetzt verloren gegangene Geld mit Zins und Zinseszins wieder zurückholen.«

Dieses für viele so schwierige Kapitel wollen wir abschließen, indem wir von einer guten Erfahrung berichten. Vor Jahren hatten wir einen Mitarbeiter, der sich wirklich konsequent wie eine C-Kraft benommen hat. Gegenüber seinen Kollegen sagte er, er würde jetzt noch einmal richtig auf den Putz hauen und dann mit einer Abfindung ausscheiden. Seinen Pflichten kam er in keinster Weise nach. Bei genauerem Hinsehen zeigte sich, dass der Mitarbeiter an einer falschen Stelle eingesetzt war. Er hatte keinen Freiraum, sondern musste genau tun, was man ihm sagte. Dagegen hat er zu Recht rebelliert. Er wurde dann an eine Stelle versetzt, an der er Gestaltungsspielraum hatte und sich mit seinen Ideen viel besser einbringen konnte. Dort konnte er seine vorhandenen A-Fähigkeiten ausleben. Kürzlich war nun eine Besuchergruppe im Haus, und wir haben nicht gehört, was einer der Besucher ihn fragte. Wir sahen nur, wie er sich umdrehte und den Besucher mit großen Augen ansah. Dabei rief er den bedeutungsvollen Satz: »Ich hier früher Idiot, ich heute Chef.«

Kapitel 3

Das Unternehmen attraktiv machen

In diesem Kapitel erfahren Sie:

- Welche Wege es gibt, um für ein positives Image zu sorgen
- Auf welche Weise Sie Ihr Unternehmen bekannt machen können
- Wie Sie herausragende Talente in Ihr Unternehmen ziehen

Sorgen Sie für ein positives Image

Ist es nicht unglaublich: Trotz hoher Arbeitslosigkeit können Sie nicht erwarten, dass die Menschen bereit sind, einfach *irgendwo* zu arbeiten. Besonders die wirklich guten Leute können sich auch in wirtschaftlichen Krisenzeiten durchaus aussuchen, wo sie ihr Geld verdienen.

Deutschlands bekanntester mittelständischer Hotelier, Klaus Kobjoll, bekennt, dass selbst er aktiv um neue Mitarbeiter werben muss. Wer also denkt, solch ein renommierter Betrieb könne sich vor Blindbewerbungen kaum retten, der irrt.

Wie also sorgt man für ein positives Image? Die Antwort derer, die es geschafft haben, lautet: »Werde A A A A A – Angenehm Anders Als Alle Anderen«. Oder anders ausgedrückt: Die Firma muss zu einem Leuchtturm werden, der weit ins Umfeld hineinstrahlt.

Natürlich werden Sie nicht die Strahlkraft einer Firma wie Porsche, BMW oder Audi erreichen. Ein Absolvent wird sich bei Ihnen nur dann bewerben, wenn er Sie wahrnimmt und etwas Positives mit Ihrer Firma verbindet.

Die folgenden Ausführungen enthalten einige Ratschläge, die Ihnen auf dem Weg in diese Richtung helfen können.

Schaffen Sie attraktive Arbeitsbedingungen

Mitarbeiter werden von Jahr zu Jahr anspruchsvoller und suchen ansprechende Arbeitsbedingungen. Wie sehen diese aus? Wonach suchen hoch qualifizierte Bewerber genau?

Vor allem jüngere Jahrgänge streben Flexibilität an und suchen eine ausgeglichene Mischung zwischen Arbeit und Leben, die sogenannte Work-Life-Balance. Dabei sind Autonomie im Arbeitsalltag und Partizipation bei wichtigen Entscheidungen Voraussetzungen, die immer mehr gefragt sind. Dies kann im Einzelfall durchaus heißen, dass ein Chef auf seinen Mitarbeiter zugeht und ihm sagt: »Es ist mittlerweile 20 Uhr und Sie haben Frau und Kind zu Hause. Ich denke, Sie sollten Schluss machen.« Wo diese Balance gegeben ist, werden Mitarbeiter zu Wirtschaftsmissionaren, also zu Multiplikatoren der Gesinnung ihres Unternehmens.

Vision, Wertekultur und Unternehmensphilosophie

Wir fragen in diesem Buch ja immer wieder: Wie gewinnt man die besten Mitarbeiter? Eine Antwort lautet: Am Anfang steht eine große Vision. Nur wer eine große Vision hat, wird die besten Mitarbeiter anziehen. Sie wollen Teil einer großen Sache sein.

Was eine Vision vermag, wenn sie wirklich als wertvoll erkannt wird, mag das folgende Beispiel verdeutlichen: Mitarbeiter der freiwilligen Feuerwehr sind Menschen, die Tag und Nacht in Bereitschaft leben. Ihre Vision ist es, einen wichtigen Beitrag für das Gemeinwesen zu leisten, indem sie Menschen, Tiere und Sachwerte retten, schützen und bergen. Sie haben einen Piepser in der Tasche, der sie ständig erreichbar macht. Abends nach der Arbeit gehen diese Menschen freiwillig zu Übungen. Das Wochenende verbringen sie auf Schulungen. Mehr noch: Wenn nachts um 3 Uhr ein Alarm kommt, springen sie aus dem Bett, rennen los und riskieren bei ihrem Einsatz ihr Leben. Natürlich bekommen diese Mitglieder der Feuerwehr etwas dafür, dass sie das alles tun. Übrigens, Geld ist es nicht. Pro Einsatz werden typischerweise 8 Euro bezahlt. Es sind Auszeichnungen und Orden, die zählen. Es sind Freundschaften und Kameradschaften, die sich bilden. Das Größte und Motivierendste aber: Sie tun etwas wirklich Sinnvolles.

Eine Vision ist ein Bild der Zukunft, das bei den Mitarbeitern Begeisterung auslöst. Sie macht deutlich, wohin die Reise geht.

Unternehmen brauchen aber nicht nur eine Vision, sondern auch Werte. Werte beschreiben dann die Verhaltensweisen, die den Erfolg verursachen und das Unternehmen ans Ziel bringen.

Wo Werte ernst genommen werden, wird auch zwischen Mitarbeitern und Vorgesetzten eine gegenseitige Akzeptanz, Wertschätzung und Loyalität wachsen – also ein Klima der Offenheit entstehen. Erst in einer solchermaßen geprägten Unternehmenskultur fühlen sich Mitarbeiter für die Entscheidung ihres Vorgesetzten mitverantwortlich.

Innovative Unternehmenspolitik

Unternehmen, die in der Öffentlichkeit gut dastehen und am Markt erfolgreich sein wollen, leben von Innovationen. Dies gilt nicht nur mit Blick auf die Produkte und Dienstleistungen, sondern auch hinsichtlich der Mitarbeiterführung. Innovativ ist das, was den allgemeinen Standard übersteigt und aus Sicht des Unternehmens selbst, der Branche oder der Region eine bemerkenswerte Entwicklung darstellt. Solche Innovationen schaffen A-Mitarbeiter.

Eine Traumfirma werden, in der andere gerne arbeiten wollen

Der US-amerikanische Trendexperte Karl Pilsl sagt: »In der heutigen Wirtschaft prallen meist zwei konträre Führungsstile aufeinander. Der eine nennt sich ›Management by Fear‹ (Angst), der andere nennt sich ›Management by Love, Joy and Peace‹ (Liebe, Freude, Friede). Das sind wirklich zwei konträre Führungsverhalten. Natürlich nennt keiner seinen Führungsstil ›Management by Angst‹, das wäre ja viel zu offensichtlich unattraktiv. Aber viele Manager von heute praktizieren diesen Stil. Teilweise unbewusst. Sie meinen, wenn man Menschen nur ausreichend Angst macht, dass sie ihren Job verlieren, dann würden sie schon zu Spitzenleistungen auflaufen.«[25]

Das bringt aber nicht viel. Im Gegenteil: Welcher begabte Bewerber ist daran interessiert, in einem Klima der Angst zu arbeiten? Führungskräfte, die ein »Management by Fear« praktizieren und zugleich daran interessiert sind, A-Mitarbeiter zu gewinnen, müssen ihre Einstellung um 180 Grad wenden.

Bernd Osterhammel, ein Manager, der nicht nur ein erfolgreiches Unternehmen führt, sondern auch Manager in besonderen Seminaren mit Pferden schult (»Pferdeflüstern für Manager«), träumt von der idealen Firma:[26]

- Eine Firma soll Freude machen, und zwar allen: den Kunden, den Mitarbeitern, dem Chef und den Geschäftspartnern.
- In der Firma soll jeder jeden unterstützen, zum Wohle aller.
- Lachen, Singen, Pfeifen, Feiern sollen den Arbeitsalltag begleiten.
- Jeder bringt seine besten Talente in die Firma mit und setzt sie dort ein.
- Sowohl die Mitarbeiter als auch der Chef finden ihre wichtigsten Werte in der Firma wieder.
- Mitarbeiter arbeiten konstruktiv zusammen ohne Machtspielchen.
- Die Firma ist ein Magnet für gute Kunden und Aufträge.
- Alle haben die Chance, im Unternehmen zu wachsen, wenn sie es wollen.
- Keiner muss mehr schultern oder verantworten, als er kann.
- Keiner hat das Bestreben, die Firma von sich abhängig zu machen.
- Es gibt kein Konkurrenzdenken untereinander.
- Leichtigkeit begleitet jeden Tag.

Eine solche Firma hat jede Menge Energie, die als positives Image nach außen strahlt. Hier fühlen sich A-Mitarbeiter so richtig wohl. Es gibt eine wissenschaftliche Studie der University of Chicago über persönliche und betriebliche Werte, die zu ähnlichen Ergebnissen kommt. Wenn es im zweiten Teil des Buches um die sogenannten Shared Values geht (siehe Seite 221f.), werden wir darauf ausführlicher eingehen. Auf Basis von 17 Millionen Datensätzen konnten acht Werte identifiziert werden, die ein Traumunternehmen auszeichnen:[27]

1. Wahrheit,
2. Redlichkeit,
3. Solidarität,
4. Vorurteilsfreiheit,
5. Risikobereitschaft,
6. Wertschätzung,
7. Integrität,
8. Selbstlosigkeit.

Unternehmen, in denen diese Werte gelebt werden, bevorzugen einen kooperativen Führungsstil. Geführt wird eher durch Fragen als durch Antworten. Dialoge und Streitgespräche werden als wichtig erachtet. Bei Fehlern wird die Ursache gesucht, nicht der Schuldige. Die Unternehmenskultur ist durch Disziplin gekennzeichnet, ohne bürokratisch zu sein. Wir meinen: Bürokratische Strukturen entstehen, um Inkompetenz und Disziplinmangel aufzufangen. Inkompetenz und Disziplinmangel kommen wiederum daher, dass die falschen Leute an Bord sind.

Wenn Ihr Unternehmen zu einer Traumfirma wird, strahlt Ihr positives Image wie ein Leuchtturm ins Land. Zwar ist dies noch keine Garantie dafür, dass Sie die besten Mitarbeiter finden werden, aber immerhin haben Sie gute Voraussetzungen geschaffen.

Machen Sie Ihr Unternehmen bekannt

Daimler, Bosch, Siemens, Allianz und die Deutsche Bank kennt jeder. Aber wer kennt schon Max Mops, den Mittelständler um die Ecke? Im Regelfall so gut wie niemand. Deshalb ist es wichtig, am Bekanntheitsgrad des Unternehmens zu arbeiten. Wer im Kampf um die besten Mitarbeiter punkten will, muss von diesen zunächst einmal wahrgenommen werden.

Es gibt regelmäßig durchgeführte umfangreiche Studien, die zeigen, wie attraktiv ein Unternehmen ist. Die nachfolgende Auflistung beispielsweise stammt vom Trendence Institut in Berlin. Dort wird das jährliche deutsche Absolventenbarometer veröffentlicht. Andere Studien zum »Employer Branding« werden vom »Great Place to Work-Institut« erstellt.

Abbildung 10: TOP 10 der attraktivsten Arbeitgeber gemäß einer Befragung von 18 000 Studierenden (Quelle: www.trendence.de, Berlin)

Rang 2008	Top-Arbeitgeber	% 2008	trend Rang	Rang 2007	% 2007
1	Porsche AG	9,8%	⇧	2	10,0%
2	BMW Group	9,7%	⇩	1	11,4%
3	AUDI AG	7,9%	⇧	8	6,8%
4	PricewaterhouseCoopers	7,0%	⇩	3	7,8%
5	Deutsche Lufthansa AG	6,8%	⇧	6	7,3%
6	Ernst & Young AG	6,7%	⇩	5	7,4%
7	KPMG	6,5%	⇩	4	7,7%
8	adidas AG	6,4%	⇩	7	7,0%
9	Deutsche Bank AG	6,0%	⇨	9	6,0%
10	Daimler AG	5,6%	⇨	10	5,7%

Das deutsche Absolventenbarometer zeigt jährlich, welche Firmen um die Gunst der besten Mitarbeiter vorne liegen. An dieser Studie nehmen 26 000 Studierende teil.

Bekanntheit entsteht nicht über Nacht, und es gibt keine Abkürzungen. Bei einem riesigen Schwungrad kann man nur versuchen, es erst einmal mit ganzer Kraft aus der Standposition zu bringen. Mit Blick auf Ihr Unternehmen ist das vielleicht die erste größere Pressemeldung, welche die Menschen in Ihrer Stadt aufhorchen lässt. Haben Sie einmal begonnen, werden Ihnen die nachfolgenden Bemühungen schon deutlich leichter fallen.

Wenn Sie dranbleiben, wird das Riesenschwungrad an Fahrt gewinnen. Was am Anfang einer gewaltigen Anstrengung bedurfte, um die Masse überhaupt in Bewegung zu setzen, wird immer leichter. Das Rad gewinnt an Fahrt und erreicht schließlich eine Geschwindigkeit, die mit wenig Aufwand aufrechterhalten werden kann. Im Folgenden finden Sie einige einfache Anregungen, die sich für kleine und mittelständische Unternehmen eignen, um die eigene Bekanntheit zu vergrößern und A-Mitarbeiter auf sich aufmerksam zu machen.

1. *Pressearbeit*
Pressearbeit darf man nicht dem Zufall überlassen. Gehen Sie aktiv auf die Presse zu. Wer nachdenkt, stößt immer auf berichtenswerte Dinge. Sie könnten sich beispielsweise zum Ziel setzen, alle zwei Monate mindestens zweispaltig in Ihrer regionalen Presse zu erscheinen. Dazu bedarf es dann eines jährlichen Presseplanes. Veröffentlichte Beiträge können Sie anschließend in einer Pressemappe zusammenfassen, die Sie beispielsweise an gute Kunden weitergeben. Natürlich eignen sich solche Artikel auch, um auf Ihrer Internetseite veröffentlicht zu werden.
Wenn Sie daran denken, dass der durchschnittliche Bundesbürger etwa 40 Minuten am Tag die Tageszeitung liest, gibt es für den regionalen Bekanntheitsgrad wahrscheinlich nichts Besseres als die lokale Presse.

Service: Eine Übersicht mit Anlässen für Pressearbeit finden Sie kostenlos unter www.abc-strategie.de/formulare.

2. *Tag der offenen Tür*
Ein großer Teil der Bevölkerung interessiert sich für die Unternehmen am Ort. Laden Sie mit einem »Tag der offenen Tür« die Menschen der

Stadt ein. An diesem Tag können Sie sich von Ihrer besten Seite zeigen. Wenn wir solche Veranstaltungen durchführen, dann fragen uns die Besucher schon einmal: »Macht es denn den Mitarbeitern nichts aus, wenn wir ihnen bei der Arbeit zuschauen? Die müssen sich doch wie im Zoo fühlen.« Wir können dann sagen, dass genau das Gegenteil der Fall ist: Die Mitarbeiter sind stolz, wenn sie zeigen dürfen, was sie an ihrem Arbeitsplatz bewegen. Vergessen Sie übrigens nicht, Stadträte, Bürgermeister, wichtige Nachbarn und Unternehmervereinigungen einzuladen.

Eine Variante: Am Freitag vor Heiligabend lädt ein mit uns befreundeter Firmenchef regelmäßig zum Weihnachtsmarkt auf dem Unternehmensgelände ein. In seinem Einladungsbrief schreibt er: »Wir setzen seit Jahren auf eine offene und ehrliche Kultur sowie auf ein partnerschaftliches Miteinander. Zum Abschluss des Jahres und als Dankeschön organisieren wir auf unserem Firmenvorplatz einen Weihnachtsmarkt. Sie sind herzlich willkommen. Ihr Vertrauen erfüllt uns mit Stolz.« Dort gibt es dann Glühwein, Waffeln und weitere Überraschungen.

3. *Internetauftritt*

Auf einen Internetauftritt können Sie heute nicht mehr verzichten. Selbst wenn Sie nur eine beschränkte Produktpalette haben, sollten Sie einen attraktiven Internetauftritt pflegen. Wenn es Ihr Budget zulässt, beauftragen Sie eine Webdesign-Agentur. Sollten Sie nur einen schmalen Geldbeutel haben, dann engagieren Sie einen begabten Abiturienten. Denken Sie bei der Konzeption Ihrer Webseite auch daran: Bevor sich ein Mitarbeiter bei Ihnen bewirbt, wird er sich zunächst ausführlich auf Ihrer Webseite umsehen. Übrigens: Manche Organisationen setzen sogar bereits bei den Kleinsten an, um Talente auf sich aufmerksam zu machen. Selbst auf der Website des US-amerikanischen Geheimdienstes CIA gibt es einen eigenen Bereich für Kinder.

4. *Sponsoring*

Sponsoring ist keine Spende, sondern stets mit einer Gegenleistung verbunden. Also bezahlen Sie zum Beispiel nicht nur eine Parkbank, sondern Sie bekommen als Gegenleistung ein Schild, das auf der Parkbank angebracht wird und Ihre Firma als Sponsor dieser Bank ausweist. Auf neudeutsch nennt man dies auch »Corporate Citizenship«. Gemeint ist, dass sich ein Unternehmen (Corporation) wie ein guter Bürger (Citizen) verhält.

5. *Teilnahme an Wettbewerben*
Es gibt in Deutschland etwa 250 renommierte Industriepreise und Prädikate wie beispielsweise den Ludwig-Erhard-Preis, den Best Factory Award und den Unternehmerpreis Mittelstand. Wenn Sie sich an solchen Wettbewerben beteiligen, stellen sich mindestens drei Effekte ein:
a) Ihr Unternehmen erkennt im Vergleich mit anderen Firmen Schwachstellen und gewinnt Ansatzpunkte, um immer besser zu werden.
b) Die Medien werden auf Sie aufmerksam.
c) Gute und qualifizierte Mitarbeiter aus anderen Unternehmen werden Sie bemerken, und genau das ist ja von Ihnen beabsichtigt.

6. *Mitarbeiterbroschüre*
Eine Mitarbeiterbroschüre enthält einfach alles, was für den Mitarbeiter über Ihr Unternehmen wissenswert ist. Eine solche Broschüre ist aber nicht nur für die bei Ihnen bereits beschäftigten Mitarbeiter interessant, sondern auch für die Banken und die kommunale Wirtschaftsförderung. Selbst die Presse ist für solche Informationspakete dankbar. Geben Sie daher jedem Mitarbeiter zwei oder drei Exemplare. Gute Leute kennen gute Leute, und dem Bekanntheitsgrad des Unternehmens wird es gut tun.

7. *Schulen und Hochschulen*
Nehmen Sie gezielt Kontakt zu Schulen und Hochschulen in Ihrer Nähe auf, um den Namen Ihres Unternehmens frühzeitig als attraktiven Arbeitgeber zu verankern. Pflegen Sie Kontakte zu Professoren, Assistenten und Studenten. Die Vergabe von Semester-, Diplom- und Promotionsarbeiten sowie die Teilnahme an Hochschulmessen wird Ihnen zusätzlich Bekanntheit bringen.

Viele Unternehmer warten darauf, dass hoch qualifizierte Bewerber an ihre Türe klopfen. Die meisten von ihnen warten jedoch vergeblich. Deshalb gilt es, unter anderem mit den hier skizzierten Instrumenten auf die Menschen zuzugehen. Mehr noch: Unternehmen müssen sich heute um Talente bewerben!

Ziehen Sie herausragende Talente in Ihr Unternehmen

Die hervorragenden Unternehmen der Welt wie beispielsweise die Top-Beratungsfirmen zielen ganz klar auf die besten 3 Prozent der Hochschulabsolventen. Dabei ist ihnen bewusst, dass sie innerhalb der folgenden zwei bis drei Jahre noch einmal die Hälfte davon »ausmustern« werden. Der Rest hat die Chance, eines Tages Seniorpartner zu werden. Die allerbesten Unternehmen der Welt, etwa die Investmentbank Goldman Sachs, stellen sogar nur Mitarbeiter ein, die zu den Top-1-Prozent gehören. Über einen längeren Zeitraum wird dann weiter ausgewählt, und nur jeder Zehnte dieser ursprünglich eingestellten Top-1-Prozent-Mitarbeiter wird behalten.

Nehmen wir an, Ihr Unternehmen hat bereits ein positives Image und erfreut sich großer Bekanntheit. Trotzdem kann es zu Schwierigkeiten kommen, wenn es darum geht, A-Mitarbeiter einzustellen. Im Laufe der Jahre ist uns mit Blick auf diese Schwierigkeiten manches klar geworden. Die wichtigen Einsichten haben wir hier aufgelistet.

1. *B- und C-Mitarbeiter stellen keine A-Mitarbeiter ein.*
   Erstklassige Chefs stellen erstklassige Mitarbeiter ein, zweitklassige dagegen drittklassige. Der Grund dafür ist völlig klar: Warum soll ein C-Mitarbeiter einen A-Mitarbeiter einstellen mit dem Risiko, dass dieser ihm eines Tages seinen Job streitig macht? Es gibt einen weiteren Grund: Wenn ein C-Mitarbeiter eine A-Kraft suchen soll, dann ist es für ihn noch schwieriger, als die berühmte Nadel im Heuhaufen zu finden. Wer nicht weiß, wie die Nadel aussieht, wie soll er sie je finden? Anders ausgedrückt: Da ein C-Mitarbeiter nicht weiß, wie eine A-Kraft tickt, kann er selbst geeignete Bewerber gar nicht als A-Mitarbeiter identifizieren. Als VW-Vorstandschef Bernd Pischetsrieder den Ex-Daimler-Manager Dr. Wolfgang Bernhard als Chef der VW-Markengruppe (VW, Skoda, Bentley, Bugatti) eingestellt hat, ist der Aktienkurs innerhalb von fünf Minuten um 8 Prozent in die Höhe gesprungen. Die Börse hat honoriert, dass hier ein Manager einen anderen Manager einstellt, der das Potenzial hat, einmal besser zu werden als er selbst.[28]

2. *Wir glaubten, A-Mitarbeiter angestellt zu haben, aber sie stellten sich hinterher als B- und C-Mitarbeiter heraus.*
A-Mitarbeiter zu identifizieren ist eine hohe Kunst, zumal uns oft Bewerber gegenübersitzen, die bereits viele Interviews hinter sich gebracht haben und »mit allen Wassern gewaschen sind«. Auch wenn es schwierig ist, bereits bei den Einstellungsgesprächen ins Schwarze zu treffen, lassen sich A-Mitarbeiter trennscharf von B- und C-Kräften unterscheiden, und zwar während der Probezeit. Manchmal ist einfach nur etwas Geduld gefragt. Denn auch A-Kräfte brauchen Zeit, um sich zu entwickeln. Es gilt die Daumenregel: Eine B- oder C-Kraft, die sich innerhalb von 18 Monaten in eine A-Kraft gewandelt hat, war eigentlich schon immer eine A-Kraft. Umgekehrt gilt aber auch: Wenn eine Person mehr als 18 Monate an einem bestimmten Arbeitsplatz ist und Sie nicht die Gewissheit haben, dass es sich um eine A-Kraft handelt, dann ist es eine B-Kraft, auch wenn hin und wieder A-Leistungen erbracht werden.

3. *Es ist falsch zu glauben, wir könnten uns keine A-Mitarbeiter leisten.*
Der A-Mitarbeiter kostet nicht notwendigerweise mehr Geld. Allein durch bessere Bezahlung bekommen sie nicht ausschließlich A-Kräfte. Für A-Mitarbeiter sind immaterielle Werte besonders wichtig – zahlreiche Untersuchungen haben das bewiesen. A-Mitarbeiter können Freude am Job, eine gute Kollegenschaft und ein gutes Firmenansehen verlangen.

4. *Es ist falsch zu glauben, wir seien nicht attraktiv genug für A-Mitarbeiter.*
Wer an der Attraktivität seines Unternehmens zweifelt, führt dies oft auf seinen Standort zurück, der abseits der pulsierenden Großstädte liegt. Andere Zweifel entstehen, weil die Branche nicht hip genug ist. Derartige Zweifel lenken aber von der Frage ab, die für A-Mitarbeiter entscheidend ist. Diese Frage lautet: Inwiefern ist der führende Mann im Unternehmen ein erstklassiger Vorgesetzter? Viele A-Mitarbeiter wollen einfach für einen großartigen Chef arbeiten. Die zweitwichtigste Frage lautet: Wie ist es um die Unternehmenskultur und um das Aufgabengebiet bestellt? Letztlich geht es darum, bei jedem Mitarbeiter auf seine ganz individuellen Wünsche einzugehen. Beim Bewerberinterview muss deshalb geklärt werden, welches die ganz individuellen Wünsche des Kandidaten sind. Sind die richtigen Voraussetzungen gegeben (Vor-

gesetzter, Unternehmenskultur, Aufgabengebiet), treten Aspekte wie Standort und Branche schnell in den Hintergrund.

5. *Sowohl A- als auch C-Mitarbeiter gibt es in allen Gehaltsklassen.*
Lassen Sie uns einem weitverbreiteten Vorurteil entgegentreten, das besagt, dass sich A-Mitarbeiter besonders zahlreich unter Führungskräften wiederfinden. A-Mitarbeiter haben nichts mit Alphatieren zu tun, sondern begründen sich ausschließlich über ihre Leistung. Es gibt Unternehmer, die nur wenige As wollen, weil sie in der Tat denken, dass jeder A-Mitarbeiter viel Geld kostet, karriereorientiert ist und vor allem viele fleißige B-Mitarbeiter zur Unterstützung braucht. Nichts könnte verkehrter sein. Wenn Sie eine Putzfrau einstellen, dann gibt es dort genauso A-, B- und C-Mitarbeiter. Die Putzfrau für 14 Euro Stundenlohn putzt nicht notwendigerweise besser als die Putzfrau für 12 Euro Stundenlohn.

Wenn Sie aus den benannten fünf Einsichten die Konsequenzen gezogen und die Hindernisse ausgeräumt haben, können Sie beherzt damit beginnen, herausragende Kräfte in Ihr Unternehmen zu ziehen.

Kapitel 4

Professionalisieren Sie die Suche nach Mitarbeitern

In diesem Kapitel erfahren Sie:

> ▶ Wie der Auswahlprozess für gering qualifizierte Mitarbeiter aussehen kann (dreistufig)
> ▶ Wie der Auswahlprozess für höher qualifizierte Mitarbeiter aussehen kann (fünfstufig)
> ▶ Fallstudie: Der neunstufige Auswahlprozess im Schindlerhof

Dreistufiger Auswahlprozess für gering qualifizierte Mitarbeiter

Häufig ist die Bewerberauswahl der größte Schwachpunkt, wenn es darum geht, die besten Mitarbeiter zu finden. Es wird mit unpassenden Mitteln gearbeitet – wie etwa falschen Interviewtechniken. Oder es werden ungeeignete Kriterien genutzt – dies ist der Fall, wenn vor allem auf die Gehaltsfrage fokussiert wird. Schließlich werden diejenigen Bewerber eingestellt, die man sich leisten kann beziehungsweise meint, sich leisten zu können.

Viele Firmenchefs fragen sich, wie sie angesichts von aufwändigen Einstellungsprozessen überhaupt noch zum Tagesgeschäft kommen sollen. Wo dies der Fall ist, liegt ein Missverständnis vor: Beim Einstellen des Personals handelt es sich um die Kernaufgabe des Unternehmers. Er muss sicherstellen, dass er A-Mitarbeiter gewinnt. Eine B- oder gar C-Kraft einzustellen, wäre eine Katastrophe.

Weil Personalentscheidungen so wichtig sind, ist es sinnvoll, einen Rekrutierungsprozess zu definieren.

Ein solcher Prozess ist in seiner einfachsten Form dreistufig und kann zum Beispiel so aussehen:

1. Sichtung der Bewerbungsunterlagen,
2. telefonische Bewerberinterviews,
3. persönliches Gespräch mit anschließender Entscheidung.

Das Sichten der Bewerbungsunterlagen gehört zum Standard und wird in einem der nächsten Kapitel ausgeführt. Interessanterweise legen viele Entscheider vor allem Wert auf den Lebenslauf und auf die Zeugnisse. In unserem Hause wird Zeugnissen dagegen wenig Bedeutung eingeräumt, denn wir haben die Erfahrung gemacht, dass sie oft nichts beziehungsweise Irreführendes über den Bewerber aussagen:

- Immer wieder stoßen wir auf »Gefälligkeitszeugnisse«, die positiv ausfallen, weil derjenige, der das Zeugnis ausstellt, Ärger vermeiden möchte.
- Manchmal sind wohlklingende Zeugnisse auch das Ergebnis eines Arbeitsgerichtsprozesses.
- Wir haben es auch schon erlebt, dass Unternehmen die Mitarbeiter ihre Zeugnisse aus Zeitgründen selber schreiben ließen.

Weil Sie sich mit Blick auf eine Einladung zum Interview nicht allein auf die Bewerbungsunterlagen verlassen können, empfehlen wir als Zwischenschritt eine Bewerbervorauswahl per Telefon. Details zu telefonischen Bewerberinterviews finden Sie im Kapitel 5, Schritt 4. Wenn Sie darauf verzichten und die ausgewählten Bewerber sofort zum persönlichen Gespräch einladen, passiert doch häufig Folgendes: Kaum haben Sie das Vorstellungsgespräch begonnen, stellen sich mit Blick auf den einen oder anderen Bewerber Enttäuschungen über geweckte und nicht erfüllte Erwartungen ein. Sie ärgern sich über die verschwendete Zeit und fangen möglicherweise sogar wieder von ganz vorne an. Wir hatten einen Bewerber auf eine ausgeschriebene Stelle eingeladen. In den ersten fünf Minuten im Gespräch kam heraus, dass der Bewerber gar keinen Führerschein besitzt, dies aber für die ausgeschriebene Stelle notwendig ist. Hier wäre eine Bewerbervorauswahl am Telefon genau der richtige Schritt gewesen.

Fünfstufiger Auswahlprozess für höher qualifizierte Mitarbeiter

Ein etwas differenzierteres, fünfstufiges Verfahren, das hauptsächlich bei der Besetzung von Stellen mit höher qualifizierten Mitarbeitern eingesetzt wird, sieht so aus:

1. Sichtung der Bewerbungsunterlagen,
2. telefonische Bewerberinterviews,
3. erste Vorstellungsrunde mit mehreren Interviewern,
4. Test, Assessmentcenter oder Gespräch mit Kollegen und Mitarbeitern.
5. Zweite Vorstellungsrunde mit weiteren Interviewern. Dies kann durchaus eine andere Besetzung sein als beim ersten Treffen.

Auswahlprozess beim Erfolgsmodell Schindlerhof

Der mittelständische Hotelier Klaus Kobjoll mit dem Schindlerhof in Nürnberg hat sogar einen neunstufigen Einstellungsprozess definiert. Er nennt ihn »Einstellungsfilter«. Dieser Prozess sei nun kurz skizziert.

1. *Selbstdarstellung des Unternehmens*
Die Firma schickt ein kleines Bestätigungsschreiben zusammen mit einem Paket, das alles enthält, was für den Bewerber wichtig ist: vom Hausprospekt bis zum Pressespiegel, von Unterlagen zur Unternehmensphilosophie bis zum Organigramm und einem Kurzporträt des Chefs. Man kann so etwas natürlich auch ergänzen, etwa um »frequently asked questions« (FAQs). So halten Sie die Anzahl der E-Mails in Grenzen und geben Bewerbern die Möglichkeit, sich schnell und gezielt zu informieren. Im Bestätigungsschreiben ist ein Ansprechpartner ausgewiesen mit Namen, personalisierter E-Mail-Adresse, Rufnummer und Foto.
Was immer Sie auf Ihrer Webseite tun beziehungsweise an Unterlagen produzieren – es sollte von anderen Personen auf Verständlichkeit gelesen werden. An dieser Stelle zahlt sich eine hohe redaktionelle Qualität aus.

2. *Vorstellungsgespräche terminieren*
Klaus Kobjoll und seine Mitarbeiter vom Schindlerhof sind dafür be-

kannt, dass sie Vorstellungsgespräche zu außerordentlichen Zeiten anberaumen, wie sie auch im Alltag eines Hotelbetriebes vorkommen, zum Beispiel am Montag um 6 Uhr oder am Freitag um 20.30 Uhr. Damit will er testen, wie wichtig dem Bewerber der Job ist. Wer an dieser Stelle bereits zusammenzuckt, ist nicht mehr im Bewerberprozess.

3. *Ausführliche Hausführung*
Der Bewerber bekommt eine große Tour durch das Haus, von dem er mittlerweile so viel gehört hat. Damit jedoch nicht der Eindruck eines »Schlaraffenlandes« entsteht, wird er auch an die nicht ganz so attraktiven Stellen des Unternehmens geführt. Gerade in Hotelbetrieben gibt es immer auch Bereiche wie etwa die Spülküche, wo es laut und heiß zugeht.

4. *Bewerberanalyse*
Die sich bewerbende Person füllt einen umfangreichen Fragebogen aus, in dem es um Aspekte geht wie

- Nutzen für das Unternehmen,
- Anwenden einer bestimmten Arbeits- oder Planungsmethode,
- außerberufliche praktische und theoretische Fähigkeiten,
- gegenwärtiger Bruttoverdienst.

Achtung: Fragen zu persönlichen Verhältnissen sind unzulässig, es sei denn, der Arbeitgeber hat an ihrer Beantwortung wegen des zu begründenden Arbeitsverhältnisses ein berechtigtes Interesse. Besonders wichtig: Kein Bewerber darf aus Gründen der Rasse oder wegen der ethnischen Herkunft, der Religion oder Weltanschauung, des Alters, des Geschlechts, einer Behinderung oder der sexuellen Identität benachteiligt werden. Darauf legt der Gesetzgeber seit dem Jahr 2006 mit dem Allgemeinen Gleichbehandlungsgesetz (»Antidiskriminierungsgesetz«) einen besonders großen Wert. Bei allen Maßnahmen, die mit Bewerbungen, aber auch mit Bewertungen zu tun haben, müssen Sie an diese Vorschriften denken.

5. *Persönliches Gespräch*
Im persönlichen Gespräch geht es auch um Sympathie und Antipathie. Hat der Bewerber leuchtende Augen, wenn er von dieser Firma redet? Wichtig ist, dass beim persönlichen Gespräch viele Menschen am Tisch sitzen. Jeder achtet auf andere Dinge.

6. Zweitägige Arbeitsprobe

Jeder Mitarbeiter muss zwei Tage im Betrieb arbeiten. Wenn er in einem ungekündigten Verhältnis ist, dann muss er dafür Urlaub nehmen. Dies gibt auch den Mitarbeitern die Chance, ihre neuen Kollegen kennen zu lernen. Schon nach zwei Tagen liegen Rückmeldungen vor wie beispielsweise:

- Der soll erst einmal 20 Kilo abnehmen.
- Der drückt sich vor schmutziger Arbeit.
- Der grüßt die Chefs, aber nicht die Kollegen.

7. Graphologisches Gutachten

Obwohl sie sehr umstritten sind, findet Klaus Kobjoll graphologische Gutachten wichtig. Dem Graphologen wird eine Schriftprobe zur Verfügung gestellt, die dieser dann auswertet. Es ist oft erstaunlich, mit welcher Präzision Graphologen Sachverhalte beurteilen.

8. Arbeitsvertrag

Im Hause Kobjoll heißt der Arbeitsvertrag »Spielvertrag«, denn die Unternehmensphilosophie ist wesentlich durch eine »Spielkultur« geprägt. Sie ist die Grundlage des Unternehmens. Jeder Mitarbeiter ist verpflichtet, die Spielkultur eingehend zu studieren und sich bei Unklarheiten zu melden.

9. Lange Probezeit

Die Probezeit wird voll ausgeschöpft und intensiv genutzt, um bestimmte Meilensteine zu erreichen. Während der Probezeit wird vom Bewerber ein Fragebogen ausgefüllt, der unter anderem folgende Bestandteile enthält:

- Mir gefällt es im Unternehmen (sehr gut bis nicht so gut).
- Folgendes fand ich nicht so gut ...
- Folgende Punkte haben mir bei meiner ehemaligen Arbeitsstelle besonders gut gefallen, und ich schlage sie deshalb als Verbesserung vor ...
- Dieses Thema liegt mir besonders am Herzen ...
- Das sind meine Wünsche für die weitere Zusammenarbeit ...

Dieses neunstufige Verfahren soll exemplarisch zeigen, wie ein strukturierter Rekrutierungsprozess aussehen kann. Welche Schritte notwendig sind, hat vor allem mit der eigenen Kultur – in diesem Fall mit der Kultur des europaweit bekannten Hotels Schindlerhof unter der Leitung von Inhaber Klaus Kobjoll – zu tun. Wichtig ist jedoch, dass es einen sorgfältig durchdachten Prozess gibt. Alles andere wäre eine unerlaubte Abkürzung auf dem Weg, den A-Mitarbeiter zu finden.

Im nächsten Kapitel zeigen wir, wie ein allgemeingültiger neunstufiger Prozess aussieht, der sich in Unternehmen, die gezielt nach A-Mitarbeitern suchen, bewährt hat.

Kapitel 5

Der neunstufige Auswahlprozess – ein Garant für A-Mitarbeiter

In diesem Kapitel erfahren Sie:

- ▶ Wie Sie Gewinner von Verlierern unterscheiden
- ▶ Wie der ideale neunstufige Auswahlprozess aussieht
- ▶ Welche Instrumente Sie zur Mitarbeiterauswahl nutzen können

Im Folgenden wird ein neunstufiger Prozess vorgestellt, der in dieser Abbildung dargestellt wird:

Abbildung 11: Pyramide

Schritt 1: Anforderungsprofil erstellen

Die wichtigste Frage, die es während des Einstellungsverfahrens zu beantworten gilt, lautet: Welcher Bewerber passt am besten? Für den hier beschriebenen Schritt sollten Sie typischerweise zwei bis drei Stunden einplanen.

Um was geht es? Wer ein Haus bauen will, braucht dazu einen sorgfältig ausgearbeiteten Plan. Alles andere ist überhaupt nicht denkbar. Ohne Plan gibt es kein zufriedenstellendes Ergebnis. Wer glaubt, einen Einstellungsprozess ohne sorgfältige Planung erfolgreich abzuschließen, der irrt. Das benötigte Anforderungsprofil besteht aus insgesamt vier Bereichen, die in der folgenden Abbildung zusammengefasst dargestellt werden:

Abbildung 12: Vier Bereiche des Anforderungsprofils

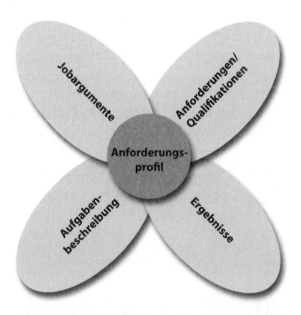

1. *Aufgabenbeschreibung (beschreibt das Wesentliche der Stelle)*
   Erklären Sie in wenigen Sätzen, wozu diese Stelle geschaffen wurde. Zum Beispiel: »Die Aufgabe des Automobilverkäufers ist es, den Kunden dabei zu unterstützen das für ihn richtige Fahrzeug mit der richtigen Ausstattung in unserem Autohaus zu kaufen. Das Auftreten sollte stets von Höflichkeit und Freundlichkeit geprägt sein.«

2. *Ergebnisse (Was soll in einem bestimmten Zeitraum erreicht werden?)*
Formulieren Sie drei bis fünf messbare und machbare Ziele, um A-Leistung benennen zu können. Zum Beispiel: Verkauf einer bestimmten Anzahl Neuwagen pro Monat. Umsatzziel, Renditeziel, Verkauf von Zusatzleistungen, Kundenzufriedenheit.

3. *Anforderungen/Qualifikationen (Was muss der Bewerber können, um diese Aufgabe zu erfüllen?)*
Benennen Sie alle Anforderungen, die nötig sind, um das gewünschte Verhalten zu beschreiben. Dabei gibt es stellenunabhängige Anforderungen (wie z. B. Anforderungen Ihrer Unternehmenskultur) und stellenabhängige Anforderungen (wie z. B. Sprachkenntnisse, PC-Kenntnisse). Die stellenunabhängigen Anforderungen sollten auch in jedem Anforderungsprofil benannt sein. Solche Anforderungen sind etwa Effizienz, Ehrlichkeit, höchste Ansprüche und Kundenorientierung.

4. *Jobargumente (Was macht diesen Job attraktiv?)*
A-Mitarbeiter müssen für eine Stelle gewonnen werden (Kampf um die Talente). Deshalb muss die Frage beantwortet werden, was eine Stelle attraktiv und begehrenswert macht? Beispiele hierfür sind: 13. Monatsgehalt, Dienstwagen, 33 Rosen, interessante Aufgabenstellung, Work-Life-Balance

An dieser Stelle sollen nicht alle vier Bereiche ausführlich dargestellt werden. Wir möchten aber bereits hier einige Anmerkungen machen:

1. *Aufgabenbeschreibung*
Dieser Bereich lässt sich auch ohne Anleitung gut abdecken und ist letztlich der zusammenfassende Satz der Bereiche 2 bis 4. Am Ende dieses Kapitels finden Sie hierzu ein Beispiel.

2. *Ergebnisse*
Hier geht es darum, messbare und machbare Ziele zu formulieren. In Kapitel 11 finden Sie im Unterkapitel »Vereinbaren Sie Ziele, um ge-

meinsam an einem Strang zu ziehen« eine Anleitung, wie solche Ziele vereinbart werden. Ist der Kandidat erst einmal gefunden, geht es im neunten Schritt darum, Meilensteine für die Probezeit festzulegen. Insofern sind die jetzt zu formulierenden Ergebnisse nicht nur für den Auswahlprozess, sondern auch für das Formulieren der Meilensteine zu verwenden.

3. *Anforderungen/Qualifikationen*
Aus Erfahrung können wir sagen, dass hier das größte Defizit besteht. Mit den Ausführungen zu Schritt 1 geben wir eine Hilfestellung, um sowohl stellenunabhängige als auch stellenabhängige Anforderungen zu erarbeiten.

4. *Jobargumente*
Im Text zu Schritt 8 »Den Bewerber für das Unternehmen gewinnen« wird ausführlich auf diese Thematik eingegangen. In den ersten sieben Schritten soll der optimale Bewerber bestimmt werden. Mit Schritt 8 geht es darum, ihn für diese Aufgabe zu gewinnen. An diesem Punkt im Prozess sind Sie dankbar, wenn Sie sich bereits hier beim Start Gedanken gemacht haben.

Finden Sie Auswahlkriterien, die zu Ihrem Unternehmen passen

Bevor Sie sich auf die Suche nach A-Mitarbeitern machen, müssen Sie sich Klarheit über stellenunabhängige Kriterien verschaffen. Überlegen Sie einmal, was auf Ihr Unternehmen zutrifft:

- Gibt es in der Unternehmensphilosophie Aspekte, denen ein Bewerber unbedingt gerecht werden muss?
- Ist die Arbeitsatmosphäre eher durch Seriosität oder Spaß geprägt?
- Gibt es feste Arbeitszeiten oder erfolgt die Arbeitseinteilung individuell?
- Suchen Sie den Typ des Mit-Unternehmers, der die Initiative ergreift, oder ist eher der passive Abarbeiter gefragt? Bei 3M und bei Google – beide zählen weltweit zu den innovativsten Unternehmen – darf beispielsweise jeder Mitarbeiter einen festgelegten Prozentsatz seiner Arbeitszeit frei nutzen, um eigene Ideen und Projekte zu entwickeln.

Für manche Unternehmen gibt es bei diesen Fragen K.O.-Kriterien. Falls dies auch bei Ihnen so ist, dann ist es wichtig, diese Kriterien bei jeder Stellenausschreibung in Ihr Anforderungsprofil aufzunehmen.

Klarheit über stellenunabhängige Auswahlkriterien ist ein Zeichen von Professionalität. Professionalität in der Personalbeschaffung und -auswahl wird von den Bewerbern mit der Professionalität des Unternehmens insgesamt gleichgesetzt. Nur wenn Sie vom ersten Kontakt an gute Arbeit leisten, können Sie Top-Bewerber davon überzeugen, dass sie in Ihrem Unternehmen richtig sind.

Deutlich kommunizierte Erwartungen sind nicht nur für das Unternehmen, sondern auch für den Bewerber eine Orientierungshilfe. Sie geben ihm Antworten auf Fragen, die ihn während der Bewerbung bewegen:

- Trifft der angebotene Arbeitsplatz meine Erwartungen?
- Werde ich von den prägenden Persönlichkeiten des Unternehmens wie auch von meinem zukünftigen Vorgesetzten Akzeptanz für meine Wertvorstellungen erfahren?
- Kann ich mich mit der Philosophie dieses Unternehmens identifizieren?

Wir empfehlen Ihnen, sich eine Checkliste mit allen wichtigen Facetten der Unternehmenskultur zu erarbeiten. Als Ansatzpunkt kann die nebenstehende Übersicht dienen. Sie ermöglicht es Ihnen, über die Auswahlkriterien, die zu Ihrem Unternehmen passen, mehr Klarheit zu gewinnen. Die aufgeführten Merkmale betreffen vor allem die innere Einstellung, die das Handeln eines Mitarbeiters bestimmt. Diese Einstellung entscheidet letztlich darüber, wie Ihr Unternehmen nach außen wirkt. Es ist wichtig, dass Sie diese Aspekte bereits von Anfang an berücksichtigen. Denn wenn Sie die falschen Bewerber auswählen, helfen Ihnen abschließend die besten Ansätze zur Motivierung und Leistungssteigerung nicht weiter.

Bitte lesen Sie die Aussagen der folgenden Übersicht. Entscheiden Sie:

- Der Aspekt darf beim Bewerber schwach ausgeprägt sein.
- Ein Mittelwert ist akzeptabel.
- Die Ausprägung muss stark sein.

Abbildung 13: Generelle Auswahlkriterien für Bewerber

Auswahlkriterien	Gewünschte Ausprägung beim Bewerber		
	Schwach	Mittel	Stark
1. Unternehmensorientierung			
Starke persönliche Identifikation mit dem Unternehmen	☐	☐	☐
Konstruktives Konfliktverhalten	☐	☐	☐
Ausgeprägte Bereitschaft zur Erbringung persönlicher Opfer für das Gesamtinteresse	☐	☐	☐
2. Mitarbeiterorientierung			
Überdurchschnittliche Wertschätzung des Mitarbeiters	☐	☐	☐
Großes Vertrauen in die Mitarbeiter	☐	☐	☐
Konstruktive Zusammenarbeit auf allen Stufen	☐	☐	☐
Überdurchschnittliche Entlohnung und Sozialleistungen	☐	☐	☐
3. Kundenorientierung			
Überdurchschnittliche Wertschätzung des Kunden	☐	☐	☐
Ausgeprägte Sensibilität für Kundenbedürfnisse	☐	☐	☐
Intensive Kundenpflege	☐	☐	☐
4. Kostenorientierung			
Gespür für kostengünstige Lösungen	☐	☐	☐
Kostensenkungsprogramme als Selbstverständlichkeit	☐	☐	☐
5. Innovationsorientierung			
Überdurchschnittliche Lern- und Veränderungsbereitschaft	☐	☐	☐
Experimentiermentalität	☐	☐	☐
Offenheit für Neues	☐	☐	☐
6. Technologieorientierung			
Ausgeprägtes Technologiebewusstsein	☐	☐	☐
Überdurchschnittliche Bereitschaft zur Investition in neueste Technologien	☐	☐	☐
7. Resultats- und Leistungsorientierung			
Ausgeprägtes Zielbewusstsein	☐	☐	☐
Starke persönliche Einsatzbereitschaft	☐	☐	☐
Eigeninitiative	☐	☐	☐
Handeln statt Administrieren	☐	☐	☐
Überdurchschnittliche Produktivität	☐	☐	☐

Optimieren Sie Ihr Anforderungsprofil

Wenn Sie die stellenunabhängigen Auswahlkriterien bestimmt haben, geht es im nächsten Schritt darum, das aufgabenspezifische Anforderungsprofil zu erstellen.

Viele Stellenanzeigen beschreiben nur vage, welche konkreten Ansprüche Unternehmer an Bewerber stellen. Seien Sie präzise! Die Kunst des Inserateschreibens liegt doch darin, die Spreu vom Weizen zu trennen und zwar schon, *bevor* die Bewerbungen ins Haus flattern. Wenn Sie auf eine Ausschreibung täglich über 100 Bewerbungen erhalten, deutet das in der Regel auf ein zu vage formuliertes Inserat hin. Vermeiden Sie aus diesem Grund Floskeln wie Teamgeist, Einsatzbereitschaft, überdurchschnittliches Engagement und Ähnliches. Kaum ein Bewerber wird zugeben, dass er darüber nicht verfügt. Vielleicht ist zudem der produktive Einzelkämpfer der bessere Buchhalter als jener fröhliche Teamplayer, der sich gekonnt präsentiert, den neuen Job aber in erster Linie als Erweiterung seiner Kegelmannschaft sieht.

Wenn Sie eine Stelle ausschreiben, erarbeiten Sie deshalb am besten eine Liste mit genau den Eigenschaften, die für die ausgeschriebene Position wichtig sind. Beschreiben Sie in der Aufgabenbeschreibung genau, was Sie brauchen, zum Beispiel: »Wir suchen einen Bereichsleiter, für den Kostensenkung und das Erhöhen der Kundenzufriedenheit nicht im Widerspruch stehen.« Oder: »Wir suchen für unsere Logistik einen Mitarbeiter, auf dessen Koordinationsfähigkeit sich unsere Fahrer jederzeit verlassen können.«

Anforderungsprofile bieten gleich mehrere Vorteile:

- Sie klären, was man vom Bewerber überhaupt wissen will. Auf diese Weise unterstützen sie die nötige Informationsbeschaffung.
- Durch Anforderungsprofile lässt sich frühzeitig erkennen, welche Bewerber ungeeignet sind. Diese kann man schnell aussortieren. Dadurch reduziert sich der Aufwand bei der Personalauswahl.
- Sind die Kriterien der Anforderungsprofile nachvollziehbar und präzise definiert, dann ermöglichen sie objektivere Entscheidungen.

Mitarbeiter werden oft aufgrund ihrer fachlichen Fähigkeiten eingestellt, aber wegen des persönlichen Verhaltens entlassen. Deshalb ist es wichtig, nicht nur die fachlichen Kompetenzen zu berücksichtigen, sondern vor allem Informationen über die weichen Faktoren, also Persönlichkeit und Sozialkompetenz zu gewinnen. Persönliche Kompetenz bezieht sich dabei auf das

Individuum, Sozialkompetenz auf das Miteinander. Und es geht sogar noch weiter. Wir sind überzeugt, dass es *fünf* Bereiche sind, die in einem Anforderungsprofil genannt und im Einstellungsverfahren abgefragt werden sollten:

1. Persönliche Kompetenz
2. Fachliche Kompetenz
3. Soziale Kompetenz
4. Strategische Kompetenz
5. Methodische Kompetenz

Abbildung 14: Fünf Kompetenzbereiche für Bewerber

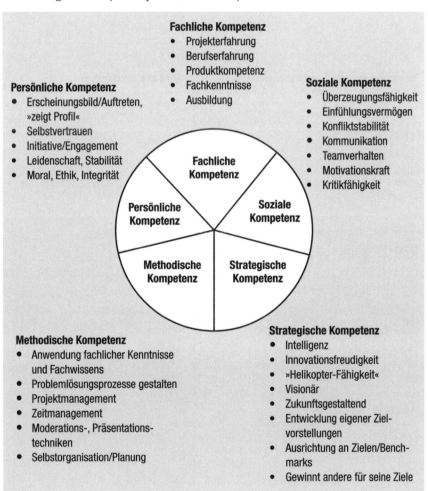

Die folgende Übersicht hilft Ihnen dabei, ein Anforderungsprofil zu entwerfen. Überlegen Sie zunächst, welchen Anforderungen der Bewerber gerecht werden muss. Notieren Sie dann all jene Qualifikationen, die der Kandidat unbedingt mitbringen soll.

Abbildung 15: Hilfe für das Erstellen eines Anforderungsprofils

Aufgabenbeschreibung (Kurzbeschreibung der Stelle)	
Ergebnisse (messbar/machbar)	
1.	2.
3.	4.
5.	6.
Anforderungen und Qualifikationen Persönliche Kompetenzen	**Name des Interviewers**
Fachliche Kompetenzen	
Soziale Kompetenzen	
Strategische Kompetenzen	
Methodische Kompetenzen	

Es hat sich bei Führungskräften bewährt, verschiedene Personen an den Interviews zu beteiligen. Idealerweise werden vorher die drei wichtigsten Kompetenzen festgelegt. Es gilt dann, für jeden Kompetenzbereich einen Experten im eigenen Haus zu finden, der in einem einstündigen Interview klärt, inwieweit der Bewerber innerhalb dieses Kompetenzbereiches fit ist. Weitere Ausführungen zu den Interviews innerhalb des Bewerbungsprozesses finden Sie im Text zu Schritt 5.

Damit Sie kein unerfüllbares Wunschbild zeichnen, sollten Sie Muss-Kriterien und Kann-Kriterien unterscheiden:

- *Muss-Kriterien* sind Qualifikationen und Anforderungen, die der Kandidat unbedingt mitbringen muss.
- *Kann-Kriterien* sind wünschenswerte Eigenschaften, auf die aber unter Umständen auch verzichtet werden kann.

Abbildung 16: Beispiel eines Anforderungsprofils mit Muss- und Kann-Kriterien für eine/n Gebietsverkäufer/in PKW

Kriterium	Muss	Kann
Zertifizierte/r Automobilverkäufer/in	☑	☐
Sehr gute Kenntnisse der Mercedes-Benz-Produktpalette sowie der Finanzdienstleistungsprodukte	☑	☐
Vertriebspersönlichkeit mit Berufserfahrung im PKW-Verkauf	☐	☑
Gutes Verhandlungsgeschick	☑	☐
Ausgeprägte Kommunikationsfähigkeit	☐	☑
Freude am Umgang mit Menschen	☑	☐
Sicheres Auftreten	☑	☐
Gute Englischkenntnisse	☐	☑
Gute Kenntnisse aller gängigen MS-Office-Produkte	☐	☑
Eigeninitiative	☑	☐
Teamfähigkeit	☐	☑
Hohe Stressresistenz	☐	☑

Stellen Sie von Anfang an sicher, dass die Bewerber die Muss-Kriterien erfüllen. Die Muss-Kriterien sollten Sie in Ihren Ausschreibungsunterlagen auf jeden Fall benennen.

Beispielhaft macht es etwa die Personalberatungsgesellschaft Dr. Weber & Partner. Wenn sie im Kundenauftrag Führungskräfte sucht, formuliert sie die wichtigsten Anforderungen in Form von Fragen, die sich nur mit Ja oder Nein beantworten lassen. Auf diese Weise wird der Kreis der Interessenten von vornherein klar auf diejenigen eingegrenzt, welche die Muss-Kriterien erfüllen.

Abbildung 17: Beispiel einer Stellenanzeige mit Abfrage der Muss-Kriterien

Arbeitgeber: Onkologische Privatklinik

Aufgabe: Kaufmännischer Direktor, Business Development, Internationales Umfeld

Verfügen Sie über ein medizinisches oder betriebswirtschaftliches Studium? Haben Sie erfolgreich Ihre Karriere in der Verwaltung begonnen und sind jetzt in leitender Position tätig? In einer Klinik oder bei einem privaten Betreiber von Kliniken? Haben Sie bewiesen, dass Sie patientenorientierte Geschäftsmodelle entwickeln und dass Sie die gesetzten Ziele profitabel umsetzen können? Sprechen Sie gut Englisch? Und suchen Sie jetzt eine außergewöhnliche Aufgabe: Die Leitung einer neu gegründeten Privatklinik? – Dann lesen Sie bitte:

Wir sind eine onkologische Fachklinik in einer attraktiven Stadt im Südwesten Deutschlands. Unseren Patienten bieten wir unter anderem durch die Teilnahme an klinischen Studien außergewöhnliche, wissenschaftlich fundierte Behandlungsmethoden in einem gehobenen Ambiente. Zur Diagnose – auch für Patienten aus anderen Kliniken – steht uns ein modernstes PET-CT zur Verfügung. Für das Management dieser Einrichtung suchen wir eine Dame oder einen Herrn mit dem eingangs skizzierten Profil. Unser Kaufmännischer Direktor sollte neben eingangs beschriebenen Voraussetzungen bereits Erfahrung in Organisationen mit internationaler Prägung mitbringen.

In Ihrer Position setzen Sie die Zielsetzung der Geschäftsführung erfolgreich um. Sie gestalten die Maßnahmen, die zur Auslastung und zum profitablen Betrieb der Klinik notwendig sind. Sie koordinieren und kooperieren mit dem medizinischen Leiter und berichten direkt an den CEO des Geschäftsbereiches. Interessiert? (...)

Schritt 2: Netzwerk aktivieren – Talente entdecken

Wir haben im Schritt 1 geklärt, wie ein aussagefähiges Anforderungsprofil aussieht. Jetzt geht es im Schritt 2 darum, die richtigen Bewerber zu finden. Möglicherweise haben Sie sich über die Überschrift »Netzwerk aktivieren – Talente entdecken« gewundert. Wenn man die erfolgreichsten Unternehmen der Welt untersucht, wird deutlich, dass dies der Schlüssel zum Erfolg ist.

Wenn Sie können, besetzen Sie intern

Wenn Sie eine Stelle besetzen möchten, sollte die Suche nach einem passenden Kandidaten im eigenen Unternehmen beginnen. Idealerweise finden Sie einen geeigneten Mitarbeiter, der im Unternehmen groß geworden ist und jetzt eine neue Verantwortung bekommt. Die Vorteile liegen auf der Hand:

- positive Auswirkung auf das Betriebsklima,
- motivierendes Signal für Nachwuchskräfte, dass man »weiterkommt«,
- geringe Beschaffungskosten,
- kürzere Einarbeitungszeit und weniger Einarbeitungskosten,
- Kenntnis des Kompetenzprofils des Mitarbeiters inklusive der Stärken und Schwächen,
- passt in das Gehaltsgefüge,
- Verringerung der Gefahr, dass der neue Mitarbeiter seine Vorstellungen im Unternehmen nicht einlösen kann (»Das habe ich mir ganz anders vorgestellt.«),
- Beherrschen des vorhandenen betrieblichen Know-hows,
- Mittragen der Kultur und der Werte des Unternehmens.

Sollte kein interner Mitarbeiter in der Lage sein, die ausgeschriebene Position zu besetzen, dann bleibt nur der Weg, außerhalb der Firma nach einem geeigneten Bewerber zu suchen. Auch die externe Besetzung kann Vorteile haben:

- breite Auswahlmöglichkeiten,
- neue Impulse, »frisches Blut«,
- neue Arbeits- und Führungsmethoden aus anderen Unternehmen,
- Zufluss wichtigen Know-hows aus dem anderen Betrieb,
- keine Gefahr der Rivalität im eigenen Betrieb.

Aktivieren Sie Ihr Netzwerk

Die weltweit besten Unternehmen pflegen eine Kartei von Bewerbern mit A-Mitarbeitern. Dahinter steht die Idee: In erster Linie gilt es das eigene Netzwerk zu aktivieren. Getreu dem Motto: Gute Leute kennen gute Leute. In vielen dieser Unternehmen mit Milliardenumsätzen nehmen sich die Chefs jede Woche eine halbe Stunde Zeit, um sich zu überlegen: »Wen habe ich in dieser Woche kennen gelernt, wer würde zu uns passen?« In dieser halben Stunde wird mindestens ein Telefongespräch geführt, um in Kontakt zu bleiben und weitere Verbindungen auszuloten. Im Normalfall sieht der Prozess ganz anders aus. Eine Lücke ist zu füllen. Jetzt wird der gesamte Auswahlprozess hochgefahren.

Erfolgreiche Firmen dagegen sind nicht nur ständig auf der Suche, sondern auch in Kontakt mit den besten Mitarbeitern. Dies gilt nicht nur für die Chefs und die Personalabteilung. Auch Kontakte über Mitarbeiter sind ein besonders wirksamer Rekrutierungsweg. Er ist zugleich preiswert, denn die Nutzung sozialer Netzwerke kostet nur ein Dankeschön sowie eventuell eine Prämie, die im Erfolgsfall gezahlt wird. Selbstverständlich halten wir auch Kontakt zu ehemaligen Praktikanten und A-Mitarbeitern.

Wir kennen eine Firma, die 25 000 Euro für die Vermittlung eines neuen A-Mitarbeiters bezahlt. 5 000 Euro fließen bei der Einstellung an den Vermittler. In jedem weiteren Jahr fließen weitere 5 000 Euro, womit gewährleistet ist, dass derselbe Mitarbeiter nicht gleich wieder vermittelt wird.

Wir allen wissen: A-Mitarbeiter stehen nicht auf der Straße. A-Mitarbeiter sind nur schwierig über Anzeigen zu gewinnen. A-Mitarbeiter sind idealerweise über persönliche Kontakte ansprechbar. Erfolgreiche Unternehmen setzen darüber hinaus auf eine antizyklische Bewerberbindung, das heißt, sie versuchen, den Kontakt zu potenziellen Kandidaten auch in der Zeit aufrechtzuerhalten, in der sie keine Stelle zu besetzen haben. Dann können sie aus dem Vollen schöpfen, wenn sie einen neuen Mitarbeiter suchen.

Instrumente der Personalsuche

Im Folgenden stellen wir Ihnen 13 weitere Möglichkeiten vor, um an den richtigen Mitarbeiter zu kommen. Welche Wege für Sie die richtigen sind, müssen Sie entscheiden. Die Auswahl der Instrumente hängt wesentlich damit zusammen, wie viel Zeit und Geld Sie investieren wollen. Halten Sie sich beim Abwägen des Aufwands stets vor Augen: Mit der Einstellung des neuen Mitarbeiters entscheiden Sie über die Zukunft Ihres Unternehmens.

1. *Online-Börsen, Internetsuche*
   An Online-Anzeigen kommt kaum noch ein Unternehmen vorbei, denn der Trend geht ganz klar in Richtung Personalsuche via Internet. Ein Online-Inserat ist günstiger als eine Printanzeige und erfordert weniger Aufwand, denn eine Zeitungsannonce muss zunächst gestaltet werden, und dazu ist meist ein Grafiker nötig. Beispiele für Online-Börsen sind:

   - Monster.de: 30 Tage ab 795 Euro (Stand: Mai 2009)
   - JobScout24.de: vier Wochen ab 490 Euro (Stand: Mai 2009)

   Sie können in den Jobbörsen auch nach passenden Lebensläufen suchen.

2. *Printanzeigen in regionaler und überregionaler Presse*
   Die klassische Printanzeige ist noch kein Auslaufmodell, allerdings sind die Kosten für eine Stellenanzeige im Vergleich zu anderen Medien höher. Aufgrund des starken Wettbewerbs der Tages- und Wochenzeitungen fallen die Preise. Sie müssen sich fragen, ob Sie nur lokal (in einem örtlichen Anzeigenblatt), regional (in Ihrer Tageszeitung) oder bundesweit (in einer der großen deutschen Tageszeitungen) inserieren. Hier sind einige Kostenbeispiele von überregionalen Zeitungen für die Gesamtausgabe, Höhe 180 Millimeter, dreispaltig:

   - *Die Zeit:* etwa 5 500 Euro (Stand: Mai 2009)
   - *Süddeutsche Zeitung:* etwa 7 300 Euro (Stand: Mai 2009)
   - *F.A.Z.:* etwa 7 800 Euro (Stand: Mai 2009)

   Jetzt noch einige Tipps:

   - Viele Zeitungen kooperieren miteinander. Über sogenannte Kombinationsangebote lässt sich viel Geld sparen.
   - Auch für Printanzeigen gilt: Sie können nicht nur Anzeigen schalten, sondern über die Auswertung von Stellensuchanzeigen initiative Personen finden.
   - Ihre Anzeige sollte auffallen und Sie als interessanten Arbeitgeber erkennbar machen.

- Wenn Sie Ihre Firma nicht preisgeben wollen, dann können Sie jederzeit über Chiffre werben beziehungsweise einen Personalberater dazwischenschalten, der Ihre Identität verschweigt. Vielleicht denken Sie, Sie sind klein, unbedeutend und auf dem Lande und wenig attraktiv für A-Mitarbeiter.

Abbildung 18: Beispiel für einen auffallenden Anzeigentext[29]

Wenn die Liebe nicht wäre ...

... müssten wir keine/n neue/n **Hotelkauffrau/Hotelkaufmann** für die Rezeption mit Schwerpunkt Buchhaltung suchen. Unsere heutige Stelleninhaberin wurde von einem Texaner angelacht und zieht im November mit ihm nach Dallas. Wir gönnen es ihr von Herzen. Uns weniger, denn wo finden wir eine/n Nachfolgerin/Nachfolger, die/der den Zahlungsverkehr abwickelt, Lieferscheine und Tagesabrechnungen kontrolliert (...)

Auch bei der Gestaltung von Stellenanzeigen gilt es, die Corporate Identity durchzuhalten und die Unternehmenskultur zu transportieren. Dies veranschaulicht die folgende Stellenanzeige:

Die Lufthansa als einer der bevorzugtesten Arbeitgeber in Deutschland zeigt, wie man durch ansprechende und originelle Anzeigen gerade das Interesse junger und karriereorientierter Nachwuchskräfte gewinnen kann.

Service: Eine kreative Stellenanzeige für die Gewinnung von Praktikanten finden Sie kostenlos unter www.abc-strategie.de/formulare.

3. *Fachpresse*
   Möglicherweise gibt es Fachzeitschriften, die exakt zu Ihrer Zielgruppe passen. Damit haben Sie eine relativ preiswerte Kontaktmöglichkeit.

4. *Unternehmenswebsite als Rekrutierungsinstrument*
   Nutzen Sie Ihre eigene Website nicht nur, um Bewerbern einen ersten Eindruck Ihres Unternehmens zu geben, sondern auch, um potenzielle Bewerber über aktuelle Stellenangebote zu informieren.

5. *Kontakte zu Hochschulen und Berufsakademien*
   Hochschulen haben nicht nur die Möglichkeit, Ihre Stellenanzeigen zu publizieren. Es gibt dort meist auch eine Vielzahl von Veranstaltungen, die es Ihnen ermöglichen, Studenten kennen zu lernen und Kontakt mit Professoren zu knüpfen.

6. *Praktikanten und Diplomanden*
Wer auf die interne Besetzung von wichtigen Stellen Wert legt, sollte sich intensiv um Praktikanten und Diplomanden kümmern. Gute Studierende kennen zu lernen und ans Unternehmen zu binden, zahlt sich langfristig aus.

7. *Recruiting Events (Messen)*
Besonders für große Unternehmen gibt es die Möglichkeit, potenzielle Mitarbeiter aktiv auf Veranstaltungen anzusprechen, die zum Ziel haben, Bewerber und Arbeitgeber zusammenzubringen. Einen Kalender solcher Veranstaltungen finden Sie unter www.jobmessen.de

8. *Agentur für Arbeit*
Der Einsatz der Bundesagentur für Arbeit zur Beschaffung neuer Mitarbeiter ist bequem, aber nicht ganz unumstritten. Diskussionspunkt ist die Qualifikation der Mitarbeiter. Die Bundesagentur für Arbeit hat sich inzwischen auch auf die Internationalisierung der Märkte eingestellt und bietet Arbeitgebern Informations- und Beratungsdienstleistungen an, über die Sie unter www.europaserviceba.de mehr erfahren können.

9. *Zentrale Auslands- und Fachvermittlung*
Die Zentrale Auslands- und Fachvermittlung (ZAV) mit Sitz in Bonn ist die internationale Personalagentur im Netzwerk der Bundesagentur für Arbeit. Sie vermittelt unter anderem Fach- und Führungskräfte des oberen und obersten Managements weltweit.

10. *Zeitarbeitsfirmen*
Nicht zufällig sind Zeitarbeitsfirmen im Aufwind. Dem Arbeitgeber bieten sie eine gute Möglichkeit, probeweise einen Mitarbeiter »auszuleihen« und bei geeigneter Qualifikation zu übernehmen.

11. *Headhunting (Direktsuche)*
Kleine und mittelständische Unternehmen setzen Headhunter eher selten ein. Trotzdem: Vielleicht haben Sie Ihren Wunschkandidaten ja schon im Auge. Unglücklicherweise arbeitet er nicht für Sie, sondern für Ihren wichtigsten Wettbewerber. Dann gehen Sie auf einen der pro-

fessionellen Headhunter zu, der auf »direkte Weise« versucht, Ihren Wunschkandidaten abzuwerben. Ein solcher Service kostet zwei bis drei Monatsgehälter. Der Headhunter weiß auch um die gesetzlichen Schranken.

12. *Personalberater*
Wenn Sie keine Zeit haben, sich selbst um die zu besetzende Stelle zu kümmern, dann besteht die Möglichkeit, das gesamte Vorhaben auszugliedern. Sie übergeben das Projekt einem Personalberater. Achtung: Nur zu sagen »Sie wissen schon, was wir brauchen«, ist zu wenig. Sie müssen gemeinsam das Anforderungsprofil erstellen, und es bleibt Ihnen nicht erspart, mitzudenken.

13. *Mitgliedschaft bei Online-Netzwerken*
Im Internet präsentieren sich viele Arbeitssuchende und Studierende in Online-Netzwerken wie www.xing.com (ehemals openBC). Sie können dort ohne Kosten Mitglied werden. Für eine relativ geringe Gebühr können Sie auch leistungsfähige Suchfunktionen nutzen und damit unter den 1,69 Millionen Mitgliedern (Stand: Mai 2009) die gewünschten Profile identifizieren. Weitere Online-Netzwerke zur Pflege professioneller Kontakte sind www.linkedin.com und www.facebook.com. Unter Akademikern die Nr. 1 ist www.studivz.de. Insgesamt gibt es über 200 soziale Netzwerke, die Tendenz ist wachsend.

Schritt 3: Personalfragebogen zuschicken

Wenn Sie die geeigneten Instrumente der Personalsuche erfolgreich eingesetzt haben, dann müssen Sie nun unter mehreren vielversprechenden Bewerbungsunterlagen eine erste Auswahl treffen. Ihre Frage lautet: Wie unterscheide ich Gewinner von Verlierern?

Eine Möglichkeit, einen professionellen Ausleseprozess zu machen, bei dem sich der Zeitaufwand für den Chef in Grenzen hält, ist, einen Personalberater hinzuzuziehen. Das ist schon deshalb sinnvoll, weil er weiß, wie professionelle Personalauswahl funktioniert. Natürlich kostet ein solcher Berater Geld, aber aus Erfahrung kann man sagen, dass dieses Geld exzellent angelegt ist. Ihre Trefferquote wird deutlich erhöht. Möglicherweise brauchen Sie gar keinen Personalberater, sondern Sie haben einen befreundeten Personalchef in einem Betrieb in Ihrer Region im Blick. Gegen Honorar ist der möglicherweise gerne bereit, abends zu Ihnen in die Firma zu kommen und noch ein paar Stunden zu investieren.

Der erste Eindruck

Zunächst werden diejenigen Bewerber aussortiert, die bereits die Grundvoraussetzungen nicht erfüllen. Ohne eine kleine Liste, mit der Sie Ihre Anforderungen benennen, wird es Ihnen kaum möglich sein, die Bewerbungsunterlagen deutlich zu reduzieren. Bitte achten Sie deshalb unter anderem auf folgende Aspekte:

- Häufigkeit der Arbeitsplatzwechsel,
- Lücken im Nachweis von Ausbildungs- und Arbeitsdaten,
- Geradlinigkeit des Ausbildungsganges,
- Grundausbildung und die Bedeutung der bisherigen Arbeitsplätze,
- bisherige Berufswechsel,
- gute Praktika – sie zählen inzwischen deutlich mehr als Examensnoten, ein flottes Studium oder gute Englischkenntnisse.

Das Bewerbungsschreiben

Achten Sie besonders auf das Bewerbungsschreiben. Ist es mit echtem Interesse und Engagement erstellt worden? Die folgenden Punkte betreffen alle Selbstverständlichkeiten. Jede Frage sollten Sie mit einem klaren Ja beantworten können:

- Stimmt die äußere Erscheinung (ordentliches weißes Papier und neue beziehungsweise neuwertige Schnellhefter, Hülle)?
- Sind Rechtschreibung und Zeichensetzung korrekt?
- Sind Datum und Betreffzeile korrekt?
- Ist das Schriftbild ansprechend und gut lesbar (ausreichender Zeilenabstand)?
- Werden neue, aktuelle Ausdrucke statt Kopien verwendet?

- Sind die Ansprechpartner sowie die Firmenadresse korrekt und auf dem neuesten Stand?
- Ist das Schreiben eindeutig auf Ihre Stellenausschreibung zugeschnitten und enthält keine Standardformulierungen, die für verschiedene Stellen beziehungsweise Unternehmen passen?
- Hat sich der Bewerber über alle geforderten Qualifikationen und Eigenschaften Gedanken gemacht, und geht er auf alle Punkte Ihrer Stellenausschreibung ein?
- Formuliert er kurz, prägnant und ohne peinliches Selbstlob?
- Hat er sich über Ihr Unternehmen informiert, und sagt er, warum er gerade dort arbeiten möchte?
- Können Sie erkennen, warum er die Stelle wechseln will oder er momentan keine Festanstellung hat?
- Stellt er seine Kernkompetenz gut dar?
- Haben Sie schon nach dem Lesen des Anschreibens Interesse, ihn zu einem Gespräch einzuladen?

Der Lebenslauf

Werfen Sie auch einen ausführlichen Blick auf seinen Lebenslauf. Heute ist ein tabellarischer Lebenslauf üblich. Achten Sie dabei bitte besonders auf folgende Punkte:

- Beinhaltet der Lebenslauf den letzten Schulabschluss, alle Ausbildungsstationen und Zusatzqualifikationen sowie Freizeitinteressen?
- Hat der Bewerber ein Lebenskonzept, in dem Weiterbildungsmaßnahmen einen Bezug zu seinem Beruf und seinen Karriereplänen haben?
- Übertreibt der Bewerber bei seinen bisherigen Leistungen?
- Dass jemand vorübergehend arbeitslos war, muss kein Ausschlusskriterium sein. Prüfen Sie, warum er diese Stelle verloren hat. Hat er die beschäftigungslose Zeit sinnvoll genutzt, etwa zur Weiterbildung?
- Hat sich der Bewerber in Vereinen engagiert, beispielsweise im Vorstand? Falls dies der Fall ist, hat er damit bewiesen, dass er andere begeistern und anleiten kann.
- Vorsicht bei Extremsportlern und bei Bewerbern, die sich *ungewöhnlich intensiv* in Vereinen engagieren. Steht hier die Freizeit im Vordergrund?

Seien Sie darauf vorbereitet, dass sich oft Menschen aus ganz anderen Berufssparten bei Ihnen melden. Auf eine ausgeschriebene Assistentenstelle bewerben sich beispielsweise Lehrer, Ärzte und möglicherweise sogar Pfarrer. Sie müssen wissen, ob Sie solche Querbewerber berücksichtigen wollen.

Der Personalfragebogen

Mittlerweile ist klar, welche Bewerber noch »im Rennen« sind. Nun gilt es, die noch verbliebenen Bewerber untereinander vergleichbar zu machen. Ein vom Bewerber ausgefüllter Personalfragebogen ist ein dafür geeignetes Instrument. Der Personalfragebogen hat folgende Ziele:

- Bewerbungen der Kandidaten untereinander vergleichbar zu machen
- Unvollständige Bewerbungsunterlagen mit den notwendigen Informationen zu ergänzen
- Die Zahl der Bewerber insgesamt zu reduzieren (je nach Wirtschaftslage, kommt nur ein bestimmter Prozentsatz der Bögen zurück. Manche Bewerber wollen sich nicht der Arbeit des Ausfüllens unterziehen beziehungsweise alle Angaben offen legen.)

Nachfolgender Personalerfassungsbogen hat sich in mehreren Firmen bewährt. Sollten Sie Führungskräfte einstellen, empfehlen wir Ihnen einen deutlich umfangreicheren Personalerfassungsbogen, der Ihnen außerdem hilft, A-Mitarbeiter zu identifizieren. Bei Interesse schreiben Sie bitte eine E-Mail an jknoblauch@tempus.de

Abbildung 19: Beispiel für einen Personalfragebogen (Seiten 91 und 92)

Personalfragebogen

(vom Bewerber vollständig und gut lesbar ausfüllen)

tempus. GmbH
Haehnlestraße 24
89537 Giengen/Brenz
Telefon 07322 950-230
Telefax 07322 950-215

Bewerbung als:	
☐ Frau ☐ Herr	
Vorname:	Nachname:
Straße:	PLZ/Wohnort:
Geboren am:	Geburtsort:
Familienstand:	Kinder:
Staatsangehörigkeit:	Telefonnummer:
Handynummer:	Faxnummer:
eMail:	
Bildung	
☐ Hauptschulabschluss ☐ Mittlere Reife ☐ Fachhochschulreife ☐ Abitur ☐ Sonstiges	
Ausbildung als:	
Beruflicher Werdegang	
Bisherige Stellen (Nicht notwendig wenn Lebenslauf vorliegt)	

Firma	Tätigkeit/Berufsbezeichnung	von	bis

Fremdsprachenkenntnisse:	
PC-Kenntnisse:	
Zusätzliche Fortbildungsmassnahmen:	
Besondere Fähigkeiten:	
Führerschein:	
Beherrschen Sie die deutsche Sprache in Wort ☐ Ja ☐ Nein	
und Schrift ☐ Ja ☐ Nein	
Haben Sie Ihren Wehrdienst/Zivildienst bereits abgeleistet: ☐ Ja ☐ Nein	
Flexibilität	
Können Sie die Arbeitszeiten den betrieblichen Erfordernissen anpassen?   ☐ Ja   ☐ Nein
Das heisst, wenn Aufträge da sind wird gearbeitet bis zu 10,00 Stunden täglich.
Wenn weniger Aufträge vorhanden sind, wird weniger gearbeitet bzw. gar nicht gearbeitet.
Dies alles wird über ein Gleitzeitkonto verrechnet.	
Welche Tätigkeiten liegen Ihnen besonders:	
gleichbleibende und wiederkehrende: ☐ abwechslungsreich und vielschichtig: ☐	
Haben Sie Interesse an Weiterbildung während der Arbeitszeit: ☐ Ja   ☐ Nein
ausserhalb der Arbeitszeit: ☐ Ja ☐ Nein	

Der neunstufige Auswahlprozess – ein Garant für A-Mitarbeiter

Gesundheitliche Fragen		
Sind Sie völlig gesund?	☐ Ja	☐ Nein
Wenn nicht, -leiden Sie an ansteckenden Krankheiten? Falls ja, welche?		
-leiden Sie an chronischen Krankheiten? Falls ja, welche?		
Können Sie körperliche schwere Arbeit verrichten?	☐ Ja	☐ Nein
Können Sie stehende Tätigkeiten verrichten?	☐ Ja	☐ Nein
Rauchen Sie?	☐ Ja	☐ Nein
Sind Sie schwerbehindert im Sinne des § 1 SchwbG?	☐ Ja	☐ Nein
bzw. gleichgestellt im Sinne des § 2 SchwbG?	☐ Ja	☐ Nein
Haben Sie einen Antrag auf Schwerbehinderung im Sinne des SchwbG gestellt? ☐ Ja ☐ Nein		
Sonstiges		
Haben Sie Ziele?	☐ Ja	☐ Nein
Wenn ja, in welchem Bereich?		
Welche Hobbys haben Sie?		
Sind Sie in Vereinen engagiert?	☐ Ja	☐ Nein
Wenn ja, in welchen und in welcher Position:		
Haben Sie Verwandte in der Firma?	☐ Ja	☐ Nein
Wie sind Sie auf unsere Firma aufmerksam geworden?		
Was wissen Sie über tempus?		
Falls ja, woher wissen Sie etwas über tempus? (Presse, Internet, Bekannte/Verwandte...)		
Wie lang ist ihr Anfahrtsweg? ca. km ca. Min.		
Womit kommen Sie? (Auto...)		
Welche Lohnerwartungen haben Sie? (Bruttoverdienst) €		
Waren Sie schon einmal in der Firma tempus beschäftigt?		
Wenn ja, von bis Tätigkeit:		
Wann ist der Eintritt in das Arbeitsverhältnis frühestens möglich?		
Mir ist bekannt, dass wissentliche Falschbeantwortung zur Beendigung der Arbeitsverhältnisses führen kann.		
Datum Unterschrift		

Schritt 4: Telefoninterview

Ihre Zeit für persönliche Interviews ist begrenzt. Zudem ist es teuer, Bewerber in die Firma einzuladen. Wenn mehrere Mitarbeiter bei den Gesprächen zugegen sein sollen, wird der Prozess außerordentlich aufwändig. Deshalb sind Telefoninterviews von großer Bedeutung. Ziel dieser Telefoninterviews ist es, die Zahl der Kandidaten auf maximal drei bis vier Bewerber zu reduzieren.

Ein Telefoninterview dauert 20 bis 30 Minuten und kann nach einem bestehenden Leitfaden durchgeführt werden. Jede der z. B. vier Fragen dauert mit der Antwort etwa fünf Minuten, dann sollten Sie zehn Minuten für die Fragen des Bewerbers vorsehen. Das Telefoninterview gibt die Chance, B- und C-Mitarbeiter zu erkennen und von der Liste zu nehmen.

Wenn das Gespräch nicht zur Zufriedenheit verläuft, wird es nach 15 bis 20 Minuten zu Ende sein. Umgekehrt: Wenn sich eine Überstimmung des Kandidaten mit dem Anforderungsprofil abzeichnet, kann das Gespräch länger dauern.

Zum Abschluss des Gesprächs fragen Sie sich: Wie passen persönliche Stärke und Anforderungsprofil zusammen? Kann ich es kaum erwarten, diese Person in einem persönlichen Interview aufgrund der vorliegenden Informationen weiter kennen zu lernen? Habe ich das Gefühl, den Bewerber gefunden zu haben, der mich begeistern wird? Wenn Sie an dieser Stelle zögern oder Sie denken »Ja, ich lade ihn ein, um ihn noch ein bisschen mehr befragen zu können ...«, dann ist die Entscheidung gegen den Bewerber schon getroffen. Sortieren Sie den Bewerber aus. Schließlich wollen Sie nur Personen einladen, bei denen Sie eine hohe Übereinstimmung von Situation und Stärke feststellen.

Dieses Reduzieren – vor allem am Telefon – ist nicht jedermanns Sache. Das Ganze hat sehr viel mit Rigorosität, aber nichts mit Rücksichtslosigkeit zu tun. Dies ist ein grundlegender Unterschied. Rücksichtslos wäre es, wenn jemand ausscheidet, nur weil Ihnen das Foto nicht gefällt oder es sich um andere Willkürlichkeiten handelt. Rigorosität hingegen bedeutet, an die Bewerber ehrliche, faire und möglichst gleiche Maßstäbe anzulegen.

Im Folgenden ist ein Auszug mit der Frage 1 aus unserem Leitfaden für Telefoninterviews abgedruckt.

Abbildung 20: Auszug aus einem Leitfaden für Telefoninterviews bei tempus

Wer waren Ihre 5 letzten Chefs und welche Noten werden sie Ihnen geben, wenn wir mit ihnen reden? *(Schulnoten: 1 sehr gut, 6 ungenügend)*

Beachten Sie die Fragestellung: „Welche Note werden sie Ihnen geben, wenn wir mit ihnen reden?" nicht: „Falls wir mit ihnen reden würden." Spätestens jetzt denkt der Bewerber: „Jetzt muss ich ehrlich sein, sonst bin ich in der Falle."

Bitten Sie den Bewerber, jeden seiner Chefs zu nennen und auch die jeweilige Bewertung. Drängen Sie auf Details. Warum denken Sie, dass der Chef Ihnen eine 2 gibt? Sie können jetzt noch einmal die Frage 2 (Stärken) und Frage 3 (Schwächen) vertiefen. Insgesamt schauen Sie nach einer 1 vor dem Komma. Eine 2 reicht Ihnen nicht und eine 3 ist bereits ein Desaster.

Schauen Sie sich im Vorfeld nochmal das Anforderungsprofil an, um sich im Klaren darüber zu sein, wen Sie suchen.

1. _____
Note: _____

2. _____
Note: _____

3. _____
Note: _____

4. _____
Note: _____

5. _____
Note: _____

Schritt 5: Erstes Interview

Bewerbergespräche sind mit Abstand der wichtigste Teil des Rekrutierungsprozesses. Für ein solches Gespräch wird ein halber Tag (fünf Stunden) reserviert, der sich in etwa wie folgt zusammensetzt:

1. Zwei bis drei Stunden Gespräch mit einem Interviewleitfaden,
2. ein bis zwei Interviews (jeweils eine Stunde) mit Experten aus dem eigenen Haus zu wichtigen Kompetenzen (z. B. Verkäufer).

Wenn Sie den besten Mitarbeiter finden möchten, brauchen Sie dafür Zeit, viel Zeit. Ein einzelnes Vorstellungsgespräch pro Kandidat wird nicht ausreichen. Zudem ist es notwendig, das Gespräch gut vorzubereiten. Unstrukturierte Interviews, deren Ergebnisse zumeist eine geringe Vorhersagekraft für beruflichen Erfolg haben, sind erstaunlicherweise auch heute noch die am häufigsten genutzten Mittel zur Personalauswahl. In diesem Kapitel geht es daher um die Frage, wie Interviews effektiver geführt werden können.

Regel 1: Führen Sie mit einem Bewerber nie nur ein Gespräch

In vielen Fällen werden Einstellungsentscheidungen bereits nach nur einem Interview getroffen. Die Erfahrung jedoch zeigt: *Ein* Interview ist zu wenig. Denn das erste Interview hat typischerweise einen eher formalen Charakter. Da geht es in erster Linie um den Lebenslauf des Betroffenen und seinen bisherigen Karriereweg. Außerdem werden noch Fragen nach der weiteren Lebensplanung angesprochen. Bei Führungskräften geht es auch um die Frage, wie der potenzielle neue Mitarbeiter mit A-, B- und C-Mitarbeitern in der Vergangenheit umgegangen ist. Falls der Bewerber Personen eingestellt hat, ist die Frage: Mit welchen Auswahlmethoden ist dies geschehen? Wie erfolgreich waren diese Mitarbeiter? Was ist mit den weniger erfolgreichen passiert? Überhaupt: Wie viele As und wie viele Cs wurden in seiner Zeit eingestellt?

Wer den Bewerber bereits nach diesem ersten Gespräch einstellt, sieht sich zu Recht dem Vorwurf ausgesetzt, den US-amerikanische Unternehmen uns Deutschen machen, indem sie sagen, dass wir *too quick to hire and too slow to fire* sind, also zu schnell einstellen und zu langsam entlassen. Die Amerikaner sagen von sich: Wir sind *slow to hire and quick to fire*.

Das *zweite* Interview geht dann schon mehr in die Tiefe. Es dient unter anderem dazu, herauszufinden, ob sich der Bewerber mit den Werten des Unternehmens und der Unternehmensphilosophie identifizieren kann. Hinweise, welche Fragen für das zweite Interview besonders gut geeignet sind, finden Sie im Text zu Schritt 7.

Wann immer der Bewerber während des Gespräches einen Namen, eine frühere Arbeitsstelle oder Ähnliches nennt, sollten Sie diese Informationen sofort notieren und die Telefonnummer beschaffen. Denn Referenzen sind außerordentlich interessant. Es gibt nichts Besseres, als einen früheren Chef anzurufen, um zu hören, ob die Angaben, die in der Bewerbung stehen, auch der Realität entsprechen. Weitere Hinweise zum Einholen von Referenzen finden Sie im nächsten Schritt.

Ein Rekrutierungsverfahren wie das hier beschriebene ist eine Art evolutionärer Prozess. Mit jedem Gespräch kommen Sie dem Kern ein Stück näher. Dabei gilt grundsätzlich die Regel: Wer fragt, der führt! Eine weitere Regel lautet: 20 Prozent reden, 80 Prozent hören. Frühestens im dritten Interview fangen Sie an, den Bewerber wirklich in der Tiefe kennen zu lernen. Sorgen Sie deshalb grundsätzlich dafür, dass mehrere Interviews stattfinden – wie eilig die Sache auch sein mag oder wie überzeugend sich auch jemand vorstellt.

Regel 2: Bringen Sie stets mehrere Leute an den Tisch

Bei Bewerberinterviews besteht immer die Gefahr, das Gute (in manchen Fällen auch das Schlechte) herauszuhören, denn wir hören das, was wir hören wollen. Führen Sie Interviews deshalb möglichst nie unter vier Augen, sondern bringen Sie so viele Personen wie möglich an den Tisch. Drei oder vier Gesprächsteilnehmer sehen und hören mehr als nur einer.

Die Interviewer müssen nicht alle Mitglieder der Führungsmannschaft sein – auch die zukünftigen Kollegen sollten Eindrücke gewinnen. Es gehört zum kooperativen Führungsstil, seine Mitarbeiter bei Personalentscheidungen einzubinden. Lassen Sie Ihre Mitarbeiter beispielsweise Fragen zu konkreten Aufgaben stellen, die gerade bearbeitet werden. Sie können dann besser beurteilen, ob ein Bewerber in Ihr Team passt.

Der idealtypische Gesprächsverlauf eines ersten Einstellungsinterviews kann sieben Phasen umfassen und etwa wie folgt aussehen:

1. *Gesprächsbeginn*
   Alle Gesprächsteilnehmer stellen sich kurz vor. Sie geben Informationen zum Stand des Bewerbungsverfahrens und zum Ablauf des Gesprächs.

2. *Selbstdarstellung des Bewerbers*
   Jetzt geben Sie dem Bewerber den Raum, seinen persönlichen und beruflichen Hintergrund zu schildern und auf seine Zielvorstellungen einzugehen. Die wichtigsten Punkte, die er sagt, sollten Sie schriftlich festhalten.

3. *Freies Gespräch*
   Klären Sie offene Fragen, die sich aus den Bewerbungsunterlagen und aus der Vorstellung des Kandidaten ergeben.

4. *Fragen zur Biografie und zu Erfahrungen*
   Stellen Sie Fragen, die Ihnen helfen zu erkennen, welche Verhaltensweisen, Einstellungen und Motive der Bewerber für die Stelle mitbringt. Dafür eignet sich beispielsweise die Aufforderung: »Schildern Sie einen Fall, in dem Sie einem Mitarbeiter bei einer Problemlösung behilflich waren.« (Nennt der Bewerber ein unwichtiges Beispiel? Kann er glaubhaft nachweisen, dass er wesentliche Unterstützung geleistet hat?)

5. *Informationen zur Tätigkeit*
   Stellen Sie dem Bewerber Ihr Unternehmen und anschließend den unmittelbaren Aufgabenbereich vor. Verdeutlichen Sie ihm, wie seine Tätigkeit mit anderen Aufgaben zusammenhängt.

6. *Situative Fragen*
   Schildern Sie ein Führungsproblem oder ein Praxisbeispiel, zu dem der Bewerber eine Entscheidung treffen soll.

7. *Gesprächsabschluss*
   Stellt sich der Bewerber als ungeeignet heraus, müssen Sie ihm nach dem Interview das Gefühl vermitteln, dass seine Bewerbung und seine Person von Ihnen ernst genommen wurden. Bei einem geeigneten Kandidaten geht es jetzt darum, das Gespräch zusammenzufassen und ihn über das weitere Vorgehen zu informieren. Vereinbaren Sie den nächsten Gesprächstermin.

Hat der Bewerber den Raum verlassen, stellen Sie sich um ein Flipchart herum und diskutieren das eben erlebte Gespräch. Nehmen Sie es ernst, wenn ein Kollege Ihres Vertrauens ein schlechtes Gefühl mit Blick auf einen der Kandidaten äußert. Dies gilt umso mehr, wenn der Kollege eine gute Menschenkenntnis hat. Häufig ist eine solche Äußerung ein Zeichen dafür, dass es sich nicht um den Kandidaten handelt, den Sie suchen. Einen Bewerber dürfen Sie nur dann einstellen, wenn er wirklich Ihren Anforderungen gerecht wird und Zustimmung auslöst.

Regel 3: Vermeiden Sie die typischen Fehler von Interviews

Interviews zu führen, gehört in der Regel nicht zum Tagesgeschäft kleiner und mittelständischer Unternehmer. Daher seien hier noch einige typische Fehler aufgelistet, die Sie vermeiden sollten:

- Die Sympathien zwischen Interviewer und Interviewtem beeinflussen das Urteil.
- Das Interview wird nicht anforderungsbezogen geführt.
- Der Gesprächsanteil des Interviewers ist größer als ein Drittel.
- Das Interview ist zu kurz.
- Der Interviewer hat sich nicht schriftlich vorbereitet.
- Es werden keine schriftlichen Aufzeichnungen gemacht.
- Häufig entscheidet der erste Eindruck, obwohl dieser für ein fundiertes Urteil nicht ausreicht.

Wenn Sie am Ende nicht sicher sind, suchen Sie weiter! Sie brauchen einen Mitarbeiter Erster Klasse. Es ist besser, Sie investieren ein weiteres halbes Jahr an Zeit und gewinnen den richtigen Mitarbeiter, als eine vorschnelle Entscheidung zu treffen, mit der Sie langfristig unzufrieden sind.

Nutzen Sie Instrumente wie Persönlichkeitsprofile

Das Bewerberprofil (D-I-S-G-Analyse) liefert Ihnen viele Ansatzpunkte, um Aspekte zu hinterfragen. Persönliche Eindrücke aus dem vorangegangenen Bewerbungsgespräch werden mit den Ergebnissen der Analyse abgeglichen. Sollte es Widersprüche geben zwischen dem, wie sich die

Kandidaten im persönlichen Gespräch gegeben haben, und dem, was die Analysen über sie aussagen, werden sie spätestens jetzt erkennbar.

Haben Sie die richtigen Kandidaten für die Endrunde ausgewählt oder werden sie sich als Mis-Match entpuppen? Der Rekrutierungsprozess soll Ihnen dabei helfen, diese Frage zu beantworten. Um Ihre Entscheidungen bei der Vorauswahl abzusichern, können Sie deshalb innerhalb des Rekrutierungsprozesses auch wissenschaftlich fundierte und praktisch tausendfach erprobte Instrumente einsetzen.

Es gibt verschiedene Möglichkeiten der wissenschaftlich fundierten Profilerstellung. Hierzu zählen etwa das »Bochumer Inventar zur berufsbezogenen Persönlichkeitsbeschreibung« (BIP), der Myers-Briggs-Typenindikator (MBTI) und das Hermann Brain Dominance Instrument (HBDI). In diesem Abschnitt möchten wir Ihnen zwei Verfahren zur Mitarbeiterauswahl vorstellen, die wir in unserer Beratungspraxis selbst erfolgreich einsetzen: Zunächst das persolog® Persönlichkeits-Profil (D-I-S-G), anschließend den Einstellungs-Integrations-Quotient (EIQ).[30]

Mit dem persolog® Persönlichkeits-Profil (D-I-S-G) erfahren Sie mehr über Ihre persönlichen Stärken und Schwächen. Sie lernen, sich selbst und andere besser zu verstehen.

Es gibt zwei Beschreibungsebenen des Verhaltens einer Person:

1. *Die Wahrnehmung des Umfelds*: Dieses kann als anstrengend/stressig oder als angenehm/nicht stressig empfunden werden.
2. *Die Reaktion auf das Umfeld*: Sie wird entweder als bestimmt oder als zurückhaltend beschrieben.

Aus der Kombination dieser Unterscheidungen ergeben sich die folgenden vier Verhaltensdimensionen, die dem Modell auch seinen Namen gaben:

- Dominanz,
- Initative,
- Stetigkeit,
- Gewissenhaftigkeit.

Abbildung 21: Die vier Verhaltensdimensionen des D-I-S-G-Modells

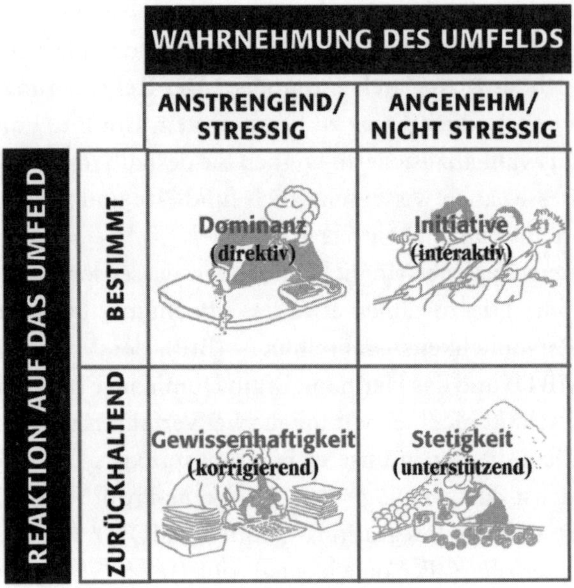

		ANSTRENGEND/ STRESSIG	ANGENEHM/ NICHT STRESSIG
REAKTION AUF DAS UMFELD	**BESTIMMT**	Dominanz (direktiv)	Initiative (interaktiv)
	ZURÜCKHALTEND	Gewissenhaftigkeit (korrigierend)	Stetigkeit (unterstützend)

WAHRNEHMUNG DES UMFELDS

Die Tabelle auf der folgenden Seite skizziert die Stärken und Schwächen der vier Verhaltensdimensionen und zeigt, wie das ideale Umfeld jeweils aussieht.

Abbildung 22: Basismerkmale der vier Verhaltensdimensionen

	Stärken	Schwächen	Ideales Umfeld
Der Dominante	• ergebnisorientiert • entscheidungsfreudig • liebt Herausforderungen • unabhängig • bringt Dinge ins Rollen • im Team: richtungsweisender Motor • in Führungsrolle: managt Probleme	• ungeduldig • kontaktarm • schlechter Zuhörer • Entscheidungen evtl. vorschnell • schwieriger Teamarbeiter • stellt zu hohe Anforderungen an andere • übersieht Risiken	• Entscheidungsfreiheit • Herausforderungen • große Projekte • selbstständiges Arbeiten • möglichst wenig Kontrolle • möglichst wenig Detailarbeit • klare Ziele
Der Initiative	• knüpft Kontakt • verbreitet Optimismus • kann das Leben genießen • kommuniziert gut • schafft eine motivierende Atmosphäre • im Team: stellt Kontakte her • in Führungsrolle: ermöglicht offene Kommunikation, sucht nach Übereinstimmung	• abhängig von Anerkennung • unorganisiert • scheut Konfrontation • führt Angefangenes nicht zu Ende • redet zu viel • kann schlecht allein sein • achtet nicht auf Genauigkeit	• Abwechslung • Menschen • Zeit zum Leben genießen • möglichst wenig Detailarbeit • flexible Bedingungen • Gelegenheit zum Kommunizieren • öffentliche Anerkennung
Der Stetige	• schafft Harmonie • guter Teamarbeiter • hört gut zu • loyal • schafft stabiles Umfeld • im Team: harmonisiert, führt spezialisierte Arbeiten aus • in Führungsrolle: unterstützt andere, ihre Arbeit zu tun	• unentschlossen • kann nicht Nein sagen • zu defensiv • scheut Auseinandersetzungen • zu kompromissbereit • stellt eigene Wünsche zu schnell zurück • kommt schwer mit Veränderungen zurecht	• Sicherheit, Stabilität • Zeit, sich auf Veränderungen einzustellen • Arbeit im Team • Anerkennung für die eigene Person • geklärte Erwartungen • harmonisches Umfeld • klare, gute Beziehungen
Der Gewissenhafte	• Detailfreude • Qualitätsbewusstsein • denkt kritisch, hinterfragt • ausdauernd • beachtet Regeln • im Team: konzentriert auf wichtige Details • in Führungsrolle: legt Wert auf Vollendung, will, dass Prozeduren befolgt werden	• verliert sich im Detail • Hang zum Perfektionismus • Gefahr, sich auf Beobachterposten zurückzuziehen • »es richtig zu machen« hat zu viel Bedeutung • wenig Flexibilität • trifft Entscheidungen zu langsam • pessimistisch	• geklärte Erwartungen • Regeln, Normen • Begründung für Veränderungen • Anerkennung für geleistete Arbeit • klare Aufgabenbeschreibung • Gelegenheit zum Nachfragen • Aufgaben, die Genauigkeit benötigen

Besonders im Beruf ist das Wissen um die eigenen Stärken und Schwächen wichtig. Denn im idealen Job kann der Mitarbeiter seine Stärken nutzen, um die Anforderungen der beruflichen Situationen zu bewältigen.

Das persolog® Persönlichkeits-Profil (D-I-S-G) hilft Ihnen, den Bewerber in einer ersten Stufe einzuschätzen: Ist er eher menschenorientiert oder eher aufgabenorientiert? Verhält sich der Bewerber eher introvertiert oder eher extrovertiert? Wo liegen seine Motivationsfaktoren und seine Frustrationspotenziale? Passt der Bewerber in Ihr Team?

Es ist eine große Herausforderung, den passenden Menschen für einen bestimmten Arbeitsplatz zu finden. Deshalb lohnt es sich, vor allem bei Führungskräften ein weiteres Instrument zu nutzen, das ebenfalls der D-I-S-G-Familie entstammt. Es handelt sich dabei um den EIQ, den Einstellungs-Integrations-Quotienten. Dieses Instrument zur Mitarbeiterauswahl und -entwicklung basiert auf dem persolog® Persönlichkeits-Profil (D-I-S-G).

Um den EIQ zu ermitteln, füllt das Unternehmen einen Fragebogen mit den entsprechenden Anforderungen aus. Dieselben Anforderungen können aus Sicht des Bewerbers bewertet werden. Beide Bewertungen werden anschließend miteinander abgeglichen. Es handelt sich somit um ein interaktives Instrument, das heißt, es kommt nicht nur eine Sichtweise zum Tragen.

Abbildung 23: Die Komponenten des Einstellungs-Integrations-Quotienten (EIQ)

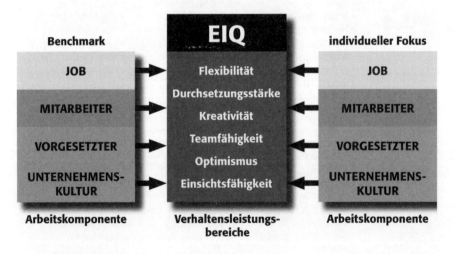

© 2006. persolog GmbH. Alle Rechte vorbehalten.

Beim Bestimmen des EIQ werden vier verschiedene Ebenen berücksichtigt:

1. *Der Jobfaktor*
Passt der Bewerber zur ausgeschriebenen Stelle, der entsprechenden Position und den dazugehörigen Tätigkeitsbereichen?
2. *Der Mitarbeiterfaktor*
Sind die Einstellungen, Überzeugungen und Verhaltensweisen am Arbeitsplatz für die zu besetzende Stelle geeignet?
3. *Der Vorgesetztenfaktor*
Passt der Bewerber zum Vorgesetzten mit Blick auf Führungsstil und Arbeitsweise?
4. *Der Unternehmenskulturfaktor*
Passt der Mitarbeiter zur Unternehmenskultur, zum Betriebsklima, zu den herrschenden Umgangsformen im Unternehmen?

Nach Auswertung aller vier Fragebögen erhalten Sie nicht nur ein Anforderungsprofil hinsichtlich der ausgeschriebenen Stelle beziehungsweise Ihres Unternehmens, sondern Sie bekommen auch eine Prognose darüber, wie der Bewerber und potenzielle Mitarbeiter zur ausgeschriebenen Position, zum Vorgesetzten und zum Unternehmen als Ganzes passt.

Abbildung 24: Die Komponenten des Einstellungs-Integrations-Quotienten (EIQ)

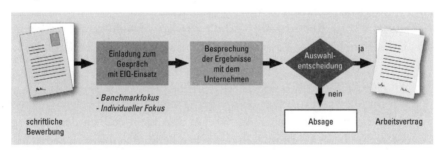

EIQ liefert zudem einen detaillierten Leitfaden für intensive Bewerbungsgespräche. Die Unterlagen helfen, eine möglicherweise vorliegende Abweichung zwischen Anspruch und Selbsteinschätzung sachlich und strukturiert anzusprechen. Ihre Vorauswahl – negativ wie positiv – steht damit auf einem soliden Fundament.

Schritt 6: Referenzen einholen

Sie haben jetzt den idealen Kandidaten gefunden. Die Gespräche haben ergeben, dass Sie einen A-Mitarbeiter gefunden haben. Sie sehen den Mitarbeiter bereits in Ihrem Team.

Jetzt noch Referenzen einholen? Wir sind sehr überrascht, dass dem Thema Referenzen ein so niedriger Stellenwert eingeräumt wird. Nur etwa jeder siebte oder achte Firmenchef beziehungsweise Personaler ruft bei uns an, wenn er Interviews mit Mitarbeitern führt, die früher bei uns gearbeitet haben. Unseres Erachtens werden bei großen Firmen in etwa 50 Prozent aller Fälle Referenzen eingeholt. Wenn Sie Referenzen kritisch gegenüber stehen, sollten Sie trotzdem wissen, dass gerade die Referenz sehr oft den Unterschied zwischen Einstellung und Nichteinstellung macht.

Wir hatten eine Sekretärin gesucht, die im Interview allen Anforderungen gerecht wurde. Ein wichtiger Teil der Aufgabenbeschreibung war die Flexibilität bei der Arbeitszeit. Daraufhin angesprochen sagte sie, dass sie noch nie um 17 Uhr nach Hause gegangen sei, sondern sich ausschließlich am Arbeitsaufwand orientiert habe. Wir alle waren beeindruckt. Die Referenzgespräche mit dem vorigen Chef ergaben jedoch ein anderes Bild. Auf diese Herausforderungen angesprochen, sagte er sinngemäß, auch bei ihnen sei das eine Anforderung gewesen, aber nicht ein einziges Mal habe er sie zu einer Minute länger überreden können. Wow! Jetzt war alles klar. Dies ist der Wert, den Referenzgespräche haben.

Dass so wenige Referenzen eingeholt werden, obwohl gerade sie klarer als alles andere über den Bewerber Aufschluss geben, hat seine Gründe:

1. *Wir sind bereits sicher, dass es der richtige Mitarbeiter ist.*
   Wer im Auswahlprozess es bis hierher geschafft hat, hat bewiesen, dass er der richtige Mitarbeiter ist. Warum also nicht endlich den Vertrag unterschreiben? Achtung: Sich bewerben heißt, die positiven Seiten herauszustellen und die negativen zu verschweigen. In jedem Bewerbungshandbuch gibt es dazu eine Seite mit Tipps und Tricks. Deshalb braucht es das Gespräch mit den früheren Kollegen und Vorgesetzten.

2. *Der Bewerber will nicht, dass Referenzen eingeholt werden.*
   Wenn der Bewerber zum Ausdruck gebracht hat, dass er keine Angaben zu Referenzen machen will, dann können Sie ja trotzdem fragen, ob Sie

bei früheren Arbeitgebern anrufen dürfen. Der Bewerber kann Ihnen das schlecht abschlagen. Sollte er die Frage verneinen, dann würde er damit signalisieren, dass irgendetwas nicht stimmt.

3. *Referenzen einholen ist zu zeitaufwändig und bringt zu wenig.*
   Richtig ist, dass das Einholen von Referenzen eine zeitaufwändige Angelegenheit ist. Wenn das Referenzgespräch dann noch schlecht durchgeführt wird, ist es tatsächlich überflüssig. Richtig ist aber auch: Wenn einem solchen Gespräch ein Leitfaden zugrunde liegt und damit die richtigen Fragen gestellt werden, ist es äußerst wertvoll.

4. *Wir machen nichts hinter dem Rücken des Bewerbers.*
   Dem kann man allerdings leicht begegnen: Bitten Sie den Bewerber doch, dieses Referenzgespräch selbst zu vermitteln. Ganz konkret: Der Bewerber vereinbart einen Termin für Sie mit dem Referenzgeber. Mehr noch: Manche Großfirmen haben Vorgesetzte angewiesen, keine Referenzen zu geben, da sie juristische Auseinandersetzungen befürchten. Wenn der frühere Mitarbeiter nun selbst um eine solche Auskunft bittet, wird man ihm dies kaum abschlagen.

Hier noch einige Tipps zur Durchführung von Referenzgesprächen:

- Idealerweise sollten Sie drei bis fünf Referenzgespräche führen. Bei der Einstellung einer Top-Führungskraft sollten es sogar fünf bis sieben Gespräche sein.
- Um das Referenzgespräch möglichst aussagefähig zu gestalten, macht es Sinn sich an die vorgegebenen Fragen zu halten.
- Kandidaten geben Ihnen oft Namen von Freunden, Nachbarn und Kollegen. Mit diesen Angaben können Sie in der Regel nichts anfangen. Diese Leute sind vom Kandidaten vorbereitet und wissen, was sie zu sagen haben. Suchen Sie sich aus Ihren Unterlagen die Namen der früheren Arbeitgeber heraus beziehungsweise noch besser die Namen der direkten Vorgesetzten. Dort erfahren Sie die Dinge, die Sie wirklich interessieren. Da kann auch durchaus ein Vereinsvorstand dabei sein.
- Referenzen sollten erst dann eingeholt werden, wenn das erste ausführliche Präsenzgespräch stattgefunden hat. Denn erst im Anschluss an dieses Interview entscheiden Sie, welche Vorgesetzten oder auch andere

Personen Sie für Referenzzwecke anrufen wollen. Betrachten Sie mindestens die letzten zehn Jahre. Erst dann hat man genügend Anknüpfungspunkte, um sinnvoll zu diskutieren.
- A-Kandidaten lieben es, Namen und Telefonnummern zu nennen. Sie freuen sich, wenn solche Gespräche stattfinden.
- Wenn Sie Referenzen einholen und beispielsweise mit ehemaligen Arbeitgebern sprechen, sollten Sie betonen, dass Sie mit vertraulichen Informationen umzugehen wissen und Sie selbstverständlich Stillschweigen bewahren werden. Dies ist oft der Punkt, an dem Ihr Gegenüber Farbe bekennt, und sich äußert nach dem Motto: »Na ja, wenn ich ganz ehrlich sein soll – wir waren ziemlich froh, den Mitarbeiter endlich los zu sein.«
- Notizen aus Ihren Referenzgesprächen sollten Sie mindestens bis zum Ende der Probezeit (sechs Monate) aufbewahren.

Ein Interviewleitfaden für Referenzgespräche kann beispielsweise so aussehen:

1. Danke, wenn Sie mir kurz sagen, in welcher Funktion bzw. Position Herr/Frau _____ bei Ihnen gearbeitet hat.
2. Was waren die Stärken?
3. In welchen Bereichen hätten Sie sich Verbesserungen gewünscht?
4. In Schulnoten ausgedrückt (1 bis 6): Wie würden Sie die Arbeitsleistung bewerten? Nennen Sie bitte Gründe.
5. _____ erwähnte, dass es im Bereich _____ folgende Probleme gab: _____
Können Sie das bitte kommentieren.

Schritt 7: Zweites Interview

Falls Sie sich wundern, dass jetzt noch mal ein weiteres Präsenzinterview angesagt ist, dann hat dies seine Gründe. Es geht jetzt darum, aus den Besten die Richtigen zu wählen. Mittlerweile wurden unterschiedliche Referenzen eingeholt. Soweit es sich nicht um vertrauliche Informationen handelt, kann über diese nun in einem weiteren Gespräch gesprochen werden.

Wählen Sie aus den Besten die Richtigen

Angenommen, Ihr Ziel ist es, die Fußballweltmeisterschaft zu gewinnen und Sie hätten die Chance, die elf besten Fußballspieler der Welt in eine Mannschaft zu bekommen. Dann ist Ihnen der Weltmeistertitel sicher. Richtig oder falsch?

Einerseits spricht natürlich einiges für diese These, denn der Titel gehört den Besten. Andererseits ist eine Mannschaft der besten Spieler keine Garantie auf den Weltmeistertitel. Die Mannschaft, die gewinnt, zeichnet sich nicht durch die elf besten Individuen aus, sondern es geht auch um andere Aspekte. Dazu gehören der Teamgeist sowie die richtige Einstellung zur Kultur der Mannschaft. Außerdem müssen Mannschaft und Trainingsstil zusammenpassen.

Ähnlich ist es im Unternehmen. Ob sich ein Bewerber tatsächlich für eine bestimmte Stelle eignet, hängt nicht nur von seinen Fachkenntnissen und von früheren Erfolgen ab. Auch sein Charakter spielt eine Rolle. Sein Auftreten, seine persönlichen Wertvorstellungen und Ziele müssen zur Unternehmenskultur und zur sozialen Struktur passen.

Deshalb ist es mit dem Identifizieren der Besten nicht getan. Es kommt darauf an, aus den Besten die *Richtigen* auszuwählen – das ist die Königsdisziplin des Personalwesens. Fehlentscheidungen in diesem Punkt können nicht durch Weiterbildung aufgehoben werden.

Als der legendäre Jack Welch nach 23 Jahren als Vorstandsvorsitzender bei General Electric verabschiedet wurde und ihm als erfolgreichster Manager der Welt für seine mutigen und bahnbrechenden Taten gedankt wurde, antwortete er eher bescheiden: »Ich danke Ihnen für alle Komplimente des heutigen Tages. Natürlich macht es mich stolz. Aber um ehrlich zu sein, mit vielen der von Ihnen genannten Erfolge habe ich nur indirekt zu tun. Wenn Sie mich fragen, was ich die ganzen Jahre getan habe, kann man das vielleicht so zusammenfassen: Ich bin von Büro zu Büro und von Fabrik zu Fabrik gereist. Den Menschen dort habe ich immer wieder dieselbe Frage gestellt: Beschäftigen wir hier die besten Mitarbeiter? Wurde diese Frage mit Ja beantwortet, dann stellte ich meine zweite Frage: Sind das nicht nur die Besten, sondern haben wir aus den Besten auch die Richtigen? Wenn auch das positiv beantwortet wurde, dann kam meine letzte Frage: Wissen diese Mitarbeiter, dass sie aus den Besten die Richtigen sind? Haben wir für sie eine Karriereplanung gemacht? Haben wir sie am Kapital beteiligt? Haben wir für sie eine Gewinnbeteiligung? Wenn das alles positiv beantwortet wurde, habe ich mich verabschiedet und kam in einem Jahr wieder.«[31]

Wenn Sie aus den Besten die Richtigen auswählen möchten, helfen Ihnen Anregungen, die Jack Welch in den vielen Jahren seiner Berufstätigkeit entwickelt hat. Er spricht vom »4E-(und1P-)Konzept«. Nach diesem Konzept sollten vor allem Führungskräfte die folgenden Eigenschaften aufweisen:[32]

E *Energie (positive Energie)*
Menschen mit positiver Energie sind in der Regel optimistisch, umgänglich und beliebt. Es sind Macher, die am Ball bleiben und dabei Spaß haben. Man hört sie nie über harte Arbeit klagen.

E *Elektrisieren (Fähigkeit, andere Menschen zu inspirieren)*
Es gibt Menschen, die ihr Geschäft von Grund auf verstehen und eine beeindruckende Überzeugungskraft haben. Statt zu appellieren, gehen sie voran und bringen andere dazu, das Unmögliche in Angriff zu nehmen.

E *Entschlusskraft (Mut zu klaren Entscheidungen)*
Menschen mit Entschlusskraft sagen nicht: »Nehmen Sie das genau unter die Lupe, und in vier Wochen reden wir noch einmal.« Sie lieben es, die Dinge auf den Punkt zu bringen und zu entscheiden – auch unter Unsicherheit. Wer Mut zu klaren Entscheidungen hat, ist ein heller Kopf, der sich von den vielen Möglichkeiten nicht erdrücken lässt.

E *Ergebnisorientierung (Erfolgswille)*
Ergebnisorientierte Menschen haben mit dem Zielvereinbarungsprozess keine Probleme. Sie wissen: Er ist nötig und bringt die Organisation insgesamt voran. Kein Wunder, dass sich die Ergebnisse vor allem dort einstellen, wo der Wille zum Erfolg vorhanden ist.

P *Passion (Leidenschaft, Herzblut)*
Ohne echte Begeisterung für den Job und die Aufgabe geht nichts. Passionierte Menschen können sich an anderen Menschen begeistern, die ähnlich ticken. Leidenschaftliche Menschen sprühen einfach vor Leben.

Die von Jack Welch benannten Kriterien gelten uneingeschränkt für jede Führungsposition, unabhängig von der jeweiligen Organisationsebene.

Allerdings kommen nach unserem Erachten noch ganz bestimmte Aspekte hinzu. So geht es bei der Auswahl des Richtigen auch um die Frage, ob die Chemie zwischen dem Neuen und seinen Kollegen stimmt. Außerdem ist es immens wichtig, dass der Mitarbeiter zur Kultur des Unternehmens passt, dessen Werte liebt und damit auch trägt und fördert. Unsere Firma ist beispielsweise sehr werteorientiert. Das heißt in der Praxis unter anderem: Wir wollen mithelfen, dass in unserer Kleinstadt ein Umfeld mit hoher Lebensqualität entsteht. Wer bei uns als Führungskraft einsteigen möchte, sollte ein fröhliches Ja zum Engagement in kommunalen und wirtschaftlichen Verbänden haben. Zu verdienen gibt es dort nichts, aber wir möchten unseren Beitrag für ein intaktes Umfeld liefern. Es gibt Unternehmen, die einen weltweit guten Ruf haben, aber solche Engagements regelrecht verbieten.

Jedes Unternehmen hat eine Geschichte, die vieles an Verhalten erklärt. Besonders spannend wird es, wenn jemand, der bisher in einem Großbetrieb war, in einem Kleinbetrieb beginnt (oder umgekehrt). Jede Stärke passt eben zu einer ganz bestimmten Situation und jede Situation ist anders. Ein Mitarbeiter kann in einer gewissen Situation seine vollen Stärken entfalten, während er an einer anderen Stelle eher fehl am Platz ist. So wird aus einem exzellenten A-Mitarbeiter sehr schnell ein mittelmäßiger B-Mitarbeiter.

Für den Personalentscheider kommt es also darauf an, Person und Aufgabe sehr sorgfältig zusammenzufügen. Das ist keine einfache Aufgabe. Es liegt jetzt in Ihrer Hand, ob ein High Potential seine Strahlkraft voll entfalten kann, weil Person und Aufgabe perfekt zueinander passen, oder ob er seine Strahlkraft verliert.

Ein Gramm Recruiting ersetzt 1 Kilo Weiterbildung

Vor Jahren habe ich, Jörg Knoblauch, einen Satz geprägt: »Ein Gramm Recruiting ersetzt ein Kilo Weiterbildung.« Dieser Satz fasst das zusammen, was wir in vielen Jahren gelernt haben. Selektion ist wichtiger als Weiterbildung. Selektion ist ein ungleich längerer Hebel. Selektion ist der Weg zum Erfolg. Es ist nicht unsere Weiterbildung, die das Unternehmen entscheidend voranbringt, es ist nicht unser tolles Team, es sind nicht unsere motivierenden Entlohnungsformen, es sind nicht unsere Freizeitangebote.

»Ein Gramm Recruiting ersetzt ein Kilo Weiterbildung« heißt: Alles konzentriert sich auf einen einzigen Punkt, nämlich: Wähle die Besten und aus den Besten den Richtigen. Wir wissen, dass die Latte jetzt sehr hoch liegt.

Stellen Sie die richtigen Fragen, um Charakter und Werte abzuklären

Im zweiten Präsenzinterview geht es um Charakter und Werte des Bewerbers. Sie haben schon die Erfahrung gemacht: Wir stellen Mitarbeiter ein wegen ihrer fachlichen Qualifikation und wir entlassen sie wegen ihrer charakterlichen Schwächen. Um dies zu verhindern, gilt es, diese Bereiche noch weiter zu vertiefen. Die telefonisch geführten Referenzgespräche haben mit Sicherheit weitere Fragen aufgeworfen, die Sie in diesem zweiten Interview geklärt haben wollen. Natürlich gilt es die Vertraulichkeit zu wahren, trotzdem können diese Themen angesprochen werden.

Die folgenden 23 Fragen haben sich als hilfreich erwiesen, um bestimmte Themen zu vertiefen. Prüfen Sie einfach, welche Frage in der jeweiligen Situation klärend und weiterführend ist. Die Antworten lassen in aller Regel wichtige Rückschlüsse auf die Eignung des Kandidaten zu. Die jeweilige Reaktion des Bewerbers lässt Sie Zusammenhänge erkennen, die Ihnen sonst verborgen bleiben.

1. *Wenn ein Streich in Ihrer Schulklasse geplant wurde: Waren Sie der Rädelsführer?*
   Die besten Jungs oder Mädchen sind nicht die, welche dem Lehrer damals gefielen, sondern die, die sich mit der Schule und dem Lehrer auch mal kritisch auseinandersetzten.

2. *Welche Spiele haben Sie als Kind gespielt?*
   Hat der Betreffende Spiele gespielt, bei denen man gewinnen konnte? Das wäre positiv.

3. *Wofür wurden Sie in den letzten vier Jahren kritisiert?*
   Kann der Bewerber etwas zugeben? Bei schwerwiegenden Fehlern stellt sich die Frage nach der Eignung für die Position. Werden keine Fehler genannt, dann sollten Sie das Arbeitszeugnis noch einmal genau über-

prüfen. Steht da »stets zu unserer vollsten Zufriedenheit«? Nimmt der Bewerber zu Themen Stellung, die nichts mit dem Beruf zu tun haben, dann stellen Sie als Folgefrage: »Wurden Sie in Ihrem letzten Job kritisiert, und wenn ja, wofür?«

4. *Sind Sie der Meinung, dass diese Kritik angebracht war?*
Kann der Bewerber mit Kritik umgehen? Wenn er auf den Chef schimpft, dann können Sie davon ausgehen, dass Sie als sein möglicher neuer Chef genauso in die Schusslinie kommen.

5. *Wo wollen Sie in drei bis fünf Jahren stehen?*
Plant der Bewerber seine Zukunft zielgerichtet? Können Sie ihm eine passende Laufbahn bieten?

6. *Wie wollen Sie diese Ziele verwirklichen?*
Ist er nur Visionär oder kennt er auch einen Weg zu seinen Zielen? Hat der Bewerber später Führungsverantwortung und muss er andere überzeugen, dann muss er auch Teilschritte benennen können.

7. *Wie steht es mit Ihren momentanen Zielen? Sind Sie im Plan?*
Sie sehen, ob der Bewerber einen Lebensplan hat und auch mit heruntergebrochenen Jahreszielen arbeitet. Die Antwort gibt auch Hinweise darauf, ob die Bewerbung eher zufällig erfolgt oder Teil des Karriereplanes ist. Fragen Sie danach, ob die Planung schriftlich erfolgt. Ist das nicht der Fall, könnten die Antworten bloße Lippenbekenntnisse sein.

8. *Ein Kollege lässt Büromaterial mitgehen. Melden Sie dies Ihrem Vorgesetzten?*
Wenn er es durchgehen lässt, ist diese Sache nicht in Ordnung, sondern moralisch verwerflich. Wenn er es seinem Vorgesetzten meldet, ist es übertrieben. Dies empfindet auch der Chef als nicht passend. Richtig wäre es, auf den Kollegen zuzugehen und die Sache mit ihm zu besprechen.

9. *Was unternehmen Sie, wenn Sie sehen, dass ein gleichrangiger Kollege seine Spesenabrechnung fälscht?*
Wenn der Bewerber sagt, dass doch jeder Spesenabrechnungen fälscht, dann sagt Ihnen dies sehr viel über die moralischen Ansprüche Ihres Be-

werbers. Sie können erwarten, dass er den Kollegen darauf anspricht, aber auch mit der klaren Aussage, dass wenn dies nicht abgestellt wird, er dies weitermelden wird.

10. *Schildern Sie drei Situationen, in denen Sie nicht erfolgreich waren, und erklären Sie den Grund.*
Kann der Bewerber ein Versagen zugeben? Sucht er die Schuld immer bei anderen? Lernt der Bewerber aus seinen Fehlern?

11. *Warum sollen wir ausgerechnet Sie einstellen? Was glauben Sie, was diese Einstellung unserem Unternehmen bringt?*
Mit dieser Frage bringen Sie den Bewerber dazu, sich in Ihre Lage zu versetzen. Zugleich können Sie noch einmal überprüfen, ob er sich intensiv mit Ihrer Firma beschäftigt hat und wie er sich selbst einschätzt.

12. *Wie viel Alkohol (oder Kaffee) trinken Sie durchschnittlich am Tag?*
Gerade heikle Fragen, die ohne Vorankündigung gestellt werden, offenbaren verborgene Seiten des Bewerbers.

13. *Wie würden Sie Ihr persönliches Wunschbüro gestalten?*
Dies ist eine gute Frage, um etwas über seine Persönlichkeitsstruktur zu erfahren. Sucht er Statussymbole oder ist er bescheiden?

14. *Was ist die Motivation für Ihren Wechsel?*
Antworten wie »Meine Freiräume sind begrenzt« oder »Versprechungen wurden nicht eingehalten« können darauf hindeuten, dass er entweder mangelnde Durchsetzungskraft besitzt, oder aber den tatsächlichen Grund nicht sagen will oder tatsächlich einen schwierigen Chef hatte. (Achtung: Dies ist eine ideale Frage, um sie im telefonischen Referenzinterview anzusprechen.) Haken Sie nach.

15. *Können Sie uns bitte die drei entscheidenden Gründe nennen, warum Sie Ihre Firma verlassen wollen?*
Kann der Bewerber mehr als nur einen Grund nennen? Beginnt er, schmutzige Wäsche zu waschen?

16. *Wie lange bewerben Sie sich schon?*
    Antwortet der Bewerber zögernd, stotternd, negativ oder aber progressiv nach vorne gerichtet?

17. *Weiß oder ahnt Ihr Chef, dass Sie sich extern bewerben? Wenn ja, wann haben Sie mit Ihrem Chef zum letzten Mal über Ihren Kündigungsgrund gesprochen?*
    Die meisten haben nicht mit ihrem Vorgesetzten über dieses Thema gesprochen. Wenn aber doch, sollten Sie weiter nachfragen.

18. *Geben Sie Ihrer Ausbildung eine Note von 1 bis 6.*
    Die Bewertung sollte alles – Ort, Qualität, eigenes Zutun und persönliche Zielerreichung – enthalten. Die Antwort zeigt, inwiefern er die Dinge reflektiert hat.

19. *Welche Entschuldigung verwenden Sie am liebsten, wenn Sie etwas nicht tun möchten?*
    Wo ein Wille, da ein Weg. Wo kein Wille ist, da ist eine Ausrede.

20. *Jeder Mensch hat bestimmte Fähigkeiten und Talente sowie Chancen, die ihm Eltern, Schule und die »Glücksfälle des Lebens« bieten. Wie gut haben Sie Ihre Chancen genutzt?*
    Die Antwort zeigt, ob der Bewerber andere für sein bisheriges Leben verantwortlich macht, oder ob er die Dinge selbst in die Hand genommen hat und selbst gestaltet.

21. *Haben Ihre Freunde beruflich Karriere gemacht? Wo arbeiten sie heute? Hatte dies einen Einfluss auf Ihre berufliche Entwicklung?*
    Der Freundeskreis sagt sehr viel über den Bewerber aus. Es gilt der Satz: »Zeige mir deine Freunde, und ich sage dir, wer du bist.« Gute Leute kennen gute Leute.

22. *Wenn Sie sich mit anderen Kollegen Ihres Berufes beziehungsweise Ihrer Ausbildung vergleichen: Wo würden Sie sich sehen? Oberes Drittel, mittleres Drittel, unteres Drittel?*
    Machen Sie sich bewusst: Sie suchen einen A-Mitarbeiter. Das heißt, Sie reden von den besten 10 Prozent. Alles andere ist für Sie inakzeptabel.

23. *Wie sehr macht Ihnen Ihre Arbeit Spaß?*
   Ein Mitarbeiter, der seine Arbeit liebt und dabei Freude empfindet, wird sich voll einsetzen. Er wird für neue Aufgaben immer ansprechbar sein und wird sich nicht schonen.

Manchmal bietet es sich an, den Bewerber darum zu bitten, seinen Partner zum zweiten Interview mitzubringen. In diesen Fällen ist es sinnvoll, beide ins Gespräch einzubeziehen, zum Beispiel:

- Frage an den Partner: Kann Ihr Partner Fehler zugeben?
  Wenn der Partner *Nein* sagt: Wie reagiert der Bewerber?
- Weitere Frage an die Begleitung: Wie zeigt sich das Ego Ihres Partners? (Wird jetzt Negatives hervorgekehrt oder wird über Selbstvertrauen geredet? Oder ist von »dienender Leiterschaft« die Rede?)
- Frage an den Bewerber: Wenn Sie mit Ihrem Partner streiten, worum dreht es sich dabei meistens? Wer fängt in der Regel an? Wer beendet den Streit? Wie schnell wird er beendet? (Wer im Privatleben seine Konflikte gut lösen kann, wird es auch im Beruf schaffen.)

Bei Positionen mit Führungsverantwortung ist es unerlässlich, mithilfe der oben genannten Fragen in die Tiefe zu gehen. Aber auch bei Ausschreibungen von Stellen mit weniger Gestaltungsspielraum ist es sinnvoll, mehr über die Art und Weise des Herangehens sowie über die Werte des Bewerbers zu erfahren.

Wir haben Unternehmen getroffen, die sich ihre eigenen »Charaktertestfragen« zurechtgelegt haben. Beispielsweise:

- Wie oft wechseln Sie das Öl in Ihrem Auto? (Regelmäßig und vorausschauend oder erst dann, wenn einen das Auto hörbar dazu auffordert?)
- Wenn Sie etwas ausgeliehen haben, wie geben Sie es zurück? (Erst nach Aufforderung? Mit einer Dankeskarte oder gar einem kleinen Geschenk?)

Übrigens: Wenn Sie den Bewerbern Ihre Fragen vorlegen, dann lohnt es sich, deren Antworten festzuhalten. Zu einem späteren Zeitpunkt können Sie überprüfen, wie jene Kandidaten, die sich in der Praxis bewährt haben, im Interview reagierten.

Schritt 8: Den Bewerber für das Unternehmen »gewinnen«

Sie haben jetzt Klarheit darüber, wer für Sie der richtige Bewerber ist. Sollten mehrere As dabei sein, werden Sie diese in eine Reihenfolge bringen und sich für »den Besten« entscheiden. Wenn Sie nur einen A-Mitarbeiter haben, ist die Sache sowieso klar. Schwierig wird es, wenn Sie zur Erkenntnis gekommen sind, dass kein A dabei war. Dann hilft alles nichts: Gehen Sie noch einmal an den Anfang zurück und beginnen Sie bei Schritt 2 Ihr Netzwerk zu aktivieren.

Aus langjähriger Erfahrung wissen wir, dass Sie dazu tendieren den B-Bewerber einzustellen und sich auf Ihr tolles Team und Ihre großartige Weiterbildung verlassen. Wir können Sie nur inständig bitten: Tun Sie es nicht! Dies wäre eine unerlaubte Abkürzung. Schließlich wollen Sie keine kurzfristige Lösung – Sie brauchen eine langfristige Lösung.

Bewerber, die es bis an diesen Punkt geschafft haben, sind weit überdurchschnittlich. Diese Bewerber sind weder auf einen Job bei Ihnen noch in unserem Haus angewiesen. Während bisher der Bewerber gezittert hat, ob er den Anforderungen gerecht wird, hat sich jetzt der Spieß herumgedreht. Es wäre zu schade, wenn jetzt fünf Minuten vor zwölf der Bewerber abspringen würde. Der Bewerber ist schließlich erst dann eingestellt, wenn der Arbeitsvertrag unterschrieben ist.

Die neue Aufgabe heißt also, den Bewerber für das Unternehmen zu gewinnen. Folgende Tipps können dabei helfen:

- *Den Bewerbungsprozess nicht unnötig in die Länge ziehen*
  Das Angebot muss schnell und unkompliziert erfolgen. In aller Regel hat der Bewerber auch andere Angebote und wie so oft im Leben gilt: »Wer zuerst kommt, mahlt zuerst!«

- *Situation und Stärke passen nirgends besser*
  Unser Auswahlprinzip hat sehr viel damit zu tun, dass beim Bewerber, dem jetzt ein Angebot gemacht wird, eine optimale »Passung« vorliegt. Nirgendwo passen Stärke und Situation besser zusammen. Dies mit dem Bewerber zu besprechen ist deshalb wichtig, denn möglicherweise hat er ja Angebote, wo er deutlich mehr verdient. Er muss verstehen, dass die ihm hier angebotene Stelle ihn nachhaltig erfüllt. Er wird hier Wurzeln schlagen, weil eben seine Stärke und die betriebliche Situation so optimal passen.

- *Wo ist der Engpass des Bewerbers?*
  Finden Sie heraus, was den Bewerber besonders beeindruckt und wo er Probleme sieht. Sehnt er sich nach der Großstadt und wir sind auf dem flachen Lande? Was sind die Bedürfnisse der Familie, so er eine hat? Welche Freizeitangebote sucht er? Nachdem wir den Bewerber jetzt durch und durch kennen, wird es darum gehen, ihm genau an der Stelle, wo es notwendig ist, entgegenzukommen.

- *Wertschätzung*
  Seien Sie nicht nur bei den Interviews ein hervorragender Gastgeber, sondern laden Sie den Bewerber mit anderen Mitgliedern der Geschäftsleitung zum Abendessen ein. Zeigen Sie ihm die Umgebung. Wenn die Stelle für den Bewerber einen Umzug mit sich bringt, sollten Sie einen Immobilienmakler beauftragen, um dem Bewerber verschiedene Wohnungen zu zeigen. Dieses Werben um den neuen Mitarbeiter geht auch dann weiter, wenn der Arbeitsvertrag längst unterschrieben ist. Gerade in der Probezeit wird der neue Mitarbeiter sehr sensibel registrieren, wie viel echte Wertschätzung ihm entgegengebracht wird.

- *As begeistern As*
  Ein starkes Argument für den Arbeitsplatz sind die Kollegen. A-Mitarbeiter lieben ein »A-Umfeld«, in dem sie sich entfalten können.

Schritt 9: Meilensteine festlegen (Probezeit)

Der Rekrutierungsprozess ist sehr schwierig, und die meisten Firmen machen dabei viele Fehler. Jedoch unterscheiden sich hervorragende Unternehmen von durchschnittlichen Firmen nicht nur durch die Art und Weise, wie sie rekrutieren, sondern auch wie sie die ersten sechs Monate des Beschäftigungsverhältnisses, die sogenannte Probezeit nutzen. Gute Unternehmen haben für diesen Zeitraum einen klaren Plan und arbeiten mit Meilensteinen, die es zu erreichen gilt. Wenn der Mitarbeiter den Erwartungen nicht gerecht wird, erfolgt die Trennung. Dabei ist eine Trennung, die innerhalb der Probezeit erfolgt, nicht ungewöhnlich: Personalverantwortliche stimmen darin überein, dass 70 Prozent aller Neueinstellungen nicht optimal sind.

Durchschnittliche Firmen dagegen haben keine Meilensteine. Während exzellente Unternehmen wichtige Kennziffern immer wieder messen, ist dies in der Kultur durchschnittlicher Firmen nicht anzutreffen. Kommt dann das Ende der Probezeit, klingen die Aussagen etwa so: Die Leistungen sind nicht überragend, aber es war auch nicht alles schlecht, was er gemacht hat. Außerdem haben wir ein gutes Weiterbildungsprogramm. Gemeinsam mit unserem großartigen Team werden wir das schon hinbekommen. Nach zwei bis drei Jahren setzt sich dann auch hier die Erkenntnis durch: Es geht einfach nicht mehr. Schließlich erfolgt die Trennung – nun allerdings zum Schaden aller Beteiligten:

- Die Firma muss die Stelle erneut ausschreiben und jemanden einarbeiten. Denken Sie hier auch an alle Kosten, die wir in Abbildung 1 (S. 26) aufgeführt haben.
- Der Kunde ist möglicherweise verärgert, weil er schon wieder einen neuen Ansprechpartner hat.
- Der Bewerber hat eine Lücke in seinem Lebenslauf.

Jeder Arbeitsplatz ist anders und jedes Unternehmen muss eigene Kriterien finden, um festzulegen, was ein neuer Mitarbeiter innerhalb der Probezeit leisten kann und muss. In jedem Fall ist es wichtig, dass diese Festlegung schriftlich erfolgt. Die Meilensteine müssen messbar und machbar sein.

Im Folgenden finden Sie weitere Hinweise, die wir mit Blick auf die Probezeit für entscheidend halten.

Benennen Sie einen Paten

Weil Ihr neuer Mitarbeiter in den ersten Tagen und Wochen zahlreiche Informationen und Ratschläge braucht, sollten Sie ihm einen Paten an die Seite stellen. Ein Pate ist auch wichtig, um Ihnen rückzumelden, wie sich der Neue einlebt und ob er die in ihn gesetzten Erwartungen erfüllt.

Nutzen Sie einen Einarbeitungsplan

Mit einem Einarbeitungsplan, der schon vor Beschäftigungsbeginn erstellt wird, können Sie den Prozess der Integration beschleunigen. In diesem Plan steht, welche Aufgaben der neue Mitarbeiter in seinen ersten Arbeitstagen erledigt und mit welchen Schritten es weitergeht. Formulieren Sie klar, was Ihr neuer Mitarbeiter bis wann erreicht haben sollte.

Das Erarbeiten eines solchen Plans ist zwar aufwändig. Exzellenten Unternehmen ist jedoch klar: Je mehr sie anfangs investieren, desto weniger Unklarheiten gibt es im Anschluss. Je mehr Gespräche vorher geführt werden, desto weniger Versäumnisse sind später umständlich zu beseitigen.

Führen Sie regelmäßig Feedbackgespräche

Um nach sechs Monaten eine fundierte Übernahmeentscheidung treffen zu können, sind Sie auf regelmäßiges Feedback angewiesen. Natürlich fragen Sie den Mitarbeiter auch nach seiner persönlichen Zufriedenheit. Grundsätzlich wollen Sie jedoch herausfinden, ob er Ihren Erwartungen in den folgenden drei Gebieten gerecht wird:

1. Mentale Fähigkeiten: *Kann* er die Arbeit machen?
2. Berufliche Interessen: *Will* er die Arbeit machen?
3. Verhaltensmerkmale: *Wie* wird er die Arbeit machen?

Wichtig ist, dass ein solches Gespräch nicht erst eine Woche vor Ende der Probezeit stattfindet. Feedbackgespräche sollten Sie alle vier bis sechs Wochen führen – immer auch mit Blick auf das Ende der Probezeit, an dem dann eine finale Entscheidung fällig ist.

Gewinnen Sie die fünf Ja

Das Gewinnen der fünf Ja ist während der Probezeit ein Meilenstein in unserem Hause. Sprechen Sie mit den wichtigsten Bezugspersonen und prüfen Sie nach, wie viele Ja vorliegen. Die Maximalpunktzahl von fünf ist genau das, was Sie am Ende der Probezeit brauchen.

1. *Das Ja des Mitarbeiters*
   Es ist wichtig, dass der Mitarbeiter ein Ja zum Engagement in Ihrem Unternehmen hat. Wenn er vergangene Woche beispielsweise am Stammtisch schlecht über die Firma geredet hat, fehlt dieses wichtige Ja.

2. *Das Ja der Kollegen*
Hat sich der neue Mitarbeiter in die Gemeinschaft eingefügt? Ist er rücksichtsvoll und hilfsbereit? Wer sich schon in der Probezeit nur Feinde gemacht hat, wird auch künftig kein integrierender Faktor sein.

3. *Das Ja der Kunden*
Wer direkt mit Kunden zu tun hat, muss für diesen Kontakt auch geeignet sein. Nicht jeder Mensch kann charmant sein; doch wenn ein Kunde fragt: »Wen haben Sie denn neuerdings da am Telefon, ich würde lieber mit jemand anderem sprechen«, dann sollten Sie die Konsequenzen ziehen.

4. *Das Ja des direkten Vorgesetzten*
Wenn die Chemie zwischen beiden nicht stimmt, ist der Konflikt programmiert. Lassen Sie den direkten Vorgesetzten, der mit dem Neuen zurechtkommen muss, über die weitere Beschäftigung mitentscheiden. Bei persönlicher Abneigung ist keine gute Zusammenarbeit möglich – auch wenn sich beide am Anfang Mühe geben.

5. *Das Ja des Partners*
Gerade am Anfang sollte ein Mitarbeiter keinen »Dienst nach Vorschrift« machen. Die reguläre Arbeitszeit wird für die Erfüllung der neuen Aufgaben vielleicht nicht reichen. Hat sein Partner dafür schon zu Beginn kein Verständnis, wird es immer wieder zu Konflikten kommen.

Addieren Sie nun einfach die Ja. Fehlt eines, dann beenden Sie das Arbeitsverhältnis so schnell wie möglich. Wenn alle fünf Ja vorhanden sind und auch die anderen Meilensteine zügig erreicht werden, dann kommt Ihnen vielleicht der Gedanke, die Probezeit zu verkürzen. Davor möchten wir warnen. Selbst dann, wenn Sie den Eindruck haben, dass der Kandidat genau passt, sollten Sie die gesamte Probezeit nutzen und aufmerksam beobachten, wie sich der Kandidat entwickelt. Wenn Sie spüren, dass die Dinge nicht so laufen wie geplant, dann handeln Sie sofort.

Was immer Sie als Meilenstein entwickeln – es wird Ihnen helfen, die Probezeit Stück für Stück messbar zu gestalten. Auf gar keinen Fall darf es passieren, dass Ihr Personalverantwortlicher am letzten Tag der Probezeit kommt und fragt »Geht die Anstellung klar?« – und Sie dann keine Antwort haben beziehungsweise in hektischen Diskussionen versuchen, Dinge zu erörtern und einen Konsens herbeizuführen. Auch hier bewahrheitet sich wieder der Satz: Organisationen, die ihre Mitarbeiter bewerten und damit ihren Mitarbeiterstamm ständig optimieren, sparen sehr viel Geld.

Die Amerikaner sagen in diesem Zusammenhang: »If you doubt, let him/her go«, wenn Sie Zweifel haben, lassen Sie ihn/sie gehen. Möglicherweise denken Sie, diese Empfehlung sei zu hart. Die Erfahrung zeigt aber, dass es nicht besser wird, sondern in der Regel nur schlechter. Wenn es sich bei dem Kandidaten dagegen um einen A-Mitarbeiter handelt, dann werden weder Sie noch die anderen beteiligten Mitarbeiter im Unternehmen Zweifel haben.

Kapitel 6

Gewinnen Sie die besten Auszubildenden

In diesem Kapitel erfahren Sie:

- ▶ Wie Sie die besten Auszubildenden gewinnen
- ▶ Wie Sie an Schulen werben
- ▶ Wie Sie ein eigenes Assessment-Center zusammenstellen

Die Bewerberinterviews dienen dazu, die besten Kandidaten für Ihr Unternehmen zu identifizieren. Es gibt aber auch noch einen anderen Weg, um mögliche A-Mitarbeiter zu erkennen. Die beste und billigste Art, um vielversprechende Kräfte ins Unternehmen zu bekommen, führt über die Ausbildung. Aus diesem Grund widmen wir diesem Thema ein ganzes Teilkapitel.

Wer exzellente Mitarbeiter will, der muss sich sehr früh um diese bemühen. Das haben viele Unternehmen erkannt, und die Konkurrenz um die besten Schulabgänger ist groß. Deshalb gilt mehr denn je: Schnell schlägt langsam. Mit anderen Worten: Sie sollten Ihre Wahl getroffen haben, bevor die großen Marktteilnehmer aktiv werden. Akquirieren Sie die besten Schulabgänger schon sehr zeitig. Sie haben dann alles vertraglich geregelt, bevor sich die breite Masse der Abgänger bei den Großunternehmen zum Test einfindet. Wir empfehlen Ihnen das folgende Verfahren, das aus vier erprobten Schritten besteht.

Schritt 1: An Schulen werben

Schulen sind in der Regel dazu bereit, für die Abschlussklassen Veranstaltungen mit Firmenvertretern zu organisieren. Schließlich ist es sinnvoll, dass Schüler mit den örtlichen Arbeitgebern in Kontakt kommen. Das ist Ihre Chance, um das eigene Unternehmen zu präsentieren.

Im Idealfall sind es die eigenen Auszubildenden, die diese Veranstaltung für Sie ausrichten. Mit einer Powerpoint-Präsentation werden sie das Unternehmen vorstellen und auch über die Ausbildungsinhalte sprechen. Die Erfahrung zeigt, dass Schüler mit Gleichaltrigen besser ins Gespräch kommen als mit gestandenen Chefs.

Service: Eine solche Präsentation finden Sie kostenlos unter www.abc-strategie.de/formulare.

Zusätzlich wird ein Blatt verteilt, auf dem die Ausbildungsinhalte beschrieben und Ansprechpartner genannt sind. Im Gespräch ergeben sich erste Kontakte mit Schülern, die an einer Ausbildung Interesse haben.

Schritt 2: Die besten Bewerber einladen

Wenn Sie ein oder zwei Auszubildendenstellen zu besetzen haben, dann laden Sie doch einfach die zehn besten Interessenten ein. Erste Kriterien für eine solche Einladung sind sicher die Noten. In Deutsch, Englisch und Mathematik sollte schon eine 2 vor dem Komma stehen. Wenn ein Interessent davon erzählt, dass er sich beispielsweise seit Jahren bei den Pfadfindern engagiert, zählt dieses Engagement mindestens genauso viel wie gute Noten.

Sie können den Schülern anbieten, einen Nachmittag in der Firma zu verbringen. In einigen Fällen ist es auch sinnvoll, die Zeit im Unternehmen auf mehrere Tage auszudehnen. Die Schüler werden mitarbeiten, und Sie werden feststellen, wie talentiert und vor allem wie interessiert die jugendlichen Interessenten sind.

Schritt 3: Assessment-Center, Runde 1

Assessment-Center sind normalerweise sehr aufwändig und im Mittelstand selten anzutreffen. Ein Assessment-Center mit Schülern durchzuführen, ist jedoch sinnvoll, denn die Ergebnisse sind sehr aufschlussreich.

Laden Sie beispielsweise zehn Schüler zum Assessment-Center ein. Da jeder einzeln drankommt, sollten Sie die Bewerber im Halbstundentakt vorsprechen lassen. Wir halten es so, dass insgesamt fünf Stationen in jeweils 30 Minuten durchlaufen werden.

Station 1: Ausfüllen des Fragebogens
Der Bewerber bekommt einen Personalfragebogen, den er auszufüllen hat. Er weiß aber nicht, dass Sie ihn dabei beobachten und messen, wie lange er zum Ausfüllen braucht. Die Zeiten variieren durchaus um bis zu 50 Prozent. Wenn Sie aufgeweckte und flinke Mitarbeiter suchen, bekommen Sie schon hier erste Hinweise. Wenn ein Teilnehmer allerdings *zu* schnell ist und übersieht, dass der Bogen auch eine Rückseite hat, spricht das gegen ihn. Sie können das Ganze noch mit der Aufforderung verbinden, sich nach dem Ausfüllen des Bogens bei einem anderen Mitarbeiter zu melden. Auch hierbei können Sie wieder beobachten, wie das geschieht und weitere Hinweise für Proaktivität und Fitness gewinnen.

Station 2: Interview mit dem Chef beziehungsweise dem Personalchef
Der Verantwortliche führt ein Interview. Er erläutert kurz die wichtigsten Kunden, Produkte und Verfahren. Anschließend stellt er dem Teilnehmer einige Fragen, um ihn kennen zu lernen. Es wäre schön, wenn der Schüler während des Gespräches vor Freude hin und wieder glänzende Augen bekommt und in ihm der große Wunsch entsteht, den Ausbildungsplatz zu erhalten.

Station 3: Schreibtest am PC
Die Aufgabe lautet hier, einen Brief fehlerfrei am PC abzuschreiben. Die Vorlage sollte nicht zu einfach sein. Sie kann etwa Einrückungen, Kursivschrift und schwierige Namen aufweisen. Es werden zwei Aspekte gemessen:

1. Wie viele Fehler hat der Schreiber gemacht?
2. Wie lange brauchte er?

Wenn Sie den Schüler an einen Arbeitsplatz gesetzt haben, an dem er von einem anderen Mitarbeiter beobachtet werden kann, erhalten Sie auch gleich ein kleines Feedback. Der Mitarbeiter kann sich dazu äußern, inwiefern der Schüler in der Lage ist, die Aufgabe zu bewältigen, und wie geschickt er sich anstellt, wenn es darum geht, einen Computer zu bedienen.

Station 4: Betriebsrundgang
Einer der Auszubildenden nimmt den Bewerber mit auf eine Tour durch das Unternehmen. Dabei kann man sehr schön erkennen, wie interessiert der Besucher ist. Stellt er Fragen? Was möchte er wissen?

Station 5: Allgemeinwissen
Bei der fünften Station bekommt der Teilnehmer einen Bogen, der Allgemeinwissen abfragt. Beispiele: Wie weit ist die Entfernung von Stuttgart nach Hamburg? Wie heißt der amtierende amerikanische Präsident?

Jede Station wird von einem Auszubildenden betreut. Der Betreuer ist auch dafür verantwortlich, dass der Bewerber sich rechtzeitig an der nächsten Station einfindet. Jeder, der eine solche Station betreut, muss dem Bewerber eine Schulnote von 1 bis 6 geben. Aus allen Noten wird anschließend der Durchschnitt sowie eine Rangliste gebildet. Die besten drei bis vier Kandidaten werden zu einem weiteren Termin eingeladen.

Schritt 4: Assessment-Center, Runde 2

In der zweiten Runde durchlaufen die Bewerber erneut einige Arbeitsplätze im Unternehmen. In unserem Fall sind dies fünf Abteilungen, in denen die Teilnehmer wiederum je 30 Minuten mit kleinen Aufgaben verbringen:

- In der Buchhaltung werden Rechnungen sortiert.
- Im Controlling wird eine Liste abgetippt und damit der Umgang mit dem Computer getestet.
- Im Marketing muss der Teilnehmer verschiedene Fragen beantworten, die er mithilfe des Internets recherchieren kann. Beispiel: Wie heißt der Vater von Wolfgang Amadeus Mozart?
- Im Kundencenter soll er ein Angebot über 10 Stifte à 30 Cent erstellen.
- Die letzte Station ist das Chefbüro. Dort können die Aufgaben sehr individuell sein: Bedienung des Fax-Gerätes und des Kopierers, Hilfe beim Aufräumen von Akten (chronologisch und nach Alphabet).

Auch bei der zweiten Runde bekommt jeder Bewerber von jeder Abteilung eine Note, sodass man leicht eine Durchschnittsnote bilden kann. Jetzt fällt die Wahl nicht einfach auf die besten Teilnehmer, sondern es ist Bedingung, dass eine 1 vor dem Komma steht. Zusätzlich muss die Frage beantwortet werden, ob die besten dieser jungen Menschen von der Persönlichkeit her zum Unternehmen passen. Wenn Sie beispielsweise ein Callcenter betreiben, brauchen Sie nicht nur jemanden, der flink ist, sondern er muss in erster Linie kommunizieren können, sonst ist er für Sie ungeeignet.

Schritt 5: Einstellung des gewünschten Bewerbers

Die geeigneten Teilnehmer bekommen nun ein Angebot. Ihnen wird die Frage gestellt: Können Sie sich vorstellen, in unserem Haus Ihre Ausbildung zu machen? Wie lange brauchen Sie, um eine Entscheidung zu treffen?

Wenn jemand antwortet, dass er sich auch bei großen Unternehmen beworben hat und noch zwei Monate braucht, bis er sich final entscheiden kann, dann scheidet dieser Bewerber für uns automatisch aus. Ist der Interessent dagegen bereit, eine Zusage zu machen, dann geht es nun darum, auch die Unterstützung der Eltern zu gewinnen und möglichst bald eine Unterschrift von beiden zu erhalten. Es ist wichtig, jetzt auch die Nähe zu den Eltern zu suchen, da manche Lehrer sagen: »Du kannst auch ruhig in zwei oder drei Firmen unterschreiben und dich dann später noch entscheiden.« Deshalb ist es entscheidend, nicht nur mit dem Jugendlichen, sondern auch mit den Eltern über die Ernsthaftigkeit dieser Unterschrift zu reden. Machen Sie deutlich, dass dieser Vertrag jetzt an die Industrie- und Handelskammer gegeben und dort in die Ausbildungsrolle eingetragen wird. Auch dies erhöht die Verbindlichkeit.

Wir rollen jetzt den Roten Teppich aus und ermöglichen den Eltern und jedem, den unsere neuen Azubis mitbringen wollen, eine Tour durch das Unternehmen. Dabei zeigen wir, was wir im Bereich Ausbildung alles tun, wie der innerbetriebliche Unterricht konzipiert ist, welche Umlaufpläne bestehen und welche gemeinsamen Aktivitäten wir mit der Belegschaft das Jahr über veranstalten. Der neue Auszubildende wird jetzt – obwohl er noch gar nicht im Hause ist – voll in den Informationsfluss einbezogen. Er bekommt Einladungen zu Firmenveranstaltungen, und er ist auf dem Verteiler, wenn es um Informationen allgemeiner Art geht. Übrigens: Nachdem wir das hier beschriebene Modell eingeführt haben, verbesserte sich der Leistungsdurchschnitt unserer Auszubildenden um ein bis zwei Noten.

Kapitel 7

Zweimal messen, einmal schneiden – Fehlbesetzungen vermeiden

In diesem Kapitel erfahren Sie:

▶ Was die Tischlerregel für Sie heißt: Zweimal messen, einmal schneiden
▶ Was es heißt, B- und C-Kräften eine echte Chance zu geben
▶ Sieben Gründe, warum Mitarbeiter kündigen

Eine wichtige Tischlerregel lautet: Zweimal messen, einmal schneiden. Wer sich an diesen Grundsatz hält, wird vor unbedachtem Handeln bewahrt. Dieses Prinzip gilt auch für Sie als Personalverantwortlichen.

Sie können nur mit Mitarbeitern arbeiten, die einen Mehrwert schaffen. Nicht allen Mitarbeitern gelingt dies. Beobachten Sie deshalb die Entwicklung des neuen Mitarbeiters und messen Sie seine Fortschritte, immer und immer wieder. Kommt es zu Schwierigkeiten, merkt es hin und wieder einer von allein. Es gibt die Situation, wo ein Mitarbeiter in Ihr Büro kommt und sagt: »Diese ständige Weiterbildung, diese unregelmäßigen Arbeitszeiten, diese ständigen Feedbackgespräche, dieser ständige Wunsch nach Verbesserungsvorschlägen – ich habe die Nase voll. Am 31. ist mein letzter Arbeitstag.« In diesem Fall ist noch einmal alles gut gegangen.

Deutlich häufiger gibt es allerdings die Situation, dass sich Mitarbeiter trotz mangelnder Leistung an das Unternehmen klammern nach dem Motto: Innere Kündigung heißt »Ich werde diese Firma nie mehr verlassen.« Sie sind aber angetreten, einen A-Mitarbeiter einzustellen. Ihnen war klar, dass schon ein B-Mitarbeiter eine Katastrophe ist, aber Ihr neuer Mitarbeiter entpuppt sich während der Probezeit möglicherweise sogar als C-Kraft. Was nun?

Auch B- und C-Kräfte brauchen eine faire Chance. Das heißt für Sie,

- den Mitarbeitern Hilfestellungen zu geben, damit sie ihre Stärken erkennen und ausspielen können,
- Positionswechsel zu ermöglichen,
- dem Mitarbeiter Training und Anleitung zu ermöglichen.

Während Sie dem Mitarbeiter innerhalb der Probezeit die beschriebene Chance einräumen, sollten Sie

- jede erdenkliche Information sammeln und bewerten,
- sich klarmachen, wo Sie innerhalb der Probezeit stehen und bis wann welche Entscheidungen getroffen sein müssen,
- sehr diszipliniert die angesetzten Feedbackgespräche wahrnehmen, denn jedes ausgefallene Gespräch erhöht Ihre Unsicherheit.

Sollten sich Ihre Erwartungen nicht erfüllen, dann müssen Sie nun Mut aufbringen und das Verhältnis beenden. Jeder weiß, dass es schön ist, Menschen einzustellen, aber eine schreckliche Sache, sich von Menschen zu verabschieden. Und doch ist es nötig. Es kommt jetzt darauf an zu überlegen, was eine »Trennung mit Stil« bedeutet. Sie müssen die finale Entscheidung so gut wie möglich absichern. Ist die Entscheidung für Sie klar, dann handeln Sie schnell, konsequent und fair. Denn entweder tragen Sie die Kosten bis zum Ablauf der Probezeit, oder Sie tragen die Kosten für einen viel längeren Zeitraum. Wir plädieren für die erste Variante. Achten Sie aber darauf, Ihren Mitarbeiter nicht zu beschädigen.

Jeder scheidende Mitarbeiter vertritt Ihre Firma weiter. Je nachdem, wie gut oder schlecht die Trennung verläuft, wird die nächsten fünf oder zehn Jahre gut oder schlecht über Sie geredet.

Es kann übrigens auch sein, dass Sie von Ihrem neuen Mitarbeiter völlig überzeugt sind, er jedoch selbst den Wunsch hat, wieder auszusteigen. Leigh Branham nennt in seinem Buch *The 7 hidden reasons why employees leave* insgesamt sieben Gründe, warum Mitarbeiter kündigen:

1. Der Arbeitsplatz entspricht nicht den Erwartungen.
2. Arbeitsplatz und Mitarbeiter passen nicht zusammen.
3. Die Betreuung ist ungenügend, es gibt zu wenig Feedback.
4. Die Wachstums-/Aufstiegsmöglichkeiten sind zu schlecht.
5. Die Leistung wird unterbewertet, es mangelt an Anerkennung.

6. Die Balance zwischen Privat- und Arbeitsleben fehlt.
7. Das Vertrauen in die Vorgesetzten ging verloren.

Als wir diese Liste zum ersten Mal sahen, waren wir erschrocken, denn diese Punkte haben mit uns als Vorgesetzte zu tun. Die sieben Gründe zeigen, wie zerbrechlich eine Zusammenarbeit ist. Wenn Sie den richtigen Mitarbeiter gefunden haben, kommt es deshalb darauf an, alles zu tun, um ihn zu halten.

Teil II

Mitarbeiter halten – Mitarbeiter werden Mit-Unternehmer

Auf einen Blick: Teil II

Im ersten Teil ging es darum, wie Sie die besten Mitarbeiter *finden* können. Wenn Sie mithilfe der ersten sieben Kapitel eine Antwort auf diese Frage gefunden haben, dann kommt es jetzt darauf an, diese Mitarbeiter zu *halten* und zu fördern.

Ein A-Mitarbeiter bekommt ständig neue Angebote, und Sie können ihn langfristig nur dann halten, wenn Sie mit ihm bestimmte Stufen gehen und ihm letztlich Sinn bieten. Im zweiten Teil des Buches möchten wir Ihnen daher ein praxiserprobtes siebenstufiges Konzept vorstellen, mit dem Sie aus Mitarbeitern echte Mit-Unternehmer machen. Die folgende Abbildung veranschaulicht diese sieben Stufen.

Abbildung 25: Das siebenstufige Konzept der Mitarbeitermotivation

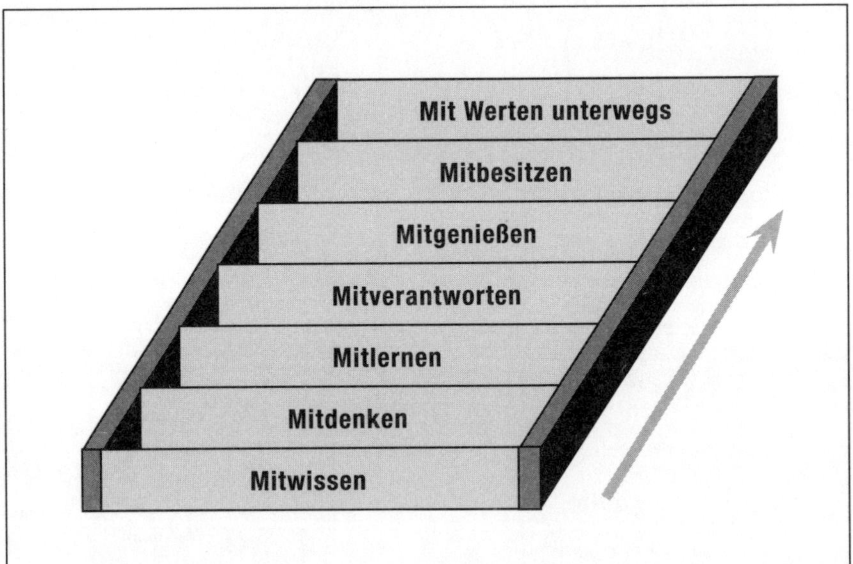

Diese Treppe wird von unten nach oben bestiegen. Der Weg führt von *immateriellen* Dingen (wie etwa Informationen, Weiterbildung und einer Kultur des Lobens und Dankens) über *materielle* Vorteile (beispielsweise die Beteiligung am Kapital des Unternehmens) zur obersten, *ideellen* Stufe, dem »Mit Werten unterwegs«.

Mit jeder Stufe sind konkrete Maßnahmen verbunden. In den folgenden Kapiteln werden Sie zahlreiche dieser Maßnahmen kennen lernen. Ob die Anregungen zu Ihrer Situation und zu Ihrer Unternehmenskultur passen, müssen Sie selbst entscheiden. Was für das eine Unternehmen der nächste richtige und konsequente Schritt ist, kann für die andere Firma Gift sein.

Damit Sie eine Vorstellung bekommen, worum es in den nächsten Kapiteln geht, hier eine kurze Übersicht:

1. *Mitwissen*
Für die Vermittlung von Wissen eignen sich Instrumente wie Mitarbeiterbroschüren, eine Mitarbeiterzeitung und eine Politik der offenen Tür.
2. *Mitdenken*
Ihre Mitarbeiter können Sie zum Beispiel durch ein Verbesserungs- und Vorschlagswesen zum Mitdenken anregen sowie durch die Möglichkeit, Vorgesetzte zu beurteilen.
3. *Mitlernen*
Das Mitlernen können Sie durch Jobrotation und regelmäßige Weiterbildungsangebote ermöglichen.
4. *Mitverantworten*
Mitverantwortung Ihrer Mitarbeiter erreichen Sie durch Aspekte wie Lohn- und Gehaltsgerechtigkeit und das Führen mit Zielvereinbarungen.
5. *Mitgenießen*
Zum Mitgenießen zählen beispielsweise gemeinsame Freizeitaktivitäten, der Geburtstagsbrief und Prämien für Mitarbeiter, die lange nicht krank waren.
6. *Mitbesitzen*
Das Mitbesitzen können Sie durch eine Gewinn- und/oder eine Kapitalbeteiligung ermöglichen.
7. *Mit Werten unterwegs*
Durch das Übertragen von Eigenverantwortung entsteht eine Arbeit, die ethisch geprägt ist. Die Wertschätzung der Mitarbeiter schafft ein werteorientiertes Betriebsklima.

Leistungsanreize: Immateriell oder materiell?

Wie lassen sich Mitarbeiter dauerhaft motivieren? Eher durch materielle oder eher durch immaterielle Anreize? Bevor wir diese Fragen beantworten, eine kurze Begriffsklärung. Unter *materiellen* Anreizen verstehen wir:

- Lohn und Gehalt,
- Prämien,
- Sonderurlaub,
- Stock Options,
- variable Vergütung,
- verbilligte oder kostenlose Getränke und Mahlzeiten,
- Firmenwagen,
- Mobiltelefon auf Firmenkosten.

Immaterielle Anreize sind:

- Anerkennung und Lob,
- individuelle Förderung der beruflichen Entwicklung,
- eigenverantwortliche Arbeitsgestaltung,
- Unterschriftsvollmachten,
- Zielvereinbarungen,
- freie Arbeitszeitgestaltung.

Der Volksmund weiß: »Geld regiert die Welt.« Der Fußballtrainer Otto Rehagel sagte einmal: »Geld schießt keine Tore.« Sind dies Widersprüche? Oder ist beides richtig?

Seit einigen Jahren dürfte diese Diskussion entschieden sein: Es sind die *immateriellen* Leistungsanreize, die Mitarbeiter binden. Natürlich ist Geld wichtig, und die materielle Seite der Zusammenarbeit muss insgesamt stimmen. Aber die Bezahlung wirkt nicht dauerhaft leistungssteigernd.

Diese Erkenntnis geht auf den Managementprofessor und Psychologen Frederick Herzberg zurück. Er wies nach, dass in entwickelten Gesellschaften die herkömmlichen Methoden der »Außensteuerung« nicht mehr funktionieren und die extrinsische Motivation von Mitarbeitern über die Höhe des Gehalts oder etwa die Arbeitsbedingungen versagt. Diese sogenannten Hygiene-Faktoren müssen deshalb in einer Weise gestaltet werden, die den Mitarbeitern keinen Anlass zur Unzufriedenheit gibt. Langfristige Zufriedenheit sowie hohe Leistungen stellen sich erst dann ein, wenn die

Mitarbeiter in ihrer Arbeit Befriedigung finden. Mit anderen Worten: Eine prall gefüllte Lohntüte am Ende des Monats katapultiert das Engagement der Belegschaft noch lange nicht in die Höhe. Dazu ist eher eine interessante, fordernde Aufgabe geeignet sowie ein Umfeld, in dem der Mitarbeiter sich ernst genommen weiß und eigene Ideen einbringen kann. Dies ist auch der Grund dafür, dass die in diesem Teil beschriebene Treppe so stark auf immateriellen Anreizen aufbaut.

Abbildung 26: Materielle und immaterielle Leistungsanreize

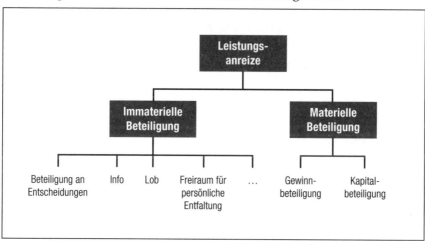

Der 5-Minuten-Test:
Wie gut sind Sie im Halten und Motivieren von Mitarbeitern?

Der folgende Test hilft Ihnen, sich im Bereich Führung und Motivation selbst einzuschätzen. Finden Sie heraus, wie gut Ihre Einstellungen und Ihr Handeln dazu geeignet sind, um Mitarbeiter zu halten und zu motivieren.

Der 5-Minuten-Test funktioniert mit Noten. Bearbeiten Sie Frage für Frage und vergeben Sie jeweils eine Note. Wenn Sie denken, dass Sie ausgezeichnet sind, geben Sie sich die Note 1. Sind Sie der Auffassung, dass Sie massive Defizite haben, geben Sie sich die Note 4.

1. Aufgaben sind Möglichkeiten, um Mitarbeiter aufzubauen. ☐1 ☐2 ☐3 ☐4

2. Arbeiten organisiere ich so, dass einzelne Mitarbeiter ganze Aufgaben erhalten. ☐1 ☐2 ☐3 ☐4

3. Ich will Mitarbeiter eher motivieren als sie zu Gehorsam zwingen. ☐1 ☐2 ☐3 ☐4

4. Mitarbeiter, welche die Firma verlassen, frage ich, weshalb sie gehen. ☐1 ☐2 ☐3 ☐4

5. Ehrlichkeit und Aufrichtigkeit sind mir wichtig. Information gebe ich komplett und schnell weiter. ☐1 ☐2 ☐3 ☐4

6. Mitarbeiter werden so früh wie möglich in alle sie betreffenden Angelegenheiten einbezogen. ☐1 ☐2 ☐3 ☐4

7. Ich begründe meine Handlungen und lasse Meinungsdifferenzen zu. ☐1 ☐2 ☐3 ☐4

8. Auf Fehler reagiere ich nicht mit Vorwürfen, sondern mit Analysen und Vorschlägen. ☐1 ☐2 ☐3 ☐4

9. Mein Ziel ist, meine Fähigkeiten zur Motivation deutlich zu verbessern. ☐1 ☐2 ☐3 ☐4

10. Jährlich verschiebe ich die Messlatte, um Ziele auf anspornender Höhe zu halten. ☐1 ☐2 ☐3 ☐4

11. Bei Beurteilungsgesprächen erbitte ich auch eine Beurteilung meiner Person. ☐1 ☐2 ☐3 ☐4

12. Ich ermutige die Mitarbeiter, aus eigener Initiative tätig zu werden. ☐1 ☐2 ☐3 ☐4

13. Arbeiten, die nicht von mir erledigt werden müssen, delegiere ich konsequent. ☐1 ☐2 ☐3 ☐4

14. Für schwierige Personalentscheidungen übernehme ich die Verantwortung. ☐1 ☐2 ☐3 ☐4

15. Ich fühle mich verantwortlich für Spielregeln und auch dafür, einmal eine Streiterei abzuwenden. ☐1 ☐2 ☐3 ☐4

16. Vor Veränderungen unterrichte und befrage ich die Betroffenen. ☐1 ☐2 ☐3 ☐4

17. Für gute Arbeit bedanke ich mich persönlich und handschriftlich. ☐1 ☐2 ☐3 ☐4

18. Mitarbeiter, die ihr Potenzial nicht zu 100 Prozent einbringen, beobachte ich. ☐1 ☐2 ☐3 ☐4

19. Ich suche Gelegenheiten für sinnvollen radikalen Wandel und nehme sie wahr. ☐ 1 ☐ 2 ☐ 3 ☐ 4

20. Außergewöhnliche Leistungen werden von mir erkannt und belohnt. ☐ 1 ☐ 2 ☐ 3 ☐ 4

Auswertung
Zählen Sie alle Noten zusammen und dividieren Sie das Ergebnis durch 20. Auf diese Weise erhalten Sie Ihre Durchschnittsnote.

Note 1,0 bis 1,9: Sie sind ein Vorgesetzter, für den man gerne arbeitet. Mit Ihnen unterwegs sein zu dürfen, ist ein Privileg.

Note 2,0 bis 2,9: Sie haben viel getan, um eine gute Führungskraft zu sein, aber A-Mitarbeiter zu binden, erfordert mehr. Bleiben Sie dran.

Note 3,0 bis 4,0: A-Mitarbeiter werden es in Ihrem Umfeld nicht aushalten. Werden Sie ein hoch bezahlter Einzelkämpfer; Führungskraft ist nicht Ihr Ding.

Es ist völlig klar: Sie brauchen in allen Bereichen die Note 1 vor dem Komma, wenn Sie ein Hochleistungsteam wollen, das aus A-Mitarbeitern besteht. Völlig klar ist aber auch: Veränderungen von Gewohnheiten brauchen Zeit, viel Zeit. Wenn Sie sich im Durchschnitt um eine Note verbessern wollen, dürfen Sie sich ruhig ein bis zwei Jahre Zeit geben.

Sie wissen ja:
Gesagt ist noch nicht gehört.
Gehört ist noch nicht verstanden.
Verstanden ist noch nicht einverstanden.
Einverstanden ist noch nicht getan.
Einmal getan ist noch nicht mehrfach getan.
Mehrfach getan ist noch keine Gewohnheit.

Die im Test benannten Verhaltensmuster müssen jedoch zur Gewohnheit werden, um ihre Wirkung zu entfalten.

Kapitel 8

Stufe 1: Mitwissen

In diesem Kapitel erfahren Sie:

- ▶ Wie Sie neue Mitarbeiter gut und schnell integrieren
- ▶ Über welche Wege Sie Ihre Mitarbeiter systematisch informieren
- ▶ Wie Sie Offenheit leben können

Neue Mitarbeiter gut und schnell integrieren

Heute ist es so weit: Der »Neue« wird zum ersten Mal im Hause sein. Es ist für Sie beide ein wichtiger Tag: für Sie als Chef und für den neuen Mitarbeiter. Ihr neuer Mitarbeiter wird sich fragen, ob seine Entscheidung, hierher zu kommen, richtig war. Sie können ihm einen Empfang bereiten, den er – im positiven Sinne – nie vergessen wird. Es geht jetzt darum, dass Sie ihm den Einstieg möglichst leicht machen.

Doch obwohl die meisten Unternehmer um die Bedeutung dieser ersten Momente wissen, sieht die Praxis meist ziemlich ernüchternd aus. Der Neue steht vor der Tür, und es ist nicht viel zu spüren von freudiger Erwartung. Dass der Integrationsprozess *(Mitarbeiter halten)* ähnlich aufwändig und wichtig ist wie der Einstellungsprozess *(Mitarbeiter finden)*, scheint im Trubel des Alltags oft unterzugehen.

Beim Integrationsprozess geht es vor allem um den Aufbau von zwischenmenschlichen Beziehungen, der Schaffung von persönlichen Kontakten und dem Kennenlernen von wichtigen Ansprechpartnern innerhalb der Organisation. Dabei sorgen schon ein paar kleine Aufmerksamkeiten dafür, dass sich Ihr neuer Mitarbeiter wohlfühlt.

Stellen Sie sicher, dass den neuen Mitarbeiter ein vorbereiteter Arbeitsplatz mit einem schönen Blumenstrauß erwartet. Auch die ersten

200 Visitenkarten sollten bereits gedruckt sein. Nach einem kurzen Einführungsgespräch sollten Sie mit ihm einen Betriebsrundgang machen. Wenn der Neue dann auf der Aushangtafel noch sein Bild entdeckt, mit dem er den anderen Mitarbeitern vorgestellt wird, haben Sie schon eine ganze Menge für einen angenehmen Start geleistet.

Übrigens: Nicht nur Ihre neu gewonnene Führungskraft hat das Recht auf solch einen angenehmen Empfang. Auch Ihr neuer Auszubildender oder Ihre Putzfrau freuen sich über ein herzliches Willkommen.

Haben Sie schon einmal darüber nachgedacht, dem neuen Kollegen einen Paten oder Mentor zur Seite zu stellen? Der könnte ihn dabei unterstützen, sich schnell in Ihrem Unternehmen einzuleben. Zu Beginn gibt es bestimmt viele Fragen, die der Pate – mit Ihrer Hilfe – beantworten kann:

- Wer sind meine Ansprechpartner, und wofür sind sie zuständig?
- Welche allgemeinen Regelungen muss ich beachten?
- Welche Gepflogenheiten gibt es bei meinem neuen Arbeitgeber?
- Wo innerhalb der Hierarchie bin ich genau angesiedelt?

Empfehlenswert ist es, einen detaillierten Einarbeitungsplan zu erstellen. Dieser sollte unter anderem die beiden wichtigsten Fragen beantworten:

1. Mit welchen Personen habe ich zu tun?
2. Welche Tätigkeiten kommen auf mich zu?

Am Anfang wird der Neue noch häufig Kollegen und Vorgesetzte fragen. Doch bald schon wird er sich zurücknehmen, um sie nicht zu stören und um nicht durch »dumme« Fragen aufzufallen. Diese Lücke kann ein Pate ideal füllen.

Bedenken Sie immer: Dieser Aufwand ist auf keinen Fall überflüssig! Nur wenn sich Ihr neuer Mitarbeiter wohlfühlt, wird er von Ihrem Unternehmen begeistert sein. Nur begeisterte Mitarbeiter schaffen begeisterte Kunden. Und nur begeisterte Kunden schaffen weitere begeisterte Kunden. Das genau ist es, was Sie in diesen schwierigen Zeiten brauchen. Daher lohnt es sich, der Einführung neuer Mitarbeiter die nötige Aufmerksamkeit zu schenken.

Damit Sie im Trubel des Alltags nichts vergessen, formulieren Sie am besten eine Checkliste mit allen wichtigen Aspekten, die ein neuer Mitarbeiter sehen beziehungsweise erklärt bekommen sollte. Auf der nächsten Seite finden Sie ein Beispiel dafür, wie solch eine Checkliste aussehen kann.

Checkliste 1: Wie Sie neue Mitarbeiter gut und schnell integrieren

1. *Arbeitsbereich und Arbeitsplatz bestimmen*
   Spätestens zwei Tage vor Eintritt sollte klar sein, in welchem Bereich und an welchem Arbeitsplatz der neue Mitarbeiter tätig wird.

2. *Unterlagen vorbereiten*
   Am Vorabend des ersten Arbeitstages müssen folgende Unterlagen bereitliegen:
   - Willkommensbriefe
     - von der Geschäftsführung
     - vom Betriebsrat
   - Visitenkarten des neuen Mitarbeiters
   - Jahresurlaubsplan
   - Körbchen für die Infothek
   - Parkmarke
   - Namensschild
   - Stempelkarte
   - Posteingang-Schild (gilt nur für Büromitarbeiter/innen)
   - Infomappe für neue Mitarbeiter/Mitarbeiterinnen (gilt fürs Büro und für Führungskräfte in der Fertigung)
   - Programm der firmeneigenen »University«
   - KVP-Infobroschüre (Kontinuierlicher Verbesserungsprozess)
   - Mitarbeiterbroschüre mit Unternehmensinformationen
   - Produktkatalog

3. *Am Tag des Arbeitsbeginns erledigen*
   - Blumenstrauß mit Schild »Willkommen!« auf den Schreibtisch stellen
   - Die/den neue(n) Kollegin/Kollegen in Empfang nehmen und vorstellen
   - Durch den Betrieb und die einzelnen Abteilungen führen
   - Qualitätsmanagement-Beauftragten vorstellen
   - Erstunterweisung Arbeitssicherheit durchführen
   - Umkleideräume zeigen
   - Toiletten zeigen
   - Kantine zeigen und Abläufe erklären
   - Stempeluhren zeigen und Benutzung erklären
   - Pausenzeiten erklären

- Raucherregelung erläutern
- Arbeitszeiten
- Arbeitspapiere überreichen
- Kopiergeräte zeigen und Handhabung erklären
- Faxgeräte zeigen und Handhabung erklären
- Telefone zeigen und Handhabung erklären

Für die aufgeführten Punkte ist der Vorgesetzte zuständig. Bei Abwesenheit des Vorgesetzten ist durch ihn sicherzustellen, dass die Aufgaben von einem Mitarbeiter übernommen werden, der die Fähigkeiten hierfür besitzt.

Mit Informationen verblüffen

Der erste Schritt auf dem Weg der »Treppe«, die zu motivierten und eigenverantwortlich handelnden Mitarbeitern führt, ist »Mitwissen«: Die Mitarbeiter müssen über alles informiert werden, was ihre Arbeit angeht.

Ken Blanchard, der Erfolgsautor des Buches *Der Minuten-Manager*, vergleicht das Unternehmen mit einer Kegelbahn. Der Mitarbeiter bekommt die Kugel in die Hand gedrückt und soll möglichst alle Kegel abräumen. Einziges Hindernis: Zwischen ihm und den neun Kegeln befindet sich ein Vorhang. Der Mitarbeiter nimmt Schwung und lässt die Kugel los, die nach einigen Sekunden unter dem Vorhang durchrollt. Er hört Kegel fallen, aber das genaue Ergebnis bleibt ihm verborgen.

Ähnlich verhält es sich in vielen Unternehmen: Rückmeldung bekommt der Mitarbeiter nicht sofort und direkt, sondern erst verspätet und indirekt, beispielsweise dann, wenn der Vorgesetzte ihn kritisiert und fragt, warum nicht ein noch besseres Ergebnis erzielt wurde.

Wer das Thema »Mitwissen« ernst nehmen will, der muss den Vorhang wegreißen. Ergebnisse werden dann sofort kommuniziert. Es gibt nichts mehr, was nicht offengelegt wird.

Wir stimmen mit der Publizistin und Unternehmensberaterin Gertrud Höhler auf ganzer Linie überein, wenn sie immer wieder betont: »Kommuniziere, kommuniziere, kommuniziere. Und wenn Du alles gesagt hast, was Du zu sagen hast und Du nicht mehr willst, dann wisse: Du hast das Minimum dessen getan, was notwendig ist.«[33]

Kommunikation und Offenheit sind also nicht delegierbare Chefaufgaben. Ohne umfassende Information können Ihre Mitarbeiter weder mitdenken noch selbstständig handeln. Sie sind weder in der Lage, andere zu vertreten, noch können sie ihre Kollegen fundiert unterstützen oder beraten.

Wenn Sie sich fragen, was denn ganz konkret getan werden kann, hier sind einige Anregungen:

Checkliste 2: Wie Sie Ihre Mitarbeiter systematisch informieren

1. *Mitarbeiterbroschüre*
   Fertigen Sie eine ausführliche Broschüre an, welche die Mitarbeiter umfassend informiert. Diese Broschüre soll neuen Mitarbeitern Orientierung bieten und enthält deshalb alle Informationen, die einen reibungslosen Einstieg erleichtern. Dazu gehören beispielsweise Angaben zur Geschichte des Unternehmens, wichtige innerbetriebliche Regelungen, so vorhanden Unternehmensleitlinien und Führungsgrundsätze sowie Informationen zur Kapitalbeteiligung.

2. *Mitarbeiterzeitung*
   Um die Mitarbeiter regelmäßig über aktuelle geschäftliche Entwicklungen zu informieren, können Sie eine Mitarbeiterzeitung herausgeben. Dort lassen sich auch Mitarbeiterporträts, runde Geburtstage und Verbesserungsvorschläge bekanntmachen. Wenn Sie nur ein kleines Budget haben, ist das kein Hindernis: Sie können die Zeitung von den Auszubildenden erstellen lassen. Die haben damit ein hoch interessantes Projekt und lernen das Unternehmen sehr gut kennen.

3. *Kontaktabend*
   Wir halten es so, dass die neuen Mitarbeiter sogar zum Chef nach Hause eingeladen werden. Dort hat man dann einen ganzen Abend lang Zeit, um sich bei gutem Essen näher kennen zu lernen, aber vor allem auch über die handlungsleitenden Werte und die Unternehmensphilosophie zu informieren und zu diskutieren.

4. *Belegschaftsversammlungen*
   Auch Belegschaftsversammlungen sind ein Instrument, das dazu dient, die Mitarbeiter umfassend und regelmäßig zu informieren.

Offenheit leben – alle sollen es wissen

In seinem Buch *Winning* hat Jack Welch viele Gründe für Offenheit aufgeführt.[34] Lassen Sie uns sechs davon aufzählen:

1. Durch Offenheit werden mehr Menschen in die verschiedenen Debatten mit einbezogen.
2. Durch mehr Menschen kommen auch mehr Ideen auf den Tisch.
3. Eine größere Anzahl von Möglichkeiten wird besprochen, auseinandergenommen und verbessert.
4. Jedes Unternehmen, jede Abteilung oder jedes Team erlangt durch Offenheit beziehungsweise die Meinung vieler Mitarbeiter einen unmittelbaren Wettbewerbsvorteil.
5. Offenheit wirkt entscheidungsfördernd. Die Methode »Auf-den-Tisch-bringen – besprechen – verbessern – entscheiden« ist nicht nur vorteilhaft, sondern auf globalisierten Märkten von heute unerlässlich.
6. Offenheit senkt Kosten. Sie macht kurzen Prozess mit sinnlosen Meetings und überflüssigen Berichten, in denen lediglich bestätigt wird, was ohnehin schon alle wussten.

Wer Offenheit will, muss sie selbst leben und belohnen. Machen Sie Mitarbeiter, die Offenheit an den Tag legen, öffentlich zu Helden. Hier sind einige Anregungen, wie Offenheit im mittelständischen Betrieb funktionieren kann:

Checkliste 3: Wie Sie Offenheit leben

1. *Politik der offenen Tür*
   Dieser Tage berichtete uns eine Dame, dass ihr Chef immer sagt, er betreibe eine Politik der offenen Tür. Jeder sei immer eingeladen, in sein Büro zu kommen. Eines Tages hat sie seine Hilfe dringend benötigt. Sie rennt in sein Büro, aber die Tür ist verschlossen. Nun hat sie eine verstauchte Hand ... Trotzdem – es ist eine gute Sache, wenn beim Chef ohne Terminvereinbarung jederzeit vorgesprochen werden kann.

2. *Grenzen abbauen*
   Einige Unternehmen gehen so weit, dass es keine Statussymbole mehr gibt, etwa in Gestalt besonderer Büroeinrichtungen. Alle haben den gleichen Schreibtisch, und im Fuhrpark gibt es keine separaten Autotypen.

3. *Tagesgenaue Informationen*
Es gibt immer mehr Unternehmen, die alles Wissen allen zur Verfügung stellen und zwar tagesgenau. Dort erfahren die Mitarbeiter an langen Infowänden oder über das Intranet alles zum Thema Umsatz, Gewinne, Zahl der Reklamationen und so weiter.

4. *Strategietage*
Auch Strategietage sollten nicht hinter verschlossenen Türen stattfinden, sondern für diejenigen, die sich dafür interessieren, offen sein. Mit dabei sein sollte auch der Betriebsratsvorsitzende, zudem möglicherweise ein wichtiger Berater oder wer auch immer einen zentralen Beitrag zum Thema leisten kann. Grundsätzlich gilt für die Zusammensetzung der Teilnehmergruppe: Es gibt keine Geheimnistuerei. Wer Interesse hat, kann dabei sein. Klar sein sollte, dass am Ende Ihrer Strategietage ein eindeutig formuliertes Ergebnisprotokoll steht. Geben Sie jedem Mitarbeiter eine Kopie, denn Sie wollen ja alle für die großen neuen Herausforderungen mit ins Boot holen.

Kapitel 9

Stufe 2: Mitdenken

In diesem Kapitel erfahren Sie:

- Wie Sie die ungeahnte Kraft des Beurteilungsbogens nutzen
- Wie Sie mit A-, B- und C-Briefen die Wahrheit sagen
- Wie Mitarbeiter ihre Vorgesetzten bewerten können

Nutzen Sie die ungeahnte Kraft des Beurteilungsbogens

Ein Unternehmen, in dem die Mitarbeiter nicht aktiv mitdenken, wird es sehr schwer haben, sich am Markt zu behaupten. Doch der Grad des Mitdenkens unterscheidet sich von Mensch zu Mensch. An dieser Stelle werden die Unterschiede zwischen A-, B- und C-Mitarbeitern besonders deutlich.

Da sich Menschen und ihre Situationen verändern, ist es einmal im Jahr nötig, die Mitarbeiter zu beurteilen. Ziel ist dabei eine Positionsbestimmung, die wiederum als Ausgangspunkt für gezielte Fördermaßnahmen dient. Schließlich geht es darum, immer besser zu werden.

Ein einfacher Fragebogen, den wir in unserer Beratungspraxis erfolgreich einsetzen, kann dabei helfen. Auf den nächsten drei Seiten finden Sie einen Bogen mit 14 Kriterien sowie verschiedenen Fragen. Diese Blätter sind denkbar einfach auszufüllen: Der Mitarbeiter muss nur ankreuzen, welches Verhalten auf ihn zutrifft. Der Vorgesetzte füllt genau den gleichen Bogen aus und bewertet seinerseits den Mitarbeiter. Dann werden beide Beurteilungsbögen miteinander verglichen und im Gespräch ausgewertet. Erfahrungsgemäß fällt die Selbsteinschätzung der Mitarbeiter im Vergleich zur Einschätzung durch den Vorgesetzten etwas kritischer aus.

Service: Eine Datei dieses Bogens zum Ausdrucken finden Sie kostenlos unter www.abc-strategie.de/formulare.

Abbildung 27: Beurteilungsbogen Mitarbeiter

Name: .... Bereich: ....
Ausgefüllt am: .... Ausgefüllt durch: ....

Durchschnittsnote: 1,0 – 1,9 A-Mitarbeiter
2,0 – 2,9 B-Mitarbeiter 3,0 – 5,0 C-Mitarbeiter

	Note 5	Note 4	Note 3	Note 2	Note 1	Note
Fachkönnen, Fachkenntnis	Unzureichendes Können, bleibt trotz Unterstützung unfähig	Entspricht nicht voll den Anforderungen, braucht Hilfe und Unterstützung	Ausreichend, normaler Durchschnitt	Gutes Können, selbstständig und sicher	Großes Können, mehr als Position erfordert; sicheres Urteil in schwierigen Fragen	
Weiterbildung	Gleichgültig, lehnt Weiterbildung ab	Nimmt nur nach Aufforderung an Weiterbildung teil	Nimmt teil an Weiterbildungsmaßnahmen	Ist bemüht um Weiterbildung, nimmt gerne daran teil	Hält sich selbstständig durch Weiterbildung fit	
Einsatzbereitschaft	Sehr träge, versucht sich zu drücken, mehrfach ausgefallen	Etwas träge, gleichgültig, uninteressiert	Bei Aufforderungen gern und stets bereit, mehr zu tun	Erledigt Arbeit selbstverantwortlich	Leistet von sich aus mehr als nötig; muss gelegentlich gebremst werden	
Zusammenarbeit	Wird abgelehnt, unverträglich, überempfindlich, unkameradschaftlich	Kontaktschwach, geht seine eigenen Wege, wenig beliebt	Ordnet sich ein, macht mit	Kooperativ, auf gute Zusammenarbeit bedacht	Mitreißend, hilfsbereit, sehr bemüht um reibungslose und gute Zusammenarbeit	
Einstellung zum Unternehmen und Vorgesetzten	Beeinflusst andere bewusst negativ, rebellisch	Persönlich widerspenstig, betont misstrauisch, unbeteiligt	Lässt sich unter normalen Bedingungen gut leiten, korrekt	Sucht persönlich auch bei Schwierigkeiten nach Verständnis für Vorgesetzte und Firma	Übt einen bemerkenswert guten Einfluss auf andere und das Betriebsklima aus	
Bereitschaft, flexibel zu arbeiten	Keine Bereitschaft beziehungsweise Möglichkeit, flexibel zu arbeiten	Widerstrebende Bereitschaft, flexibel zu arbeiten	Bedingte Bereitschaft, flexibel zu arbeiten	Bereit, flexibel zu arbeiten	Stimmt selbstständig Arbeitszeit auf Arbeitsanfall ab (auch abteilungsübergreifend)	

144 | Die besten Mitarbeiter finden und halten

Mitarbeit an Verbesserungsprozess (KVP, VVW)	Beteiligt sich selten oder nie, Verweigerung von Mitarbeit bei Jobrotation, KVP etc.	Beteiligt sich nach Aufforderung, eingeschränkte Mitarbeit bei Jobrotation, KVP etc.	Macht gelegentlich Vorschläge, Mitarbeit/ Teilnahme bei Jobrotation, KVP etc.	Macht öfters gute Vorschläge, ist um konkrete Verbesserung bemüht, arbeitet konstruktiv mit	Macht ständig Vorschläge. Innovativer Ideenlieferant und Förderer des KVPs
Arbeitstempo	Müde, sehr unsicher, kein Ergebnis in vorgegebener Zeit	Bedächtig, langsamer Typ, etwas unsicher	Durchschnittlich schnell, mal schnell, mal langsam	Schnell und gleichmäßig	Außerordentlich zügig und schnell
Arbeitsqualität, Arbeitsgüte	Unzureichend, unbrauchbar	Oberflächlich	Durchschnittlich sorgfältig, mal gut, mal schlecht	Gewissenhaft	Äußerst sorgfältig und genau
Planung, Selbstständigkeit	Kein Überblick, braucht oft Anleitung und Aufsicht	Braucht wiederholte Erläuterungen und Berichtigungen	Versteht seine Arbeit und erfüllt sie zweckmäßig	Versteht weitergesteckte neue Pläne und erledigt sie zielstrebig	Erkennt selbst neue Ziele, stellt realistischen Plan auf und verwirklicht ihn
Gesundheit, Krankenstand (o. Arbeitsunf.)	Durchschnittlich über 10 Tage krank	Durchschnittlich 9-10 Tage krank	Durchschnittlich 6-8 Tage krank	Durchschnittlich 3-5 Tage krank	Durchschnittlich 0-2 Tage krank
Kundenbezug	Ausschließlich auf sich selbst bezogen	Zu sehr auf sich selbst bezogen; schätzt die Bedürfnisse der Kunden oft falsch ein	Begreift, dass letztendlich der Kunde das Gehalt bezahlt	Bewusstsein »Kunde ist König«, geht auf Kundenwünsche ein	Hoch sensibel, wenn es um Kundenbedürfnisse geht; setzt diese konsequent um
Zielerreichung	Setzt sich nicht sonderlich für seine Ziele ein; Zielsetzung nur oberflächlich	Ziele werden hin und wieder erreicht	Arbeitet konsequent mit schriftlich festgelegten Zielsetzungen	Realistische Ziele werden zu 80 % erreicht	Übertrifft alle Erwartungen sowohl der Mitarbeiter als auch der Kunden
Kommunikation	Ungenügende mündliche und schriftliche Fähigkeiten	Ausreichende mündliche und schriftliche Fähigkeiten	Durchschnittliche mündliche und schriftliche Fähigkeiten	Gute mündliche und schriftliche Fähigkeiten	Erstklassige mündliche und schriftliche Fähigkeiten

Nur vom Mitarbeiter auszufüllen!

Wie lange möchten Sie noch bei uns bleiben?

Sind Sie zufrieden mit Ihrer Position?

Denken Sie, dass Ihre Aufgaben Ihren Stärken entsprechen?

Streben Sie in Ihrer Abteilung eine andere Position/Aufgabe an?

Könnten Sie sich vorstellen, innerhalb des Unternehmens zu wechseln?

Welche Maßnahme zur Weiterbildung wäre für Sie und das Unternehmen wichtig?

Nur vom Vorgesetzten auszufüllen!

Gesamteindruck:

Größte Stärken:

Verbesserungspotenzial:

Eignung für Beförderung: Ja   Nein   als:

Schlussfolgerungen

Anzustrebende persönliche Verbesserung:

Weiterbildung:

Sonstiges

Die Ergebnisse des Beurteilungsbogens bieten genügend Gesprächsstoff, um sich grundsätzlich über das Verhältnis des Mitarbeiters zu Ihrem Unternehmen und über seine Einstellung zu seinem Arbeitsplatz zu unterhalten. Den Fragenkatalog können Sie natürlich jederzeit ergänzen.

Wenn es im Unternehmen mehrere Vorgesetzte gibt, sollten Sie sich möglicherweise vor der ersten Bewertung zu einem »Kalibrierungsmeeting« zusammensetzen. Dabei geht es darum, die Bewertungsmaßstäbe zu vereinheitlichen. Nehmen Sie sich einfach einen Mitarbeiter heraus, den alle Vorgesetzten kennen, bewerten Sie ihn und vergleichen Sie die Ergebnisse. Auf diesem Erfahrungshintergrund werden die Ergebnisse bei späteren Bewertungen spürbar objektiver.

Wenn Sie den Beurteilungsbogen zum ersten Mal einsetzen, sollten Sie damit rechnen, dass es einige wenige Mitarbeiter gibt, die sich vor einer Bewertung drücken wollen. Die meisten jedoch werden mitmachen.

Diese Art der strukturierten betrieblichen Leistungsbeurteilung hat sich bei kleinen und mittelständischen Unternehmen bisher noch wenig durchgesetzt. Wenn man mit Mittelständlern redet, dann bringen viele von ihnen Argumente wie:

- »Das ist doch Zeitverschwendung.«
- »Das verursacht einen hohen Verwaltungsaufwand.«
- »Was sollen solche Beurteilungen schon bringen?«

Sollten auch Ihnen solche Vorbehalte durch den Kopf gehen, bedenken Sie:

- Erst wenn der Mitarbeiter weiß, »woran er ist«, vermag er sein Verhalten zu ändern.
- Der Umgang mit dem Beurteilungsbogen erscheint auf den ersten Blick aufwändig. Der systematische Aufbau vereinfacht jedoch die Handhabung und erhöht die Verständlichkeit.
- Das Formular eignet sich für alle Arbeitnehmer, egal, ob es sich um gewerbliche Arbeitnehmer, Angestellte oder Auszubildende handelt. Je nach Beruf und Position des Beurteilten erhalten die verschiedenen Merkmale selbstverständlich eine andere Gewichtung.
- Der Mitarbeiter ist ein Stück weit von seinem Vorgesetzten abhängig. Mindestens einmal pro Jahr hat er das Recht zu wissen, wo er steht und wie er vom Vorgesetzten gesehen wird. Aufgrund des Fragebogens kennt er die Anforderungen und kann sich darauf einstellen.

- Ein Mitarbeitergespräch ohne diesen Bogen zu führen, ist ungleich schwieriger und auch bisweilen ungerecht. Denn ohne einen strukturierten Bogen laufen Sie Gefahr, den einzelnen Mitarbeiter nach dem Bauchgefühl zu beurteilen. Wenn Sie den Bogen einsetzen, haben Sie ganz konkrete Themen, über die Sie sich sinnvoll unterhalten können.
- Vielleicht denken Sie, dass Fragen wie »Wie lange möchten Sie noch in unserem Hause arbeiten?« nicht ehrlich beantwortet werden. Wir können aus eigener Erfahrung sagen: Wenn die Unternehmenskultur halbwegs stimmt, dann werden 80 Prozent der Mitarbeiter Fragen wie diese ehrlich beantworten. Es werden Antworten kommen wie beispielsweise: »Ist von der Geschäftsleitung abhängig«, »Bis zur Rente«, »Möchte mich noch drei Jahre den Herausforderungen stellen«, »Bis die Pforten schließen«.

Das Auswertungsgespräch findet grundsätzlich unter vier Augen statt und erfolgt nicht spontan. Das heißt, beide Parteien sollten sich vorbereiten. Derjenige, der die bessere Note vergeben hat, sollte im Gespräch mit der Argumentation beginnen. Wichtig ist die Richtung, in die sich jemand entwickelt. Die Note an und für sich kann schlecht sein, aber wenn die Richtung positiv ist, dann ist das Ergebnis positiv zu sehen.

Das Ganze muss nicht hoch intellektuell oder kompliziert aufgezogen sein. Wenn beide Gesprächspartner ihren gesunden Menschenverstand walten lassen, wird die Auswertung überaus fruchtbar verlaufen.

Last but not least: Die jährliche Bewertung ist die Grundlage Ihrer ABC-Strategie. Die Bögen helfen Ihnen, die Mitarbeiter nach A, B und C zu differenzieren. Auf Basis des Beurteilungsbogens schreiben Sie Briefe, wie wir sie im nächsten Abschnitt behandeln.

Sagen Sie die Wahrheit mit A-, B- und C-Briefen

Im vorigen Abschnitt haben wir Ihnen einen Beurteilungsbogen vorgestellt. Anhand der Durchschnittsnote können Sie feststellen, wer ein A-, B- oder C-Mitarbeiter ist:

- A-Mitarbeiter: 1,0 bis 1,9
- B-Mitarbeiter: 2,0 bis 2,9
- C-Mitarbeiter: 3,0 bis 5,0

Wir empfehlen, den Bogen in einem Vier-Augen-Gespräch auszuwerten. Alternativ dazu könnten Sie auch Briefe schreiben:
- Im Brief an den *A-Mitarbeiter* bringen Sie zum Ausdruck, wie sehr Sie es schätzen, dass er mitdenkt und das Unternehmen aktiv nach vorne bringt. Schreiben Sie ihm beispielsweise, dass Ihr Unternehmen abends, wenn er geht, nichts mehr wert ist und dass es, wenn er morgens wiederkommt, erneut in hellem Glanz erstrahlt. Formulieren Sie einen richtigen »Liebesbrief«. Ihr A-Mitarbeiter soll wissen, dass er Ihnen wichtig ist.
- Im Brief an den *B-Mitarbeiter* zeigen Sie klar auf, wo seine Lücken sind. Bitten Sie ihn darum, in den kommenden vier Wochen Vorschläge zu machen, wie er die Defizite beheben kann. Diskutieren Sie seine Vorschläge anschließend mit ihm und unterstützen Sie ihn bei der Umsetzung.
- Im Brief an den *C-Mitarbeiter* müssten Sie eigentlich lapidar schreiben: »Bitte betrachten Sie Ihr Gehalt als eine Spende.« Aber bevor Sie einen solchen Brief schreiben, müssen Sie sich mit dem Mitarbeiter unbedingt zu einem Vier-Augen-Gespräch zusammensetzen und die kritischen Punkte offen ansprechen. Seien Sie dabei ruhig deutlich, denn erfahrungsgemäß beklagt sich ein C-Mitarbeiter bei einer Trennung als Erster nach dem Motto: »Wenn mir das jemand mal klar gesagt hätte, dann hätte ich mich doch angestrengt!« Möglicherweise wird der C-Mitarbeiter ja auch bei seiner Entfaltung behindert. Dann wird ein solches Gespräch Klarheit schaffen. Genau das ist hilfreich. Erst dann, wenn sich nach dem Gespräch nichts ändert beziehungsweise keine Bereitschaft zur Veränderung besteht, können Sie einen Brief schreiben.
Service: Einen Musterbrief für C-Mitarbeiter finden Sie kostenlos unter www.abc-strategie.de/formulare.

Die Erfahrung zeigt: Mitarbeiter, die wissen, woran sie sind, sind auch bereit, an ihrer Verbesserung zu arbeiten. *Schlechte Mitarbeiter* können oder wollen schwache Signale möglicherweise nicht deuten. Deshalb sind offene Worte manchmal unumgänglich.

Exzellente Mitarbeiter dagegen schätzen ein klares Feedback. Fürchten Sie sich nicht davor, dass nun die Leistung nachlässt. Wenn Sie einem A-Mitarbeiter auf die Schulter klopfen, sagt er sich: »Das war schon gut. Aber jetzt werde ich dem Chef mal zeigen, dass noch mehr in mir steckt.«

Entsprechende Musterbriefe für A- und B-Mitarbeiter finden Sie auf den folgenden Seiten.

Abbildung 28: Brief für A-Mitarbeiter

Mitarbeiterbewertung – Herzlichen Glückwunsch!

Sehr geehrter Herr Mustermann,

herzlichen Dank für Ihre Beteiligung an der letzten Mitarbeiterbewertung.

Wenn wir von **A-Mitarbeitern** sprechen, so sprechen wir von Menschen wie Ihnen. Sie gehören zu den Mitarbeitern, die für den Erfolg dieser Firma wesentlich mitverantwortlich sind. Wir möchten Ihnen auch von Geschäftsleitungsseite zu Ihrer tollen Note gratulieren. Die Beurteilung durch Ihren Vorgesetzten spricht eine deutliche Sprache. Wenn in der Mitarbeiterzeitschrift steht: »Mitarbeiter, die sich und ihre Fähigkeiten engagiert und freundlich in die Arbeit einbringen, sind das eigentliche Kapital eines Unternehmens«, so sind damit Mitarbeiter wie Sie gemeint.

Zu Ihrer Information: Der Durchschnitt der Bewertungen liegt für das Büro (inklusive Meisterebene) bei der Note 1,9 und für die Fertigung bei 2,1.

Unter Werbeleuten gibt es den Spruch: »Wer aufhört zu werben, um Geld zu sparen, kann genauso gut seine Uhr anhalten, um Zeit zu sparen.« Auf uns übersetzt heißt das: Wer aufhört, sich weiterzuentwickeln, wird abfallen. Für uns stellt sich nun die Frage, was wir tun können, um Sie zu unterstützen. Sollten Sie Informationsmaterial über Weiterbildungsprogramme wünschen oder sich bereits für eine bestimmte Weiterbildung entschieden haben, so können Sie jederzeit gerne auf uns oder Ihren Vorgesetzten zukommen. Wir werden alles tun, um Sie auch weiterhin zu fördern. Wenn es andere Bereiche in Ihrer Bewertung gibt, bei denen wir zu einer Verbesserung beitragen können, so lassen Sie uns das bitte wissen.

Noch einmal herzlichen Dank für Ihre Mitarbeit und Ihr Engagement. Machen Sie so weiter!

Mit freundlichem Gruß

Musterfirma GmbH

Service: Den Musterbrief für A-Mitarbeiter finden Sie kostenlos unter www.abc-strategie.de/formulare.

Abbildung 29: Brief für B-Mitarbeiter

Mitarbeiterbewertung

Sehr geehrte Frau Mustermann,

herzlichen Dank für Ihre Beteiligung an der letzten Mitarbeiterbewertung.

Laut unserer Klassifizierung sind Sie eine B-Mitarbeiterin. Wir wissen und schätzen Ihre Fähigkeiten und Stärken, können uns aber als Unternehmen mit dem Ergebnis nicht zufriedengeben. Zu Ihrer Information: Der Durchschnitt der Bewertung liegt für das Büro (inklusive Meisterebene) bei der Note 1,9 und für die Fertigung bei 2,1.

Wir fragen uns, was wir von Unternehmensseite dazu beitragen können, Sie noch mehr zu fördern. Wir bitten Sie, ebenfalls darüber nachzudenken, was Sie tun können, um Ihre Bewertung zu verbessern. Sollten Sie Informationen über Weiterbildungsprogramme benötigen, so lassen Sie uns das bitte wissen. Wir werden Sie dann mit den entsprechenden Unterlagen versorgen.

Wenn es andere Bereiche in Ihrer Bewertung gibt, bei denen Sie zu einer Verbesserung beitragen können, so teilen Sie uns das bitte ebenfalls mit. Bitte informieren Sie Ihren Vorgesetzten bis zum ... darüber, welche konkreten Maßnahmen Sie ergreifen werden, um Ihre Note zu verbessern. Mit Ihrem Willen und Einsatz sowie unserer Unterstützung ist es möglich, Ihre Fähigkeiten auszubauen.

Machen Sie bitte von dem Angebot Gebrauch und sehen Sie Ihren persönlichen Erfolg auch als den Erfolg unseres Unternehmens.

Mit freundlichem Gruß

Musterfirma GmbH

Service: Den Musterbrief für B-Mitarbeiter finden Sie kostenlos unter www.abc-strategie.de/formulare.

Service: Einen Musterbrief für C-Mitarbeiter finden Sie ebenfalls kostenlos unter www.abc-strategie.de/formulare.

Lassen Sie die Vorgesetzten durch Mitarbeiter bewerten

Jetzt wird der Spieß umgedreht: Mitarbeiter bewerten ihren Chef. Sie sagen, das ist unmöglich? Wenn die Kultur im Unternehmen gut ist, dann ist dies geradezu eine Selbstverständlichkeit. Allerdings findet eine solche Vorgesetztenbewertung bisher in nur etwa 20 Prozent der Unternehmen statt.

Unternehmer tendieren dazu, alles unter dem Gesichtspunkt zu sehen, ob es dem Wohl der Firma dient. In fast jedem Unternehmen gibt es aber auf der mittleren Ebene Mitarbeiter, die sich bequem eingerichtet haben. Oft handelt es sich dabei regelrecht um eine »Lehmschicht«, die vieles blockiert. Informationen kommen nicht mehr ungefiltert zu den Chefs, und umgekehrt kann die Kultur, die oben gelebt wird, sich nur schwer ihren Weg nach unten bahnen. Die hier angesprochenen Mitarbeiter nehmen ihre Verantwortung nicht besonders ernst. Von Mitdenken kann kaum die Rede sein.

Mit der Befragung zeigen Sie als Chef, dass unternehmerisches Handeln auf allen Ebenen notwendig ist. Eine Vorgesetztenbewertung bringt Ihrem Unternehmen aber noch mehr: Sie erhalten wichtige Ansatzpunkte für Verbesserungs- und Fördermöglichkeiten. Sinn des Messens ist die Verbesserung, nicht die Kritik. Diesen Aspekt sollten Sie nicht aus dem Auge verlieren und auch nach außen kommunizieren.

Wählen Sie für die Befragung die Schriftform. Gewährleisten Sie, dass der Mitarbeiter seine Meinung anonym kundtun kann. Das ist selbst in Unternehmen mit einer hoch entwickelten Kultur sinnvoll, denn im Ernstfall sitzt der Vorgesetzte immer am längeren Hebel. Das weiß und befürchtet jeder befragte Mitarbeiter.

Wie häufig Sie Ihre Mitarbeiter befragen sollten, lässt sich nicht für alle Unternehmen gleichermaßen sagen. Bei uns im Hause wird diese Umfrage nur alle zwei Jahre durchgeführt. Das hängt damit zusammen, dass die Fluktuation bei unseren Mitarbeitern sehr gering ist und es damit nur sehr wenige Verschiebungen bei der Benotung gibt. Sollte sich Ihr Mitarbeiterstab häufiger ändern, ist ein jährlicher Rhythmus zu empfehlen.

Bis zur Note 2,5 sind die Werte akzeptabel. Wenn ein Bewerteter jedoch schlechter als 2,5 abschneidet, ist dies ein Hinweis darauf, dass er das Vertrauen seiner Mitarbeiter verloren hat. In unserer Terminologie handelt es sich dann um einen C-Mitarbeiter, der sich entweder in Richtung B bewegen muss oder an anderer Stelle sein Glück suchen sollte.

Für die Vorgesetztenbewertung können Sie das folgende Formular nutzen.

Abbildung 30: Beurteilungsbogen Vorgesetzte

Name: .... Bereich: .... Datum: ....
Note 1 bedeutet »Hiermit stimme ich voll überein.« Note 6 bedeutet »Das stimmt überhaupt nicht.«

Verhalten des Chefs gegenüber dem Mitarbeiter

Meine Vorgesetzte/mein Vorgesetzter ...	1	2	3	4	5	6
... regt mich zu selbstständigem Arbeiten an und zeigt Vertrauen in meine Arbeit.						
... kritisiert mich nicht, wenn andere Mitarbeiter anwesend sind.						
... legt Wert auf meine Meinung zu Sachthemen.						
... nimmt Kritik an und versteht sie als Anregung.						
... vermittelt Informationen rechtzeitig, klar, verständlich.						
... gibt mir Möglichkeiten dazuzulernen und fördert mich.						
... behandelt mich fair und respektvoll.						
... schafft eine freundliche und offene Atmosphäre.						
... lobt und erkennt meine Leistung an.						

Unternehmerisch denken und handeln

Meine Vorgesetzte/mein Vorgesetzter ...	1	2	3	4	5	6
... spricht mit mir sowohl über die Zielsetzungen der Geschäftsleitung als auch über Ziele des Bereiches.						
... vereinbart mit mir Arbeitsziele, was bis wann fertig sein soll.						
... fühlt sich als Bestandteil der Firmenkultur, respektiert das Unternehmen, ist loyal.						
... will unseren Kunden eine gute Leistung anbieten.						

Umgang mit Technik und Arbeitsmitteln

Meine Vorgesetzte/mein Vorgesetzter ...	1	2	3	4	5	6
... geht verantwortungsvoll und sorgfältig mit seinen Arbeitsmitteln um.						
... achtet darauf, dass die Sicherheitsanforderungen und -vorschriften erfüllt werden.						

Durchschnittsnote:

Wie kann sich Ihr/e Vorgesetzte/r künftig weiter verbessern?

Service: Auch diesen Bogen finden Sie als Datei zum Ausdrucken kostenlos unter www.abc-strategie.de/formulare.

Stellen Sie die Ergebnisse im zeitlichen Vergleich dar, beispielsweise so wie in diesem Beispiel. Auf diese Weise erkennen Sie auf einen Blick die Entwicklung der Stärken und Schwächen aus Sicht der Mitarbeiter.

Abbildung 31: Ergebnisse Beurteilungsbogen Vorgesetzte

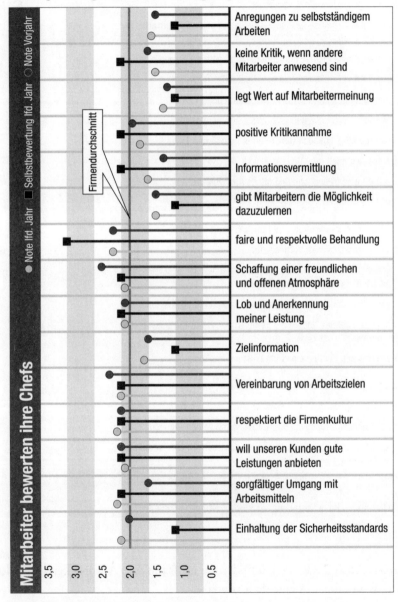

»Führungskräfte« oder »Nicht-Führungskräfte«

In unserer täglichen Beratungspraxis stoßen wir häufig auf das Problem, dass der Mittelbau für die Führung wenig qualifiziert ist. Führungskräfte geben an, lediglich fünf bis zehn Prozent ihrer Arbeitszeit mit Führung zuzubringen. Damit müssten sie eigentlich »Nicht-Führungskräfte« heißen. Neben dem bereits beschriebenen Problem der »Lehmschicht« – das heißt neben »Nicht-Wollen« – ist der Hintergrund regelmäßig das »Nicht-Können«. In der Regel wird der beste Verkäufer zum Verkaufsleiter, der beste Monteur zum Vorarbeiter usw. Kann dieser Mitarbeiter deswegen führen? In der Regel kann er das nicht – er hat es ja auch nie gelernt.

Die Praxis, die wir deswegen in Unternehmen oft vorfinden, lässt sich an der nachfolgenden Pyramide darstellen. Führungskräfte, die eigentlich führen müssten, sind qualifizierte Sachbearbeiter und übernehmen immer die Arbeit von den Mitarbeitern, wenn diese nicht weiterkommen. Die Führung wird von der Geschäftsleitung praktiziert, sodass diese keine Zeit hat, um über strategische Dinge nachzudenken.

Abbildung 32: Typischer Aufbau eines mittelständischen Unternehmens

Um jede Führungskraft gezielt fordern und fördern zu können, wird deshalb jede Führungskraft zweifach bewertet:
- Einmal als Mitarbeiter für den direkten Vorgesetzten.
- Einmal als Führungskraft aus Sicht des Vorgesetzten. In diese Betrachtung als Führungskraft kann auch die Vorgesetztenbewertung durch die Mitarbeiter einfließen.

Das Ergebnis können Sie in die nachfolgende Führungskräfte-Matrix eintragen. Die Eingruppierung jeder einzelnen Führungskraft gibt erste wertvolle Hinweise, wie eine gezielte Förderung aussehen kann. Es gibt immer wieder Fälle, wo man durch dieses Vorgehen erkennt, dass Führungskräfte nicht wirklich führen können oder wollen. In solchen Fällen gilt es, die Führungsverantwortung zu hinterfragen und lieber einen guten Fachmann zu halten, als diesen als schlechte Führungskraft irgendwann zu verlieren.

Abbildung 33: Führungskräfte-Matrix

Beurteilung als Führungskraft			
A	Einzelfall prüfen	Individuelle Weiterbildung, Coaching	Freiraum erhöhen
B	Einzelfall prüfen	Führungskräfte-Training, individuelle Weiterbildung, Coaching	Führungskräfte-Training, Coaching
C	Trennung?	Personalverantwortung hinterfragen, individuelle Weiterbildung, Coaching	Personalverantwortung hinterfragen
	C	B	A

Beurteilung als Mitarbeiter

Wenn Sie die Schwachstellen der Führungskräfte gezielt durch Schulungsmaßnahmen angehen und regelmäßig wiederholen, sehen Sie, wie effizient Ihre Schulung war. In unserer Beratungspraxis entwickeln wir aus den Beurteilungsbögen eine Qualifizierungs-Matrix mit individuellen und generellen Anforderungen an Führungskräfte. Somit kann noch gezielter geschult werden, und auch neue Führungskräfte sind problemlos in das System integrierbar.

Kapitel 10

Stufe 3: Mitlernen

In diesem Kapitel erfahren Sie:

- ▶ Wie Sie eine Kultur des Lobens und Dankens entwickeln
- ▶ Auf welche Weise Sie Ihre Mitarbeiter durch ständiges Feedback fördern
- ▶ Wie Sie begabte Mitarbeiter weiterbilden

Entwickeln Sie eine Kultur des Lobens und Dankens

In den meisten Unternehmen wird nicht nur zu wenig gelobt, sondern geradezu unbeholfen oder gar völlig falsch. Für viele Führungskräfte ist es schwieriger, ein Lob auszusprechen als ein Kritikgespräch zu führen. Das ist gefährlich, denn nur in einer Kultur des Lobens und Dankens sind die Mitarbeiter bereit zu lernen. Lernen bedeutet ja, sich auf unbekanntes Terrain vorzuwagen. Nur dort, wo Fehler als Trittsteine gesehen werden und nicht als Stolpersteine gelten, werden es Mitarbeiter wagen, Neues auszuprobieren und sich am Mitlernen engagiert zu beteiligen.

Ähnlich verhält es sich mit dem Weitergeben von Wissen: Ohne eine hoch entwickelte Unternehmenskultur, die durch Vertrauen geprägt ist, wird kein Wissensmanagement funktionieren. Zu viele Mitarbeiter werden ihre Wissensburgen schützen und versuchen, sich unentbehrlich zu machen. Wo dagegen ein ehrliches Lob und ein herzliches Dankeschön offen zum Ausdruck gebracht werden, sind die Voraussetzungen für ein permanentes Mitlernen nicht schlecht.

6,8 Milliarden Menschen warten auf dieser Welt darauf, kübelweise mit Lob überschüttet zu werden. Leider tut es kaum jemand – nicht zuletzt deshalb, weil es einem nicht beigebracht wird. Doch Loben kann man lernen wie alles andere auch.

Eine Orientierung dafür, wie Sie richtig loben, geben Ihnen die folgenden Anregungen:

1. *Tun Sie es jetzt.*
   Vielleicht nehmen Sie mit Blick auf einen Mitarbeiter Dinge wahr, die lobenswert sind, und denken: »Morgen haben wir eine Sitzung, da sage ich es.« Wir empfehlen: Schieben Sie das Lob nicht auf. Loben Sie jetzt.

2. *Nennen Sie die Dinge beim Namen.*
   Sagen Sie ganz einfach, was Sie freut. Beispiel: »Sie sind gestern eine Stunde länger dageblieben und haben das Angebot rausgeschickt. Unglaublich: Ich komme heute Morgen in mein Büro, und der Auftrag ist bereits da!«

3. *Sagen Sie es mit Begeisterung.*
   Lassen Sie sich Ihre Begeisterung anmerken und machen Sie Ihrem Gegenüber deutlich, dass Sie es ehrlich meinen. Wenn Sie vor lauter Emotionen etwas lauter sprechen, ist das prima, denn es gilt der Grundsatz: Wenn Sie loben, sollten es möglichst 100 oder gar 1 000 Menschen hören. Nur wenn Sie kritisieren, sollte das Gespräch möglichst unter vier Augen stattfinden.

4. *Ermuntern Sie den Mitarbeiter zum Weitermachen.*
   Geben Sie dem Mitarbeiter die Hand, klopfen Sie ihm auf die Schulter oder nehmen Sie ihn sogar in den Arm. Das »Weiter so!« sollte deutlich werden. Der Mitarbeiter ist dann motiviert und sagt sich: »Wenn der Chef denkt, dass das gut war, dann werde ich ihm morgen einmal beweisen, was ich wirklich kann.«

Natürlich können wir ahnen, dass Sie sehr beschäftigt sind. Trotzdem laden wir Sie dazu ein, heute einen Versuch zu starten. Eine Kultur des Lobens, Dankens und Anerkennens entwickelt sich nur langsam, aber macht im Unternehmen einen wesentlichen Unterschied. Außerdem muss das Lob nicht viel Zeit beanspruchen. Wenn Sie sich an den oben genannten vier Anregungen orientieren, werden Sie überrascht feststellen, dass ein solches Lob nicht länger als eine Minute dauert.

Zusätzlich zu den vier genannten Grundsätzen seien hier noch einige weitere Einsichten in dieses so wichtige Gebiet genannt:

- Lob ist nicht delegierbar. Sprechen Sie das Lob immer persönlich aus. Es bringt nicht viel, wenn Sie jemand anderen damit beauftragen.
- Ein gedankenloses »Das haben Sie toll gemacht!« oder »Weiter so!« verkehrt ein Lob oft ins Gegenteil.
- Behandeln Sie alle Mitarbeiter gleich und loben Sie auch diejenigen, die Sie vielleicht weniger sympathisch finden.
- Sprechen Sie Anerkennung auch für Teilerfolge aus.
- Ein Lob muss in Zusammenhang mit der erbrachten Leistung stehen.
- Sprechen Sie Anerkennung auch für persönliche Eigenschaften aus, etwa: »Ihr Organisationstalent war wieder eine große Hilfe.«
- Ein Lob, das nicht ernst gemeint ist, wird leicht zum Bumerang. Nur ein authentisches und ehrliches Lob wird als solches wahrgenommen.

Bei uns im Hause fragen wir bei Besprechungen von Bereichsleitern regelmäßig: »Haben Sie heute schon einen Mitarbeiter gelobt?« Falls das nicht der Fall ist, folgt die Frage: »Wissen Sie noch, wie es geht?« Lernen Sie die vier Punkte am besten auswendig und praktizieren Sie das Loben regelmäßig. Es ist so leicht und kostet keinen Cent, Mitarbeitern genau das zu geben, was sie sich am meisten wünschen.

Immer neu Anerkennung zu geben, setzt ein hohes Maß an Aufmerksamkeit voraus. Es ist im Alltag oft nicht einfach, den Mitarbeitern mehr Augenmerk zu schenken als den Zahlen, Daten und Fakten. Wenn Sie sich mit dem Loben und Danken schwer tun, sollten Sie ganz unten anfangen. Insgesamt kann man drei Stufen unterscheiden, die von der Wahrnehmung zum Lob führen:

1. Im ersten Schritt geht es darum, den Mitarbeiter überhaupt wahrzunehmen und ihn beispielsweise morgens zu begrüßen. Es ist eine gute Gewohnheit, den Mitarbeitern in seinem Umfeld mit Handschlag einen guten Morgen zu wünschen.
2. Auf der nächsten Stufe wird dem Mitarbeiter signalisiert: »Gut, dass du da bist und dass es dich gibt.« Dies kann etwa durch eine entsprechende Gestik und Mimik geschehen.
3. Die dritte Stufe haben Sie dann erreicht, wenn Sie Ihren Dank verbal ausdrücken. Das kann ein einfaches »Danke« sein, im Idealfall das oben skizzierte Minutenlob.

Im Schwäbischen gibt es einen Satz, der heißt: »Nichts gesagt, ist genug gelobt« (»Nix g'schwätzt, isch g'nuag g'lobt«), wobei die rabiatere Variante lautet: »Ein wenig gemeckert, ist genug gelobt« (»A weng bruddelt, isch g'nuag g'lobt«). Dagegen sagt der Volksmund: »Loben zieht nach oben« und »Danken schützt vor Wanken«. Wir haben gute Erfahrungen damit gemacht, diese Volksweisheiten ernst zu nehmen. Machen auch Sie sich zum Grundsatz, täglich einen Anlass für ein Lob zu finden und dieses Lob auch auszusprechen.

Fördern Sie Ihre Mitarbeiter durch ständiges Feedback

Motivierte, geschulte und informierte Mitarbeiter, denen man vertrauen kann, sind Gold wert, denn sie erledigen Aufgaben im Sinne der gemeinsam gesteckten Ziele. Landauf, landab ist jedoch der Stoßseufzer zu hören: »Wenn wir nur mehr Mitarbeiter von dieser Sorte hätten!« Für Unternehmer gibt es hauptsächlich zwei Möglichkeiten, um solche exzellente Mitarbeiter zu bekommen:

1. Sie kaufen sie von anderen Unternehmen – oft für viel Geld – ein.
2. Mitarbeiter, die bereits im Unternehmen sind und schon gezeigt haben, dass sie über Potenzial verfügen, werden zielgerichtet entwickelt und bekommen immer neue Chancen, um zu lernen.

Der international renommierte Management-Experte Jim Collins, der die Vor- und Nachteile dieser beiden Möglichkeiten untersucht hat, sagt sinngemäß: Von allen Firmen, die wir auf die Qualität ihrer Führungskräfte hin untersucht haben, hat sich ein überraschendes Ergebnis eingestellt. Von elf Führungskräften war nur eine Führungskraft dabei, die von einem anderen Unternehmen abgeworben wurde.[35]

Das Problem mit Führungskräften fremder Firmen ist, dass sie nicht zur Kultur passen, oft überbezahlt sind und mit Blick auf die spezifische Geschichte des neuen Unternehmens keinen Erfahrungsschatz haben. Es spricht also viel dafür, geeignete Mitarbeiter des eigenen Hauses zu fördern.

Eigene Mitarbeiter durch Feedback über einen langen Zeitraum hinweg zielgerichtet zu entwickeln, ist für viele Mittelständler jedoch nicht einfach. Die Knackpunkte sind:

- mangelnde Vertrautheit mit Feedbackgesprächen (»Worüber sollen wir da reden?«),
- mangelnde Zeit,
- mangelnde Einsicht (»Haben wir nicht Wichtigeres zu tun? Bei uns gilt das SNS-Prinzip: Schaffe, net schwätza.«),
- Wegschieben der eigenen Verantwortung (»Die Personalabteilung soll das machen.«).

Es gibt ein geflügeltes Wort, das heißt: »Die Mitarbeiter werden nie besser als ihr Chef, und die Firma wird nie besser als ihre Mitarbeiter.« Der Sinn von Feedbacks besteht letzendlich darin, dass Mitarbeiter an die Leistung ihres Chefs herangeführt werden, damit die Gesamtleistung des Unternehmens steigt. In einem Feedback steckt implizit die Aufforderung zu ständiger Verbesserung und permanenter Verantwortung. Für alle, die bereit sind, sich auf Feedbackgespräche einzulassen, hier sieben Tipps:

1. *Gehen Sie mit einem langen Atem an die Sache heran.*
   In die Mitarbeiterentwicklung zu investieren, ist zeitaufwändig. Oft dauert es bis zu den ersten Erfolgen länger, als im Vorfeld geplant. Mit zwei bis vier Jahren müssen Sie in der Regel rechnen, bis Sie Ergebnisse erhalten. Es ist wichtig, von Anfang an klar zu wissen, in welche Richtung sich der Mitarbeiter entwickeln soll, und dieses Ziel nicht aus den Augen zu verlieren.

2. *Machen Sie sich und den Gesprächspartnern klar, worum es geht.*
   Eines der häufigsten Missverständnisse, die mit dieser Entwicklungsarbeit einhergehen, ist, dass Mitarbeiter versuchen, diese Gespräche für Gehaltsverhandlungen zu nutzen. Chefs sehen in ihnen wiederum häufig die Chance, Kritik zu üben oder zusätzliche Aufgaben zu verteilen. Stellen Sie daher von vornherein klar, dass die Mitarbeiterentwicklung ausschließlich die Aufgabe hat, Ihre Mitarbeiter zu fördern.

3. *Überfordern Sie sich nicht.*
   Erfahrungsgemäß können Sie als Chef nicht mehr als zwölf Mitarbeiter persönlich begleiten. Führen Sie Ihre Förderungsarbeit daher kaskadenförmig von oben nach unten durch: Sie reden mit Ihren engsten Mitarbeitern, und diese betreuen wiederum die ihnen unterstellten Mitarbeiter.

4. *Durchdenken Sie vorab einige Fragen.*
   Machen Sie sich im Vorfeld des Gesprächs Gedanken zu folgenden Fragen:
   - In welchen Bereichen hat sich der Mitarbeiter bewährt? Soll er diese Bereiche weiterführen?
   - Welche Aufgaben sollte er jetzt neu anpacken?
   - Was stört an diesem Mitarbeiter? Was hat er nicht gut gemacht und sollte es künftig unterlassen?
   - Was möchte ich wie kommunizieren?
   - Wie ist meine Einstellung zu dem betreffenden Mitarbeiter?
   - Mit welchem Gefühl sollte mein Mitarbeiter aus dem Gespräch gehen?
   - Wie verliefen frühere Gespräche?
   - Wie wird der Mitarbeiter vermutlich in dem Gespräch agieren und reagieren?

5. *Reden Sie nicht zu viel.*
   Feedbackgespräche dürfen keine Monologe sein. Als ideal hat sich die 80:20-Formel erwiesen: Hören Sie zu 80 Prozent zu und reden Sie nur 20 Prozent – ähnlich wie auch bei den Interviews.

6. *Klären Sie rechtzeitig die konkreten Rahmenbedingungen.*
   Zum Feedbackgespräch zählen alle Dialoge zwischen Vorgesetzten und Mitarbeitern, die über die routinemäßige Alltagskommunikation hinausgehen. Das heißt aber auch, dass Sie im Vorhinein einige Dinge überlegen müssen:
   - Welcher Termin bietet sich an?
   - Welchen Zeitrahmen sollte das Gespräch haben?
   - Welche Unterlagen muss ich bereit halten beziehungsweise welche Daten muss ich mir im Vorfeld besorgen?
   - An welchem Ort kann ein solches Gespräch ohne Störung stattfinden?

7. *Verhalten Sie sich während des Gesprächs stets korrekt.*
   Der Mitarbeiter wird dem Gespräch mit Ihnen, seinem Vorgesetzten, eine sehr hohe Bedeutung zumessen. Deshalb denken Sie auch an Folgendes:
   - Begrüßen Sie den Mitarbeiter, gehen Sie auf ihn zu und danken Sie ihm für sein Kommen.
   - Schaffen Sie ein positives und offenes Gesprächsklima.

- Sorgen Sie dafür, dass Sie ungestört sind. Sie dürfen sich keine Telefonate durchstellen lassen und sollten das Handy ausschalten.
- Machen Sie sich Notizen, damit Sie in der Lage sind, Argumente Ihres Mitarbeiters später wieder aufzugreifen.
- Geben Sie Ihrem Mitarbeiter Gelegenheit, Frust abzubauen und seinen Gefühlen Luft zu machen.
- Antworten Sie auf das Feedback nicht sofort, sondern denken Sie zuerst nach.
- Vermeiden Sie Diskussionen, Rechtfertigungen und rechthaberisches Richtigstellen.
- Nennen Sie Ross und Reiter.
- Sprechen Sie in der Ich-Form und nicht von »man« oder von »wir«.

Marcus Buckingham, einst 17 Jahre Führungskraft bei der amerikanischen Gallup-Organisation und heute selbstständig als Autor und Redner, beschreibt in seinem Buch *Erfolgreiche Führung gegen alle Regeln*, eine interessante Übung.[36] Er empfiehlt: Nehmen Sie ein leeres Blatt zur Hand und tragen Sie auf der linken Seite die Namen Ihrer Mitarbeiter in absteigender Produktivitätsreihenfolge (A-B-C) ein. Oben steht nun also der tüchtigste Mitarbeiter, unten der Leistungsschwächste.

Auf der rechten Seite des Blattes gehen Sie genauso vor: Sie listen wieder Ihre Mitarbeiter auf, dieses Mal aber geordnet nach der Zeit, die Sie in Ihre Mitarbeiter investieren. Oben steht also der Mitarbeiter, auf den die meiste Zeit entfällt, unten steht der mit der wenigsten.

Ziehen Sie nun eine Linie vom Namen links zum gleichen Namen rechts. Überschneiden sich Ihre Linien? Ungewöhnlich wäre das nicht, denn viele Vorgesetzte konzentrieren sich auf ihre schwächeren Mitarbeiter und kümmern sich weniger intensiv um die tüchtigen Leute. Oberflächlich betrachtet scheint dies auch sinnvoll zu sein. Die guten beherrschen ihren Job ja ohnehin und brauchen folglich auch keine Unterstützung. Dagegen haben jene Mitarbeiter, bei denen es nicht so reibungslos läuft, Hilfe bitter nötig.

Diese Überlegung ist nur auf den ersten Blick einleuchtend. Gute Führungskräfte verfahren genau umgekehrt. Das heißt, Ihre Linien sollten möglichst horizontal beziehungsweise parallel laufen. Mit anderen Worten: Sie widmen Ihre meiste Zeit – etwa in Gestalt der Feedbackgespräche – den »Stars«. Somit investieren Sie in die besten Mitarbeiter. Es geht dabei darum, den A-Mitarbeitern Steine aus dem Weg zu räumen, und nicht darum, dass der Chef ständig »auf der Matte steht«. Letzteres wäre sehr schädlich. A-Mitarbeiter lieben und brauchen Freiräume. Sie wissen es aber ebenso zu schätzen, wenn der Chef stets ein offenes Ohr für sie hat und sich um sie kümmert.

Durchschnittsmanager sehen sich in erster Linie als Instrukteur und Kontrolleur. *Exzellente* Manager jedoch sehen Kontrolle und Anweisung keineswegs im Zentrum ihrer Tätigkeit. Beides hat zwar seinen Platz, insbesondere bei Neulingen, aber den Kern machen diese Aktivitäten nicht aus. Gute Manager übernehmen die »Katalysatorrolle«. Ihr Anliegen ist es, die Potenziale des jeweiligen Mitarbeiters noch besser freizusetzen.

Zur Vorbereitung der Feedbackgespräche und als Ergebnisprotokoll eignet sich das »Mitarbeitergesprächs-Formular«. Füllen Sie es während des Dialoges mit Notizen und lassen Sie nach dem Gespräch vom Mitarbeiter unterschreiben. Kopieren Sie das Blatt und geben Sie eine Kopie an den Mitarbeiter und an dessen weitere Vorgesetzte.

Service: Eine Datei des Formulars zum Ausdrucken finden Sie kostenlos unter www.abc-strategie.de/formulare.

Abbildung 34: Mitarbeitergesprächs-Formular

Mitarbeiter: .... Ort: .... Termin: ....
Rückblick von: .... bis: ....

Die vier wichtigsten Hauptaufgaben des Mitarbeiters:
1.
2.
3.
4.

Positiv aus Sicht des Mitarbeiters	Positiv aus Sicht des Vorgesetzten	Fördervorschläge
Negativ aus Sicht des Mitarbeiters	Negativ aus Sicht des Vorgesetzten	Fördervorschläge

Zielsetzungen und Fördermaßnahmen   von: bis:
1.
2.
3.
4.
5.

Sofort zu veranlassen:

Termin des nächsten Mitarbeitergesprächs:

Unterschrift:

Stufe 3: Mitlernen | **165**

Die folgenden Fragen werden Ihnen dabei helfen, Ihre Feedback-Fähigkeiten zu bewerten. Finden Sie heraus, wie gut Sie bisher Ihren Mitarbeitern Rückmeldung gegeben haben.

Bewerten Sie sich selbst anhand von Noten. Ist die Antwort auf die Frage ein klares Ja, dann geben Sie sich eine 1. Bei Defiziten geben Sie sich je nach Grad eine entsprechend schlechtere Note.

1. Bin ich ein guter Beobachter meiner Mitarbeiter?	☐1 ☐2 ☐3 ☐4
2. Kann ich mich als guten Zuhörer bezeichnen?	☐1 ☐2 ☐3 ☐4
3. Erhalten meine Mitarbeiter auch außerhalb von offiziellen Mitarbeitergesprächen regelmäßig Rückmeldung von mir?	☐1 ☐2 ☐3 ☐4
4. Frage ich meinen Mitarbeiter im Gespräch nach seiner Einschätzung der Dinge?	☐1 ☐2 ☐3 ☐4
5. Kann ich die Sichtweisen des Mitarbeiters wirklich nachvollziehen?	☐1 ☐2 ☐3 ☐4
6. Kenne ich die Stärken und Schwächen der einzelnen Mitarbeiter?	☐1 ☐2 ☐3 ☐4
7. Kann ich auch in Phasen der Aufregung eine sachliche und fördernde Rückmeldung geben?	☐1 ☐2 ☐3 ☐4
8. Rechne ich in jeder Situation damit, eventuell Feedback geben zu müssen?	☐1 ☐2 ☐3 ☐4
9. Belohne ich zeitnah besondere Erfolge?	☐1 ☐2 ☐3 ☐4
10. Habe ich eine gesunde Balance zwischen Lob und Kritik?	☐1 ☐2 ☐3 ☐4
11. Nehme ich trotz Zeitdruck Mitarbeitergespräche wahr?	☐1 ☐2 ☐3 ☐4
12. Beobachte ich Fortschritte, die auf mein Feedback zurückzuführen sind?	☐1 ☐2 ☐3 ☐4

Auswertung
Zählen Sie alle Noten zusammen und dividieren Sie das Ergebnis durch 12. Auf diese Weise erhalten Sie Ihre Durchschnittsnote.

Note 1,0 bis 1,9: Sie haben erkannt, wie wichtig Feedback für Ihre Mitarbeiter ist. Dadurch tragen Sie entscheidend zu deren Entwicklung und Förderung bei.

Note 2,0 bis 2,9: Sie geben sich Mühe, Ihre Mitarbeiter durch Feedback zu fördern und zu entwickeln. Betrachten Sie Ihre wenigen Schwächen als Herausforderung, um ihre Mitarbeiter noch besser zu fördern.

Note 3,0 bis 4,0: Die Verantwortung für Mitarbeiter entspricht nicht Ihren Stärken. A-Mitarbeiter werden das Unternehmen früher oder später verlassen, da sie als wertvollstes Gut nicht richtig gefördert werden.

Bilden Sie begabte Mitarbeiter weiter

Wer A-Mitarbeiter langfristig halten möchte, muss sich Gedanken darüber machen, wie er sein Unternehmen zu einer permanent lernenden Organisation gestaltet. A-Mitarbeiter wollen sich ständig entwickeln und brauchen dazu die richtigen Rahmenbedingungen. Auf den folgenden Seiten finden Sie einige Vorschläge, wie diese aussehen können.

Verbesserungs- und Vorschlagswesen

Das Verbesserungs- und Vorschlagswesen ist der Klassiker, wenn es darum geht, das Unternehmen mithilfe des Wissens seiner Mitarbeiter weiterzuentwickeln. Wer gute Ideen hat, kann sie hier einbringen. Etwa jede dritte deutsche Firma nutzt diesen Weg. In einem Durchschnittsunternehmen werden jährlich 0,7 Verbesserungsvorschläge pro Mitarbeiter eingereicht.[37] Wenn Sie also zehn Mitarbeiter haben, können Sie mit sechs Verbesserungsvorschlägen rechnen. Gute Mittelständler kommen auf fünf bis sieben Verbesserungsvorschläge pro Mitarbeiter und Jahr, liegen also um das Zehnfache über dem Durchschnitt. Das Ziel in unserer Firma sind derzeit 12 Verbesserungsvorschläge pro Mitarbeiter und Jahr. Den Weltrekord hält der japanische Automobilhersteller Toyota mit über 63 Verbesserungsvorschlägen pro Mitarbeiter und Jahr.[38] Wenn Sie ein Verbesserungs- und Vorschlagswesen installieren, sollten Sie absichern, dass die Vorschläge nicht in der Schublade verschwinden und verstauben. Ihre Mitarbeiter erwarten ein rasches Feedback. Wird ein Vorschlag nicht umgesetzt, muss die Begründung dafür überzeugen.

Kontinuierlicher Verbesserungsprozess (KVP)

Unter einem kontinuierlichen Verbesserungsprozess versteht man, dass Mitarbeiter und Teams in einem festgelegten Verfahren Probleme *selbst* lösen. Die Geschäftsleitung entscheidet nur noch über den fertigen Lösungsvorschlag. Damit unterscheidet sich KVP vom Verbesserungs- und Vorschlagswesen: Während dort andere mit den Vorschlägen arbeiten, begleiten die Teams bzw. einzelne Mitarbeiter beim KVP ihre Ideen bis zur Umsetzung selbst.

Externe Weiterbildung

In früheren Jahren wurde kontrovers diskutiert, ob man eher seine Stärken stärken und ausbauen oder aber besser an seinen Schwächen arbeiten soll. Dieser Streit ist inzwischen klar entschieden. Die weltbesten Manager raten: Konzentrieren Sie sich auf die Stärken des jeweiligen Mitarbeiters und versuchen Sie, seine Schwächen elegant zu umschiffen. Ziel muss es sein, bei jedem Mitarbeiter die persönliche Begabung hervorzuholen und zu kultivieren.

Weltweit betrachtet werden derzeit im Durchschnitt 1 300 US-Dollar jährlich pro Mitarbeiter für Weiterbildung ausgegeben (Quelle: ASTD). In Amerika werden bei Führungskräften drei bis vier Tage pro Mitarbeiter und Jahr in Weiterbildung investiert. In Deutschland ist es etwa die Hälfte dieser Werte. Die Kosten für die Weiterbildung trägt in der Regel das Unternehmen. Wir sind nicht nur ein Beratungsunternehmen, sondern auch ein Seminarveranstalter. Deshalb ist es für die Mitarbeiter eine Selbstverständlichkeit, Seminare zu besuchen. Insofern liegen die Durchschnittswerte in unserer Firma deutlich höher.

Warum machen Sie nicht einfach den Besuch einer Weiterbildungsveranstaltung pro Jahr zur Pflicht? Je nach Aufgabe des Mitarbeiters kann dies Englisch- oder Italienisch-Unterricht sein, ein Erste-Hilfe-Kurs, ein Führerschein für Gabelstapler, eine Weiterbildung zum Thema Qualitätsmanagement, Persönlichkeitsentwicklung oder was immer für den Mitarbeiter dran ist, um seine Stärke zu stärken. Ein weiteres Argument für eine intensive und regelmäßige Weiterbildung ist die explosionsartige Wissensvermehrung. Das Wissen verdoppelt sich heute alle vier Jahre.

Einmal im Jahr sollten Sie den Schulungsbedarf gemeinsam planen und festlegen. Das nachfolgende Formular kann Ihnen dabei helfen.

Abbildung 35: Formular zum Ermitteln des Schulungsbedarfs

Abteilung: .... Arbeitsplatzinhaber: ....
Ausgefüllt von: .... Am: ....

1. Welche Anforderungen stellt der Arbeitsplatz gegenwärtig an den Mitarbeiter?
Fachkenntnisse:

Methoden, Abläufe, Prozesse, Verfahren:

Information, Kommunikation, Kooperation, Führung:

2. Über welche Qualifikationen muss der Arbeitsplatzinhaber zukünftig verfügen?
Zukünftige Arbeitsplatzanforderungen an den Mitarbeiter, etwa aufgrund des Einsatzes neuer Maschinen, anderweitiger Produkte, neuer Fertigungsverfahren oder Rechtsvorschriften, Umorganisation des Betriebsablaufes:

3. Welche Fertigkeiten beherrscht der Arbeitsplatzinhaber nicht beziehungsweise nicht gut?
Schwächen (fachlich/persönlich):

4. In welchen Bereichen muss sich der Mitarbeiter weiterbilden, um den Punkten 1 und 2 gerecht zu werden?

Art der Weiterbildung:

Zeitaufwand:

Voraussichtliche Kosten:

Zeitpunkt der Weiterbildung:

Unterschrift des Vorgesetzten:

Service: Eine Datei des Formulars zum Ausdrucken finden Sie kostenlos unter www.abc-strategie.de/formulare.

Wenn Sie sicherstellen wollen, dass nicht ein gewisser »Weiterbildungstourismus« einsetzt, können Sie folgendermaßen vorgehen: Sie verlangen von jedem Mitarbeiter, dass er am Ende eines Schulungstages mindestens drei umsetzbare To-do-Punkte aufschreibt. Wenn er diese drei Punkte vorweisen kann, ist alles in Ordnung. Wenn er sie jedoch nicht bringt, wird zwar die Rechnung für die Weiterbildungsveranstaltung bezahlt, aber der Mitarbeiter muss seinen Urlaub einsetzen. Um die drei To-do-Punkte auch zu überprüfen, empfehlen wir, dem Mitarbeiter ein Formular mitzugeben. Wie ein solches Formular aussehen kann, sehen Sie rechts.

Service: Eine Datei des Formulars zum Ausdrucken finden Sie kostenlos unter www.abc-strategie.de/formulare.

Weiterbildung wird nur funktionieren, wenn die Wichtigkeit dieses Themas in allen Bereichen erkannt ist. Wer seinen von einer Weiterbildung zurückkehrenden Mitarbeiter mit den Worten begrüßt: »Wie war Ihr zweitägiger Urlaub?«, der hat es nicht verstanden.

Abbildung 36: Formular zum Ermitteln des Schulungsnutzens

Spielregeln für Weiterbildungsveranstaltungen (Seminare, Firmenbesuche)
1. Von jedem, der zu einem Seminar oder Firmenbesuch geht, wird erwartet, dass er am Ende des Tages mit drei To-do-Punkten wiederkehrt.
2. To-do-Punkte sind umsetzbare Aktionen, die Verbesserungen in irgendeiner Art nach sich ziehen. Sollten Sie absehen können, dass am Ende des Tages keine drei To-do-Punkte zustande kommen, dann verlassen Sie bitte hoch erhobenen Hauptes den Seminarraum und gehen Sie wieder nach Hause. Dort werden Sie dringend benötigt.
3. Kommen die drei To-do-Punkte nicht zustande, wird der Tag als Urlaubstag angerechnet. Dies gilt auch, falls dieses Blatt nicht eine Woche nach der Weiterbildungsveranstaltung vorliegt.

Name: .... *Abteilung:* ....
Veranstaltung: .... *Ort:* ....
Referent: .... *Datum:* .... *Dauer:* ....

Diese Veranstaltung kann weiterempfohlen werden:
☐ *Ja, wem?* .... ☐ *Nein, warum?* ....

To-do-Punkte (mindestens 3):
1.   2.   3.

Empfehlungen:

Erkenntnisse:

Bemerkungen:

Innerbetriebliche Weiterbildung

Großbetriebe unterhalten oft eigene Weiterbildungsabteilungen oder sogar ganze Universitäten. Weltberühmt ist die Universität von General Electric im Norden des Bundesstaates New York. Diese Universität, auch »The Pit« genannt, bringt seit vielen Jahren die weltbesten Manager hervor. Wer diese innerbetriebliche Ausbildung durchlaufen hat, ist bevorzugtes Ziel der internationalen Headhunter.

Auch ein Mittelständler kann eine eigene »University« betreiben, wenngleich mit bescheideneren Mitteln. Sie können einen Anfang machen, indem Sie einen bestimmten Tag pro Monat festlegen, an dem wichtiges Knowhow vermittelt wird. Wenn Sie keine externen Referenten einladen wollen, können Sie fachlich und didaktisch kompetente Mitarbeiter, Kunden und Lieferanten bitten, in einstündigen Schulungseinheiten Praxiswissen weiterzugeben.

Erfahrungsgemäß werden solche Angebote von Mitarbeitern sehr gut besucht, auch wenn die Teilnahme nicht als Arbeitszeit vergütet wird. So laden wir unsere Mitarbeiter einmal im Monat zu einem Abendessen ein. Dieses wird in Verbindung mit zwei Schulungseinheiten à 45 Minuten durchgeführt. Das Angebot wird so gut wie zu 100 Prozent angenommen.

Fachliteratur zum Verschenken

Die günstigste Möglichkeit der Weiterbildung besteht darin, Fachbücher an Mitarbeiter zu verschenken. Gerade Fachliteratur wird von Mitarbeitern gerne angenommen, weil sie sich so in ihrer fachlichen Kompetenz ernst genommen fühlen. Eine Investition von beispielsweise 34,90 Euro – so viel hat das Buch gekostet, das Sie gerade in der Hand halten – ist allemal gut eingesetzt.

Wenn der Mitarbeiter auch nur zwei Stunden zu Hause mit dem Buch verbringt und später eine beim Lesen gewonnene Idee im Unternehmen umsetzt, hat er der Firma in vielfacher Weise den Wert zurückerstattet. Ein positiver Nebeneffekt dieses Vorgehens ist, dass Mitarbeiter gerne in einem Unternehmen tätig sind, das sich großzügig um seine Belegschaft kümmert.

Querdenker-Stammtisch

A-Mitarbeiter sind oft auch Originale. Wenn Sie A-Mitarbeiter halten und begeistern wollen, dann müssen Sie sich zu diesen Originalen bekennen. Als Vorgesetzte sind wir immer mehr der Mörtel, der diese – oft auch kantigen – Steine zusammenhält.

Es ist eine gute Idee, sich hin und wieder an einem Abend in einer Gaststätte zusammenzusetzen. Bei Essen und Trinken lässt sich manches diskutieren, was im Tagesgeschäft nicht so einfach zu thematisieren wäre. Oft entstehen bei diesen informellen Treffen Einfälle, die in die Zukunft weisen und Lösungen bringen, auf die Sie in einer gewöhnlichen Sitzung nie gekommen wären. Machen Sie diese Einladung öffentlich. Laden Sie also nicht nur Querdenker ein, sondern heißen Sie alle Mitarbeiter willkommen, die etwas im Unternehmen bewegen wollen.

Jobrotation

Die Zahl der Unternehmen nimmt zu, in denen sich einmal pro Jahr die Vorgesetzten mit ihren Mitarbeitern zusammensetzen, um über die Möglichkeiten der Jobrotation nachzudenken. Dabei wird überlegt, welchen neuen Arbeitsbereich der Mitarbeiter kennen lernen kann.

Der zeitweise Wechsel des Arbeitsplatzes muss sich nicht auf das eigene Unternehmen beschränken. Auch in Tochtergesellschaften oder in befreundeten Firmen lässt sich eine bestimmte Zeit sinnvoll zubringen. Ziel ist es dabei immer, Einblicke in andere Aufgabenfelder zu gewinnen und den eigenen Verantwortungsbereich zu erweitern. Jobrotation bietet viele Vorteile:

- Bei unerwarteter Abwesenheit eines Mitarbeiters kann ein Kollege sofort einspringen, da er die Arbeit kennt. Für die Fertigung kann das beispielsweise bedeuten, dass ein Maschinenstopp verhindert wird und die Gesamtproduktion ungehindert weiterläuft.
- Das Unternehmen ist in der Lage, Auftragsspitzen abzudecken.
- Das Verständnis für andere Abteilungen wächst, weil Mitarbeiter Einblick in unterschiedliche Bereiche haben.
- Gute Ideen in einem Bereich werden in andere Bereiche übertragen.

- Jobrotation zwingt dazu, Arbeiten zu durchdenken und zu vereinfachen, da sie sonst nicht erklärt werden können.
- Die Mitarbeiter gewinnen neue Kenntnisse, sind flexibler einsetzbar und haben mehr Freude bei der Arbeit.

Es ist wichtig, dass die Mitarbeiter den Anforderungen des neuen Aufgabenbereiches auch gerecht werden können. Ist der Mitarbeiter überfordert, stellen sich negative Effekte ein.

Kapitel 11

Stufe 4: Mitverantworten

In diesem Kapitel erfahren Sie:

- ▶ Auf welche Weise Sie zum motivierenden Muntermacher werden
- ▶ Wie Sie mit Ihren Mitarbeitern Quartalsgespräche führen
- ▶ Worauf es bei Zielvereinbarungen ankommt

Motivieren Sie jeden Tag – der Chef als Muntermacher

Wenn Sie Ihre Mitarbeiter auf der Stufe der Mitverantwortung sehen wollen, müssen Sie die nötigen Voraussetzungen schaffen. Die Frage, ob die Mitarbeiter motiviert an ihre Aufgaben gehen, ist dabei von entscheidender Bedeutung. Es wäre schön, wenn die ganze Firma voll von begeisterten Mitarbeitern wäre. Doch ist diese Begeisterung die Ausnahme. Stattdessen sind die meisten Unternehmen voll von Mitarbeitern mit »geringer emotionaler Bindung«, wie Gallup sagt. Gemeint sind die B-Mitarbeiter.

Daran sind die Vorgesetzten nicht ganz unschuldig. Wer versucht, seine Mitarbeiter zu mehr Leistung anzustacheln, indem er sie belohnt, belobigt, »besticht«, bedroht oder bestraft, erreicht oft das Gegenteil. Belohnungen können keine Sinndefizite und mangelnden Freiraum kompensieren. Wenn das Lob nicht von Herzen kommt, wird es als manipulativ aufgefasst. Wer seine Mitarbeiter bedroht oder bestraft, damit sie sich künftig noch mehr Mühe geben, verbreitet nur Angst und Schrecken. In einem solchen Umfeld wird kaum ein Mitarbeiter auf die Idee kommen, von sich aus Verantwortung wahrzunehmen und sich Risiken auszusetzen.

Ein Autor, der sich mit diesen Zusammenhängen wie kein zweiter beschäftigt hat, ist Reinhard K. Sprenger. Er geht sogar so weit, dass er sagt,

Mitarbeiter kann man gar nicht motivieren. Wenn es Motivationsdefizite gibt, dann schiebt er die Schuld dafür allein dem Vorgesetzten zu. Herr Sprenger sagt beispielsweise sinngemäß: »Wenn Sie einen unmotivierten Mitarbeiter haben, dann frage ich: Wer hat ihn denn eingestellt? Natürlich Sie, der Vorgesetzte. War er denn damals motiviert, als Sie ihn eingestellt haben? Antwort: Natürlich. Wenn er jetzt, ein Jahr später, nicht mehr motiviert ist, wer ist dann daran Schuld? Natürlich Sie als Vorgesetzter.«[39]

Ohne Frage ist an dieser These etwas dran. Sie zeigt, welch wichtige Rolle der Vorgesetzte einnimmt – ob ihm das lieb ist oder nicht. Der Chef ist der Muntermacher. Diese Aufgabe ist nicht delegierbar. Wenn ein Vorgesetzter zu seinen Mitarbeitern sagt: »Jeder Mitarbeiter ist ersetzbar«, dann kommt er seiner Verantwortung nicht nach. Ein solcher Killersatz halbiert die Motivation und widerspricht dem Schlüsselsatz »Ich brauche Sie!« Mitarbeiter, die sich für austauschbar halten, haben keine Motivation, sich besonders anzustrengen. Achten Sie also auf das, was Sie denken und sagen.

Wenn wir vom Chef als Muntermacher sprechen, heißt dies nicht, dass Ihre Bemühungen auch tatsächlich Früchte tragen werden. Sie können nur zum Mitmachen einladen und versuchen, alles zu tun, um Ihre Mitarbeiter zu begeistern. Wer nicht mitmacht, muss sich allerdings fragen lassen, ob er nicht ein C-Mitarbeiter ist und sich in einem anderen Unternehmen besser aufgehoben fühlt.

Drei Arten von Motivation

Um zum Muntermacher zu werden, müssen Sie zunächst verstehen, wie Motivation funktioniert. Stark vereinfacht, gibt es drei Arten der Motivation:

1. *Pull- oder Zugmotivation*
   Bei der Pull- oder Zugmotivation geht es um Dinge wie Belohnung, Lob, Beförderung, Wettbewerbe, also um monetäre und nichtmonetäre Anreize. Das Problem mit dieser Art von Belohnung besteht darin, dass sie nur teilweise und nur sehr kurz andauernde Wirkung entfaltet. Außerdem bedingt sie eine kontinuierliche Steigerung. Was mit einem Betriebsausflug auf der Schwäbischen Alb begonnen hat, wird irgendwann einmal die Fotosafari in Südafrika. Wenn Sie diese Anreize streichen, dann ist der Mitarbeiter am Boden zerstört.

2. *Push- oder Stoßmotivation*
Diese Motivation basiert auf »Bestrafung« beziehungsweise auf Entzug einst gewährter Vergünstigungen. Formen sind das Streichen von Befugnissen, Drohen mit Kündigung oder das Aussprechen von Vorwürfen und Tadeln.

3. *Intrinsische oder innere Motivation*
Was der Chef als Muntermacher anstrebt, ist die Motivation von innen. Nur diese Motivationsart ist wirksam und andauernd. Wer einmal Feuer gefangen hat und von einer Aufgabe begeistert ist, den muss man weder locken noch prügeln.

Wer intrinsisch motivierte Mitarbeiter haben möchte, muss ihnen die Chance geben, sich vom Mitarbeiter zum Mit-Unternehmer zu entwickeln. Das bedeutet, den Mitarbeitern viele Freiräume zu geben. Ziel ist es dabei, dass jeder Mitarbeiter aktiv am Unternehmensgeschehen mitwirkt und Verantwortung für seine Arbeit übernimmt.

Wie sich die Verhältnisse dadurch ändern, zeigt ein Blick auf das Organigramm eines Unternehmens. In traditionellen mittelständischen Firmen steht der Chef an der Spitze. Danach kommen Bereichsleiter, und auf der unteren Ebene befinden sich die einzelnen Mitarbeiter. Der Chef ist für alles zuständig. Er hat einen 15-Stunden-Tag und kann kaum alles unterbringen. Egal, ob es ein neues Geschäft anzubahnen gilt, ein Mitarbeiter einzustellen ist, eine Investitionsentscheidung getroffen werden muss – immer ist der Chef gefordert. Oft ist er morgens der Erste und abends der Letzte, und möglicherweise schreibt er am Wochenende noch die Rechnungen und macht die Buchhaltung.

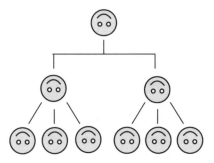

Wenn Sie sich den Chef im Organigramm anschauen, sehen Sie, dass seine Stirn von Sorgen zerfurcht ist und er nichts zu lachen hat. Wenn er aber ständig schlechte Laune hat, ist die Gefahr groß, dass die Mitarbeiter in die innere Kündigung flüchten. Sie sind nur wenig motiviert, und der eine oder andere ist schon auf der Suche nach einer neuen Stelle.

Was ist die Lösung? Wenn man das Bild auf den Kopf stellt, sieht alles plötzlich ganz anders aus. Nun ist es nicht mehr der Chef, der oben steht, sondern die Mitarbeiter nehmen diese Position ein. Sie sind gefragt und treffen Entscheidungen. Der Chef befindet sich im Organigramm ganz unten. Er macht die Spielregeln und schreitet auch einmal ein, wenn das notwendig sein sollte – aber im Operativen ist er nicht zu Hause.

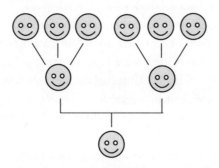

Die Aufgabe des Chefs lässt sich mit der eines Trainers vergleichen. Der Trainer ist nicht der beste Spieler. Er beobachtet das Spiel und macht sich dazu seine Gedanken. Der Trainer entwickelt Strategien und setzt diese dann mit seiner Mannschaft um.

Der Augsburger Berater Ralph Warnatz vergleicht Unternehmen mit einer Fußballmannschaft. Bei ihnen sieht die Aufstellung so aus:

- Stürmer: Vertrieb
- Libero: Einkaufsleitung
- Verteidiger: Marketingleitung
- Mittelfeldspieler: Azubis
- Torwart: Controlling, Finanzen
- Kapitän: Personalleitung
- Trainer: Geschäftsführung

Ist Ihnen das Wichtigste an dieser Aufstellung aufgefallen? Die Geschäftsführung ist nicht Stürmer, auch nicht Libero oder Verteidiger, sondern einfach der Trainer einer höchst erfolgreichen Mannschaft.

Erfolgreiche Führungskräfte versuchen, den individuellen Stil des jeweiligen Mitarbeiters zu unterstreichen und zu perfektionieren. Sie helfen dem Mitarbeiter, ein Bewusstsein für sich selbst zu entwickeln. Er soll verstehen lernen, warum ihm eine bestimmte Arbeitsweise besonders gut liegt und wie er sie weiterentwickeln und noch besser einsetzen kann.

Schließlich macht sich ein guter Chef Gedanken darüber, wie er seine Mitarbeiter am besten entlasten und ihnen Freiräume schaffen kann, damit diese ihre Talente möglichst gut zur Geltung bringen. Wenn jeder Spieler an einem Platz ist, an dem er sich voll entfalten kann, dann ist die Motivation keine Frage mehr. Ein auf diese Weise geführtes Team wird erfolgreich sein – schon deshalb, weil begeisterte Mitarbeiter begeisterte Kunden schaffen und begeisterte Kunden eine gute Voraussetzung dafür sind, weitere begeisterte Kunden zu gewinnen.

Ihre Vorbildfunktion als Führungskraft

Als Führungskraft haben Sie eine wichtige Vorbildfunktion. Ihr Handeln spricht dabei viel lauter, als Sie es mit Worten je vermögen. Das ist nicht anders als zu Hause auch: Wenn Sie Ihrem Kind sagen, es soll nicht rauchen, Sie selbst aber greifen immer wieder zur Zigarette, dann werden Sie nicht besonders überzeugend wirken, und Sie müssen sich nicht wundern, wenn es nicht auf Ihre Worte hört. Das heißt: Die Kultur, die Sie im Unternehmen haben wollen, muss in erster Linie durch Sie persönlich vorgelebt werden.

Dies alles fügt sich nahtlos an den Satz von Albert Schweitzer an, der sagte: »Führung ist Vorbild geben.« Wenn sich der Geschäftsführer einen neuen PKW der Luxusklasse leistet und gleichzeitig Mitarbeiter ihren Job verlieren, weil das Unternehmen in einer finanziellen Schieflage steckt, dann ist diese Botschaft durch nichts wettzumachen. Wenn der Chef einer Großbank eine bestimmte Kapitalrendite anstrebt, sich für seine finanziellen Erfolge feiern lässt und gleichzeitig Tausende von Arbeitsplätzen streicht, dann ist das dem normalen Mitarbeiter nicht zu vermitteln und auch ethisch nicht vertretbar.

Umgekehrt funktioniert das Vorbildprinzip ebenso: Da ist der Unternehmer, der, obwohl er kurz vor dem Ruhestand steht, eine erhebliche Einlage in seine angeschlagene Firma steckt, in der Hoffnung, sie damit vor der Insolvenz zu retten. Ob das alles sinnvoll ist, kann man diskutieren, aber die Botschaft, die von einer solchen Handlung ausgeht, ist eindeutig: Es geht nicht in erster Linie um das persönliche Wohlergehen, sondern es geht um die Verantwortung für das Ganze.

Durch Ihr Tun und Lassen werden bestimmte Werte kommuniziert, die verstanden werden und sich im Unternehmen ausbreiten.

Wer selbst nicht das lebt, was er von anderen verlangt, torpediert die Umsetzung seiner Absichten also höchstpersönlich. Obendrein steht er in Gefahr, durch seine Unglaubwürdigkeit die wichtigsten Mitarbeiter – seine A-Kräfte – zu verlieren. Der Vorgesetzte ist der entscheidende Schlüssel für die Zufriedenheit am Arbeitsplatz. Sein Verhalten hat mehr Gewicht als das Gehalt, die Zusatzleistungen, die Vergünstigungen. Das bedeutet in der Konsequenz: Mitarbeiter, die kündigen, verlassen nicht ein Unternehmen, sondern ihren Vorgesetzten.

Sind Sie ein motivierender Muntermacher?

Die folgenden Fragen werden Ihnen dabei helfen, zu erkennen, wo Sie auf dem Weg zum Muntermacher stehen. Die Auswertung wird zeigen, ob Sie Ihrer Vorbildfunktion bereits gerecht werden.

Bewerten Sie sich selbst anhand von Noten. Ist die Antwort auf die Frage ein klares Ja, dann geben Sie sich eine 1. Bei Defiziten geben Sie sich je nach Grad eine entsprechend schlechtere Note.

1.	Nehme ich die Gefühle und Probleme meiner Mitarbeiter wahr?	☐ 1	☐ 2	☐ 3	☐ 4
2.	Bin ich mir meiner Wirkung auf meine Mitarbeiter bewusst (Gestik, Mimik)?	☐ 1	☐ 2	☐ 3	☐ 4
3.	Ist mein Morgengruß stets freundlich?	☐ 1	☐ 2	☐ 3	☐ 4
4.	Kann ich mich auch in schwierigen Situationen selbst beherrschen?	☐ 1	☐ 2	☐ 3	☐ 4
5.	Kann ich Ideen meiner Mitarbeiter aufgreifen, akzeptieren und honorieren?	☐ 1	☐ 2	☐ 3	☐ 4
6.	Kann ich Kritik motivierend verpacken?	☐ 1	☐ 2	☐ 3	☐ 4
7.	Kann ich Menschen problemlos begeistern?	☐ 1	☐ 2	☐ 3	☐ 4
8.	Helfe ich meinen Mitarbeitern, wenn sie in Schwierigkeiten stecken?	☐ 1	☐ 2	☐ 3	☐ 4

9. Gestalte ich die Rahmenbedingungen auf eine Weise, welche die intrinsische Motivation meiner Mitarbeiter nicht behindert? ☐1 ☐2 ☐3 ☐4

10. Kenne ich persönliche Vorlieben meiner Mitarbeiter, die mir bei der Motivation helfen (beispielsweise Lieblingsfußballverein und Hobbys)? ☐1 ☐2 ☐3 ☐4

Auswertung
Zählen Sie alle Noten zusammen und dividieren Sie das Ergebnis durch 10. Auf diese Weise erhalten Sie Ihre Durchschnittsnote.

Note 1,0 bis 1,9: In den Herzen Ihrer Mitarbeiter haben Sie einen festen Platz. Sie verstehen es, auf Ihre Mitarbeiter einzugehen und sie für Ihre Ziele zu begeistern. Wer wissen will, wie sich ein motivierender Muntermacher verhält, kann viel von Ihnen lernen.

Note 2,0 bis 2,9: Sie bemühen sich, Ihre Mitarbeiter zu ermuntern. Peilen Sie Ihre Defizite an und schärfen Sie Ihren Blick für die Bedürfnisse Ihrer Mitarbeiter. Denken Sie immer daran: Ihre Mitarbeiter sind Ihre Zukunft.

Note 3,0 bis 4,0: Bisher hatten Sie keinen Blick für Ihre Mitarbeiter. Wirklich gute Mitarbeiter werden Sie so nicht halten können. Ändern Sie Ihren Kurs radikal – Mitarbeiter sind nicht Ihre Sklaven, sondern Ihre Verbündeten.

Sieben Tipps zur Motivationsförderung

Wenn Sie Ihre Note verbessern wollen, können Ihnen die folgenden sieben Ratschläge helfen. Sie mögen zum Teil banal scheinen, sind aber mit Blick auf ein motivierendes Miteinander von entscheidender Bedeutung.

1. *Schenken Sie Ihren Mitarbeitern Vertrauen!*
Sie können gar nicht alles kontrollieren. Wenn Sie Vertrauen schenken, machen Sie Ihren Mitarbeitern den Weg frei, zu Mit-Unternehmern zu werden.

2. *Sagen Sie »Danke«!*
   Dies ist die kostengünstigste Form der Anerkennung. Jeder Mensch freut sich über ein Dankeschön. Gerade auch bei den sogenannten Selbstverständlichkeiten.

3. *Erklären Sie Ihren Mitarbeitern den Sinn ihrer Arbeit!*
   Kein Mensch mag das Gefühl, unwichtig zu sein. Auch eine noch so einfache Arbeit hat ihren Sinn, denn sonst würde sie niemand einfordern.

4. *Ermöglichen Sie Zeitsouveränität und Work-Life-Balance!*
   Neben Geld ist Zeit eines der wichtigsten Güter, das die Lebensqualität beeinflusst.

5. *Sehen Sie in der Krise die Chance!*
   In jedem Problem stecken zugleich auch neue Möglichkeiten. Nehmen Sie diese sensibel wahr.

6. *Respektieren Sie es, wenn Ihre Mitarbeiter auch mal Nein sagen!*
   Verantwortung ist auch eine Frage von Ehrlichkeit Ihnen gegenüber. Drängen Sie niemanden, gegen seine Überzeugungen zu handeln.

7. *Lernen Sie, Leistung aus Sicht der Mitarbeiter wahrzunehmen!*
   Was aus Ihrer Sicht eine Kleinigkeit sein mag, kann für den Mitarbeiter sehr anstrengend oder ein enormer Lernfortschritt gewesen sein.

Man kann als Unternehmer vieles tun, um Mitarbeiter zu motivieren. Der beste Weg besteht jedoch darin, Ihren Mitarbeitern dabei zu helfen, erfolgreich zu sein. Denn die Erfahrung zeigt, dass nichts stärker motiviert als der Erfolg.

Belegen möchten wir dies mit einer Studie der Spezialisten für Human Resources, Hewitt Associates. Sie kommt zu dem Ergebnis, dass Mitarbeiter in wachstumsstarken Unternehmen um 20 Prozent leistungsbereiter sind als ihre Kollegen in nur mäßig expandierenden Konzernen.[40]

Führen Sie mit Ihren Mitarbeitern Quartalsgespräche

Auf Stufe 2 haben Sie bereits den Beurteilungsbogen kennen gelernt, dessen Ergebnisse einmal jährlich im persönlichen Gespräch ausgewertet werden. Wie Sie Ihre Mitarbeiter durch Feedbackgespräche fördern, haben Sie in den Ausführungen zur Stufe 3 erfahren. Auf Stufe 4 geht es nun darum, einmal im Vierteljahr gemeinsam mit den Mitarbeitern über ihr Tun nachzudenken.

Wichtiger Impulsgeber für die Quartalsgespräche ist Lee Iacocca, der als Sanierer von Chrysler ab Ende der 1970er Jahre große Bekanntheit erlangte. Iacocca betonte immer wieder: Egal, ob Sie der Präsident der Vereinigten Staaten sind oder eine kleine Garagenfirma Ihr Eigen nennen – die wichtigste Frage ist immer dieselbe: Wer sind Ihre zwei oder drei entscheidenden Mitarbeiter? Mit diesen Mitarbeitern, so Iacocca, muss es vierteljährlich ein Gespräch geben. Der Mitarbeiter beantwortet dabei die Frage: Was möchte ich zum Wohl des Unternehmens in den kommenden drei Monaten beitragen?

In *Eine amerikanische Karriere* führt Iacocca dazu weiter aus: »Ich legte meinen leitenden Angestellten regelmäßig einige grundlegende Fragen vor. Welche Ziele haben Sie für die nächsten drei Monate? Welche Pläne? Welche Prioritäten? Welche Hoffnungen? Und was gedenken Sie zu tun, um sie zu realisieren? Wenn man seine Gedanken zu Papier bringt, dann ist man gezwungen, sich genau auszudrücken. Auf diese Weise ist es schwierig, sich selbst – oder jemandem anderen – etwas vorzumachen. Diese vierteljährliche Leistungsbilanz veranlasst die Mitarbeiter, sich selbst über ihr Tun Rechenschaft zu geben. Sie zwingt nicht nur jeden leitenden Angestellten, sich für seine Ziele Gedanken zu machen, sondern ist auch ein wirksames Mittel, die Leute daran zu erinnern, ihre Träume nicht aus den Augen zu verlieren.«[41]

Quartalsgespräche sind wertvoll, um Mitarbeiter beim Wahrnehmen ihrer Mitverantwortung zu begleiten. Als Vorgesetzter geben Sie dem Mitarbeiter zunächst eine schriftliche Einladung, die in etwa so lauten kann wie im folgenden Beispiel.

Abbildung 37: Einladung für das Quartalsgespräch

Lieber Herr Maier,

am kommenden Montag sollten wir unser Quartalsgespräch halten. Ich schlage vor, dass wir uns um 10 Uhr in meinem Büro treffen.

Bitte bringen Sie eine schriftlich formulierte Antwort auf folgende Frage mit: Was sind die fünf Dinge, die Sie in den kommenden drei Monaten zum Wohle des Unternehmens beitragen wollen? Und denken Sie daran: Ein Ziel hat zwei Kriterien: Es ist messbar und machbar.
Ich wäre Ihnen dankbar, wenn Sie darüber hinaus alles zur Sprache bringen würden, was für Sie wichtig ist.

Mit freundlichen Grüßen

Ihr Chef

Möglicherweise wollen Sie Ihren Mitarbeitern weiteres Material zur Verfügung stellen. Viele Mitarbeiter sind dankbar, wenn sie eine methodische Hilfe für die Gesprächsvorbereitung erhalten. Eine solche Hilfe finden Sie auf der nächsten Seite.

Service: Eine Datei des Formulars zum Ausdrucken finden Sie kostenlos unter www.abc-strategie.de/formulare.

Abbildung 38: Anregungen zur Gesprächsvorbereitung

Name: .... Quartalsgespräch am: ....

Kriterien	Rückblickend	Zukünftig
Zufriedenheit	Was gefällt mir an meiner Arbeit? Was gefällt mir nicht?	Wie kann ich meine Arbeitszufriedenheit erhalten und verbessern?
Fähigkeiten	Kann ich meine Fähigkeiten bei der momentanen Tätigkeit voll einsetzen?	Welche meiner Fähigkeiten können stärker genutzt werden?
Ziele	Wie stufe ich den Erreichungsgrad meiner Ziele aus dem letzten Quartalsgespräch ein?	Was möchte ich in den kommenden drei Monaten zum Wohle des Unternehmens beitragen? Was ist bis wann passiert? 1. 2. 3. 4. 5.
Entwicklung	Wie sehe ich meinen beruflichen Status heute?	Welche Vorstellungen habe ich von meiner beruflichen Zukunft?

Im Quartalsgespräch geht es nicht darum, dem Mitarbeiter die eigenen Zielvorgaben zu vermitteln. Im Gegenteil: Der Mitarbeiter kommt mit seinen persönlichen Vorschlägen. Vielleicht kennen Sie den Spruch »Wenn Du wissen willst, wie hoch der Staudamm werden soll, dann frage die Menschen, die am Fluss wohnen«. Getreu diesem Motto geht es darum, die Menschen in die Entscheidungsfindung einzubeziehen. Wo dies nicht gelingt, hören wir Sätze wie: »Meinungsaustausch ist, wenn ich mit meiner Meinung beim Chef reingehe und mit seiner Meinung wieder herauskomme.« A-Mitarbeiter werden sich in einem solchen Klima nicht lange aufhalten. Sie wünschen sich Gespräche auf Augenhöhe, bei denen Ziele tatsächlich *vereinbart*, nicht aber vorgegeben werden.

Quartalsgespräche sind nicht nur für die Führungsebene wichtig, sondern für alle Mitarbeiter bis hinunter zum Azubi. Ob die Gespräche Wirkung entfalten, hängt im Wesentlichen wieder von der Unternehmenskultur und von der Qualität der Mitarbeiter ab. Eine hoch entwickelte Kultur mit sehr vielen A-Mitarbeitern macht diesen Prozess zur ungetrübten Freude. Ihre Mitarbeiter werden ein leidenschaftlicheres Vorgehen an den Tag legen, als Sie es überhaupt fordern können. Ist die Unternehmenskultur noch nicht so weit, dann muss Überzeugungsarbeit geleistet werden, die durchaus einen Zeitraum von zwei bis drei Jahren beanspruchen kann.

Was passiert nun, wenn sich der Mitarbeiter am Montag um 10 Uhr bei Ihnen im Büro einfindet? Sie sitzen sich unter vier Augen gegenüber. Die Vorschläge Ihres Mitarbeiters liegen in Kopie vor, sodass Sie beide je ein Blatt in den Händen halten. Dieses Blatt gehen Sie jetzt Punkt für Punkt durch und besprechen die Vorschläge.

Das Quartalsgespräch hat für den Mitarbeiter schon deshalb eine hohe Bedeutung, weil Sie ihm jetzt Ihre ungeteilte Aufmerksamkeit widmen. Es geht darum, den Mitarbeiter in den Mittelpunkt zu stellen. Dabei kommen auch Aspekte zur Sprache wie etwa seine Weiterbildung und Möglichkeiten der persönlichen Entwicklung. Fragen Sie sich dabei, welche Unterstützung Sie dem Mitarbeiter geben können. Halten Sie die Ergebnisse schriftlich fest.

Als Unterstützung für die Vorbereitung und Durchführung der Quartalsgespräche finden Sie hier die wichtigsten Punkte auf einen Blick:

1. *Terminvereinbarung*
   - Erstellen Sie einen Terminplan.
   - Klären Sie mit jedem Mitarbeiter, ob der Termin passend ist.

2. *Gesprächsvorbereitung*
   - Ordnen Sie die gesammelten Notizen den jeweiligen Personen zu.
   - Lesen Sie die Unterlagen des letzten Quartalsgesprächs durch. Prüfen Sie, ob alle Ihre Verpflichtungen erfüllt sind.
   - Beschaffen Sie sich die Liste der Überstunden. Sprechen Sie diese im Verlauf des Gesprächs an.

3. *Gespräch*
   - Fragen Sie danach, ob der Mitarbeiter in seinem Arbeitsbereich seine Fähigkeiten voll einsetzen kann. Was ist zu tun, um seine Arbeitszufriedenheit zu erhalten beziehungsweise zu fördern? Was lässt sich mit Blick auf Abläufe und Struktur verbessern?
   - Widmen Sie sich der Frage nach dem Grad der Zielerreichung und arbeiten Sie dazu das Blatt des letzten Gesprächs gemeinsam durch. Wenn noch zu viele Punkte offen sind, klären Sie den Unterschied von Bring- und Holschuld.
   - Gehen Sie die schriftlichen Zielvorschläge, die der Mitarbeiter für das kommende Quartal mitgebracht hat, durch. Bei Schwierigkeiten kann das Gespräch abgebrochen und ein neuer Termin vereinbart werden. Solche Schwierigkeiten können sein:
     – Die vorgelegten Notizen sind handgeschrieben und kaum lesbar.
     – Die aufgelisteten Ziele sind bloß gutgemeinte Absichten und weder messbar noch machbar.
     – Die neuen Zielvorschläge sind beinahe deckungsgleich mit den Projekten vom letzten Gespräch.
     – Das vorgeschlagene Projekt ist erst in einigen Jahren realisierbar, nicht aber im nächsten Quartal.
   - Sprechen Sie weitere Punkte an:
     – Gehaltssituation des Mitarbeiters
     – Weiterbildung
     – Ist die Unterstützung durch den Vorgesetzten und durch die Geschäftsleitung ausreichend?
     – Hat die Führungskraft genug Personal? Kann sie Personal abgeben?

4. *Am Ende des Gesprächs*
   - Sprechen Sie für erreichte Ziele ein Dankeschön aus.
   - Legen Sie einen Termin für das nächste Quartalsgespräch fest.

5. *Abschluss*
Das vom Mitarbeiter vorgelegte Blatt wird ergänzt und nochmals neu geschrieben. Im Anschluss unterschreiben beide die Vereinbarung für die nächsten drei Monate.

Vereinbaren Sie Ziele, um gemeinsam an einem Strang zu ziehen

Wenn es Ihnen einerseits gelungen ist, ein Klima der Motivation und des Vertrauens zu schaffen, und wenn Sie andererseits bereits Erfahrungen mit Quartalsgesprächen gesammelt haben, dann besteht der nächste logische Schritt in Zielvereinbarungen. Mittels Zielvereinbarungen lässt sich Ihr ganzes Unternehmen besser, das heißt effizienter und einfacher führen.

Beim Thema Zielvereinbarungen geht es nicht nur darum, einzelne Ziele zu definieren, sondern es geht darum, das ganze Unternehmen regelrecht mit Zielen zu überziehen. Schließlich entfalten Ziele erst ihre volle Wirkung, wenn alle – vom Chef bis zum Portier – dabei sind.

Strategische Zielsetzungen lassen sich herunterbrechen

Nicht alle Zielsetzungen eignen sich für Zielvereinbarungen. Wenn das Ziel darin besteht, innerhalb eines Jahres Kosten in Höhe von 100 000 Euro einzusparen, dann können Sie vom Geschäftsführer bis zum Azubi jeden Mitarbeiter auf jeder Ebene fragen, was er zu diesen 100 000 Euro beitragen kann. Eine solche Zielsetzung lässt sich mühelos herunterbrechen, und jeder kann etwas beisteuern. Man redet bei solchen übergeordneten Zielen (hier: Kosten senken) auch von einer *strategischen Zielsetzung*.

Wenn Sie dagegen das Ziel haben, eine zusätzliche Lagerhalle zu bauen, dann ist dies ein Projekt, das von einzelnen Mitarbeitern aufgegriffen und umgesetzt wird. Die übrigen Mitarbeiter bleiben also unbeteiligt. In diesem Falle handelt es sich um ein *taktisches Zwischenziel*. Es ist in strategische Rahmenvorgaben eingebettet und eignet sich daher nicht für Zielvereinbarungen, mit denen sich ein ganzes Unternehmen überziehen ließe. Was Sie also brauchen, sind vier bis sechs strategische Zielsetzungen für das Jahr.

Formulieren Sie Ziele, die messbar sind und jeder versteht

Die folgende Abbildung zeigt, wie man Ziele auf verschiedene Hierarchieebenen herunterbrechen kann bis hin zum einzelnen Mitarbeiter. So wird erreicht, dass jeder – von der Unternehmensführung bis zum Azubi – im Hinblick auf das Gesamtziel weiß, worin sein Beitrag besteht.

Abbildung 39: Unternehmensziele verschiedener Ebenen

Von Führungskräften hören wir immer wieder, dass sie gerne bereit wären, strategische Rahmenziele vorzugeben, um es dann den Mitarbeitern zu überlassen, ihren eigenen Erfolgsweg herauszufinden. Leider sei das unmöglich. Vieles könne man eben nicht messbar und machbar als Ziel formulieren. Deshalb bleibe nur die Möglichkeit konkreter Verfahrensvorschriften. Aus unserer Beratungspraxis wissen wir: Oft versteckt sich hinter solchen Aussagen Faulheit, lange genug über sinnvolle Messgrößen nachzudenken. Letztlich ist alles messbar – ganz gleich, ob es sich um Kundenzufriedenheit oder um die Innovationsbereitschaft einer Abteilung handelt.

Wenn Sie ein strategisches Ziel definieren, dann müssen Sie nicht nur darauf achten, dass es messbar ist. Ein weiteres wichtiges Kriterium ist die Verständlichkeit. Wenn Sie Ihrem Anlagenelektriker sagen, dass er zu einem besseren Cash-Flow beitragen muss und auch der Return on Investment (ROI) nicht befriedigend ist, wird er Sie erst einmal verständnislos anschauen. Wenn Sie aber von Ausschussquote reden, von Krankheitstagen sowie von Ordnung und Sauberkeit, dann ist das eine Ebene, die er versteht.

Visualisieren Sie den Grad der Zielerreichung

Der Erreichungsgrad quantitativer Ziele wie beispielsweise Umsatz, Ertrag oder Zahl der durch Empfehlung gewonnenen Aufträge lässt sich auf einem Stück Papier problemlos visualisieren. Sie können Ihre Mitarbeiter darum bitten, an ihrem Arbeitsplatz pro Ziel ein Blatt anzubringen, auf dem der jeweilige Erreichungsgrad auf einen Blick zu erkennen ist.

Abbildung 40: Visualisierung der Zielerreichung

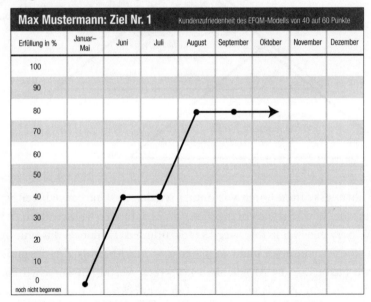

Die Blätter werden monatlich aktualisiert. So ist für den einzelnen Mitarbeiter und jeden anderen im Haus immer sichtbar, wo er gerade steht.

Der Erreichungsgrad qualitativer Ziele wie etwa der Ausbau sozialer Kompetenzen lässt sich nur schwer visualisieren. Ein sinnvoller Weg kann darin bestehen, dass sich jeder Mitarbeiter fünf Jahresziele setzt und dabei vier quantitative und ein qualitatives Ziel formuliert.

So arbeiten Sie mit Zielvereinbarungen

Aus vielen Beratungsprojekten wissen wir: Um einen funktionierenden Zieleprozess zu installieren, brauchen Sie drei bis fünf Jahre. Im ersten Jahr werden Ziele für die Führungsebene vereinbart, im zweiten Jahr kommen Ziele für den Bereich des Mittelmanagements hinzu, und im dritten Jahr folgen dann Ziele für alle weiteren Mitarbeiter. Frühestens im vierten Jahr können Sie anfangen, den Grad der Zielerreichung mit Geld zu verknüpfen. Dieses Thema stellt allerdings noch einmal eine ganz andere Herausforderung dar und wird in den Ausführungen zu Stufe 6 *Mitbesitzen* behandelt.

Die folgende Übersicht zeigt Ihnen, wie der zeitliche Ablauf eines Zieleprozesses aussehen kann. Es hat sich bewährt, mit der Überlegung von Zielen für das Folgejahr etwa ein halbes Jahr vorher einzusetzen. Wenn Sie erst im Dezember anfangen, die Ziele für nächstes Jahr zu überlegen, dann sind Sie definitiv zu spät dran. Abbildung 41 gibt einen Überblick über den Zielfindungsprozess. Dabei wird deutlich, dass der Prozess von der Geschäftsleitung initiiert wird, die Mitarbeiter aber ausführlich mit einbezogen werden. Abbildung 42 zeigt den zeitlichen Ablauf und sie zeigt, was die Fragestellungen auf jeder Ebene sind.

Abbildung 41: Zuständigkeiten im Zielfindungprozess

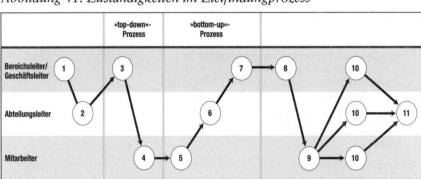

Abbildung 42: Ablauf des Zielfindungsprozesses

Schritte	Beteiligte	Zeitpunkt
1. **Frühjahrs-Strategietage:** Mögliche Jahresziele für das folgende Jahr werden in Form einer Kartenabfrage gesammelt	Bereichsleiter/ Geschäftsleiter	Anfang Mai
2. **Entwurf abteilungsspezifischer Ziele:** Abteilungsleiter erstellen eine Liste möglicher abteilungsspezifischer Jahresziele (3 bis 5) als zusätzl. Input für die GL	Abteilungsleiter	Mitte Juni
3. **GL-Strategietage:** – Fünf Hauptziele des Unternehmens werden benannt – Festlegen von Minimal-, Plan- und Maximalwerten – Erstes Vorstellen dieser Ziele in der Betriebsversammlung – Erstellen der Zielfindungsunterlagen (Ideen-Katalog)	Bereichsleiter/ Geschäftsleiter	Ende Juni
4. **Vorstellung der Firmenziele:** – Erläuterung Zieleprozess allgemein und dessen Entwicklung – Detaillierte Vorstellung der Ziele – Durchsprache der Zielfindungsunterlagen	Mitarbeiter	Anfang September
5. **Abteilungsversammlung:** Durcharbeiten der Zielfindungsunterlagen und daraus abgeleitet Sammlung persönlicher Zielvorschläge der Mitarbeiter	Mitarbeiter	Anfang September
6. **Abteilungsleitertreffen zur Zielpräsentation:** – Abteilungsleiter formulieren die Sammlung der Zielvorschläge der Mitarbeiter – Abteilungsleiter präsentieren ihre Ziele der Geschäftsleitung	Abteilungsleiter	Mitte September
7. **Quartalsgespräche:** – Bereichsleiter präsentieren ihre Ziele der Geschäftsleitung – Endgültige Formulierung der Jahresziele der Bereichsleiter – Vorgespräche mit den Abteilungsleitern	Bereichsleiter/ Geschäftsleiter	Ende September
8. **Herbst-Strategietage:** – Abteilungsleiter haben ihre Ziele im Rohentwurf fertig – Präsentation an den Strategietagen, um den anderen einen Überblick zu geben	Bereichsleiter/ Geschäftsleiter	Mitte Oktober
9. **Abteilungsversammlungen und Einzelgespräche:** – Vorstellen der Abteilungsleiterziele – Endgültige Formulierung der Jahresziele der Mitarbeiter in Einzelgesprächen	Mitarbeiter	Oktober/ November
10. **Abgabetermin der Formulare:** Jahreszielübersicht und Maßnahmenblätter werden abgegeben		31. Dezember
11. **Verteilen des Zielebuchs**		25. Januar

Wenn Sie sich jetzt fragen, ob der ganze Aufwand überhaupt sinnvoll ist, dann bedenken Sie: Durch das Arbeiten mit strategischen Zielen klären Sie, was für das Unternehmen wirklich wichtig ist. In den Alltag wird dadurch mehr Ruhe einkehren. Wer sich dagegen vor allem darauf konzentriert, dringende Dinge zu erledigen, der hat meist ein hohes Stressniveau. Wenn Sie sich jedoch Zeit nehmen, um die grundlegenden Fragestellungen Ihres Geschäfts zu klären – und das Festlegen von Zielen gehört definitiv dazu – packen Sie die Probleme an der Wurzel. Die operative Hektik schwindet, es wird kaum Krisen geben, und der Alltag läuft ruhig und geordnet ab.

Kernstück der Zielvereinbarung ist das Zielvereinbarungsformular. Wie ein solches Formular in seiner einfachsten Form aussehen kann, zeigt Ihnen die folgende Darstellung.

Abbildung 43: Beispiel für ein einfaches Zielvereinbarungsformular

Name:	Ziele für das Jahr:	
Nr.	Ziel (Was ist bis wann passiert)	Messbar und machbar?
1.		☐ ja ☐ nein
2.		☐ ja ☐ nein
3.		☐ ja ☐ nein
4.		☐ ja ☐ nein
5.		☐ ja ☐ nein

Neben den Kriterien Messbarkeit und Machbarkeit lohnt es sich, folgende Grundsätze zu beachten, wenn Sie mit Ihren Mitarbeitern Ziele vereinbaren:

- Ziele werden gemeinsam vereinbart.
- Ziele orientieren sich an übergeordneten Zielen (Abteilungs-, Bereichs- und Unternehmensziele).
- Ziele werden als Ergebnisse formuliert.
- Ziele sind zeitpunkt- oder zeitraumbezogen zu quantifizieren.
- Ziele orientieren sich am Reifegrad des Mitarbeiters.
- Ziele sollten anspruchsvoll und realistisch sein.
- Ziele müssen klar abgegrenzt werden.
- Ziele sind widerspruchsfrei zu formulieren.
- Ziele stellen kein Dogma dar.
- Ziele sind schriftlich festzuhalten.

Service: Wenn Sie eine etwas anspruchsvollere Vorgehensweise suchen, finden Sie ein Zielvereinbarungsformular zum Ausdrucken kostenlos unter www.abc-strategie.de/formulare.

Sie müssen damit rechnen, dass Ihre Mitarbeiter unterschiedlich auf die Einführung von Zielvereinbarungen reagieren werden:

- *A-Mitarbeiter* lieben es, die Dinge messbar zu gestalten, denn sie wissen: Nur was messbar ist, ist veränderbar. Außerdem wollen sie sich vergleichen. Für sie ist die tägliche Arbeit auch immer ein Stückchen Wettbewerb, um sich mit anderen zu messen.
- *B-Mitarbeiter* werden dem Zielesetzen höchst misstrauisch gegenüberstehen. Sie werden sagen: »Lass mich in Ruhe, schaff die Prüfungen ab und du wirst sehen, ich werde großartige Leistungen bringen.«
- *C-Mitarbeiter* sind für dieses Projekt natürlich noch schwerer zu gewinnen. Sie machen unheimlich viele Worte, aber wenn Sie letztlich nach dem Inhalt fragen, dann passt der Kern ihrer Aussagen auf eine Postkarte.

Wenn Sie konsequent mit Zielvereinbarungen arbeiten, haben Sie die entscheidende Hürde geschafft, die es zu nehmen gilt, um A-Mitarbeiter im Unternehmen zu halten. Jetzt gilt nicht mehr die hierarchische Führung per »Befehl und Gehorsam«, sondern Sie leben einen kooperativen Führungsstil. Durch die individuellen Zielvereinbarungen weiß der Mitarbeiter stets exakt, was von ihm erwartet wird. Um die Erwartungen zu erfüllen, kann er Wege gehen, die er selbst gewählt hat. Der Erfolg wird jetzt nicht mehr von oben beschlossen, sondern mit dem Mitarbeiter vereinbart. So entsteht ein Netzwerk von Unternehmern im Unternehmen, das alle Ebenen umspannt und im Alltag gelebt wird. Ein solches Netzwerk wird Ihrer Firma Flügel verleihen.

Kapitel 12

Stufe 5: Mitgenießen

In diesem Kapitel erfahren Sie:

- ▶ Wer sich um seine Mitarbeiter kümmert, kümmert sich damit zugleich um sein Unternehmen
- ▶ Wie Sie Ihren Mitarbeitern zeigen, dass Sie sie wertschätzen
- ▶ Wie Sie auch kleine Erfolge feiern

Wer sich um seine Mitarbeiter kümmert, kümmert sich damit zugleich um sein Unternehmen

In unserer Beratung haben wir sehr häufig mit Geschäftsführern mittelständischer Unternehmen zu tun. Gerne fragen wir dann: »Was glauben Sie: Zu wie viel Prozent haben Sie das Herzblut, die Begeisterung, die Emotionalität und die Ideenvielfalt Ihrer Mitarbeiter?« Die Antworten sind überraschend:

- »30 bis 40 Prozent«, sagen Chefs von Firmen mit einer *unterentwickelten* Unternehmenskultur.
- »50 bis 60 Prozent«, antworten Geschäftsführer aus Unternehmen mit einer *durchschnittlich* entwickelten Unternehmenskultur.
- »70 bis 80 Prozent«, lautet die Antwort von Chefs, die Firmen mit einer *sehr guten* Unternehmenskultur leiten.

Es ist fast unglaublich: Selbst im anspruchsvollsten Fall wären ohne weiteres 20 Prozent mehr Begeisterung und Ideenvielfalt möglich, wenn man nur näher an den Mitarbeitern wäre! Wer Mitarbeiter bloß als Kostenfaktor betrachtet und wo die Maschinen besser gepflegt werden als die Mitarbeiter, dort wird es kaum Lust an Leistung geben. Auch mit Blick auf die

Produktivität wird es nicht besonders gut aussehen. Denn die Steigerung der Produktivität liegt in erster Linie in der Motivation der Mitarbeiter und deren Bereitschaft, für ihren Chef und ihr Unternehmen von sich aus über sich selbst hinauszuwachsen.

Der Weg vom unbeteiligten zum engagierten Mitarbeiter führt über Delegation, Motivation und Identifikation. In den Ausführungen zur Stufe 4 haben Sie bereits erfahren, wie Sie zum motivierenden Muntermacher werden. Außerdem haben Sie mit Quartalsgesprächen und Zielvereinbarungen zwei entscheidende Instrumente kennen gelernt, mit denen Sie delegieren, motivieren und die Identifikation stärken können. Um Missverständnissen vorzubeugen: Delegieren bedeutet nicht, Arbeit auf andere abzuwälzen, die man selbst nicht erledigen möchte. Es geht vielmehr darum, Aufgabenbereiche langfristig und »ganzheitlich« zu übertragen. Nur so kann der Mitarbeiter eine persönliche Beziehung zu dem entwickeln, was er tut. Damit hebt sich Delegierung von *Aufträgen* ab, die kurzfristig erteilt werden. Wer ein Aufgabenpaket erfolgreich zum Abschluss gebracht hat, der spürt, wie schön es ist, Erfolge zu genießen. Richtig verstandenes Delegieren stärkt also die Motivation und die Identifikation.

Neben diesen Führungsinstrumenten, die ein Mitgenießen ermöglichen, können Sie als Chef auch sensibel für weitere Wege sein, sich um Ihre Mitarbeiter zu kümmern. Wie das in der Praxis aussehen kann, zeigen die folgenden Beispiele.

- Tom Peters berichtet in seinem Weltbestseller *Auf der Suche nach Spitzenleistungen* über einen Chef, der nachts nicht schlafen kann. Nachdem er sich eine Weile im Bett hin und hergewälzt hat, macht er sich auf, fährt zur Bäckerei und kauft zwei Körbe mit süßen Stückchen, um sie in der Fabrik unter den Mitarbeitern während der Nachtschicht zu verteilen.[42]
- Da ist der Chef, der am Freitagnachmittag eine Mitarbeiterin fragt: »Wie ich höre, haben Sie am Sonntag Konfirmation. In welcher Gaststätte feiern Sie das?« Die Antwort der Mitarbeiterin: »Leider haben wir nicht so viel Geld, um uns das Essen in einer Gaststätte für so viele Verwandte leisten zu können. Wir werden das also zu Hause machen. Im Moment fehlen uns noch einige Stühle, aber sonst kommen wir ganz gut klar.« Daraufhin bittet der Chef den Hausmeister, die neuen Stühle aus der Kantine auf den Kleintransporter zu laden und der Familie zu bringen, denn die Stühle braucht vor Montag keiner.

- Der amerikanische Top-Experte für Führungsfragen, Warren Bennis, hat die legendären »Skunk Works« bei Lockheed beschrieben, die den ersten Kampfjet im Zweiten Weltkrieg entwickeln sollten. Der Verantwortliche, Mr. Johnson, wusste, dass die Unternehmenskultur entscheidend ist, wenn man gute Köpfe halten will. Mit dem Begriff »Skunk Works« werden kleine, inoffizielle, eingeschworene Teams beschrieben, die abgeschirmt von den Standardabläufen und internen Vorschriften ihre kreativen Energien entfalten können. Wie in einem Fuchsbau können Begabte fernab von allen Zwängen an einem wichtigen Projekt arbeiten. Johnson wusste nicht nur, wie man Flugzeuge konstruiert, sondern vor allem auch, wie man mit Genies umgeht. Es gab keine Hierarchie, keine Bürokratie, keine Kleidervorschriften, aber jede Menge anregender Diskussionen. Johnson schien intuitiv zu spüren, wann talentierte Menschen Hervorragendes leisten, wie er sie motivieren und so lenken konnte, dass das Projekt so schnell und kostengünstig wie möglich erreicht wurde.[43]
- Vor kurzem hatten wir mit einem Spediteur in der Schweiz zu tun. Seine LKW-Fahrer werden nach zwei Jahren in einen »Firmenclub« aufgenommen. Dort werden sie zum »Ritter« geschlagen. Wer unfallfrei fährt, bekommt bestimmte Auszeichnungen und Belohnungen.
- Wir haben letztens einen befreundeten Unternehmer besucht, der zu den führenden Herstellern von Ölbrennern zählt. An den Wänden im Foyer sind die Mitarbeiter einzeln abgebildet, geordnet nach den Jahren der Betriebszugehörigkeit. Wenn der Unternehmer seine Besucher durchs Haus führt und vor dieser Wand stehen bleibt, spürt man: Jetzt ist man am Herz der Firma angekommen.

Der schlaflose Chef, der Mann mit den Stühlen, Mr. Johnson bei Lockheed, der schweizerische Spediteur und der Hersteller von Ölbrennern – so verschieden die Unternehmen auch sein mögen, haben alle genannten Chefs die entscheidende Erfahrung gemacht, um die es in diesem Abschnitt geht: Indem sie sich um die Mitarbeiter kümmerten, taten sie zugleich etwas für ihr Unternehmen. Weil dieser Zusammenhang so wichtig ist, sollte man sich hin und wieder möglichst unvoreingenommen folgende Fragen stellen:

- Wie fühlen sich unsere Mitarbeiter an ihrem Arbeitsplatz? Fühlen sie sich wohl, also herausgefordert und geschätzt, oder unwohl, also unruhig und unter Druck gesetzt?

- Können die Arbeits- und Vertragsbedingungen mit denen anderer Unternehmen mithalten?
- Wissen unsere Mitarbeiter, wie sehr wir sie schätzen?

Es wäre ein Irrtum, anzunehmen, dass Wertschätzung in kleineren Unternehmen automatisch funktioniert, aber in größeren nicht zu leisten ist. Es gibt genügend kleine Unternehmen, die ihren Mitarbeitern das Leben zur Hölle machen, und es gibt Weltkonzerne, die eine geniale und anspruchsvolle Kultur rund um den Mitarbeiter geschaffen haben.

Gerade begabte Menschen sind oft kritisch und folgen ihrem Vorgesetzten nicht blind. Sie erkennen messerscharf, wo Hierarchien und Kontrolle gute Gedanken ersticken. In einer Kultur der Offenheit und des Vertrauens werden Mitarbeiter dagegen ihr Bestes geben und sich für Spitzenleistungen einsetzen. Wenn Mitarbeiter spüren, dass sie geschätzt werden, arbeiten sie nicht nur des Geldes wegen, sondern aus tieferen Beweggründen.

Ein schönes Beispiel dafür ist eine Aktion, über die in einer regionalen Tageszeitung berichtet wurde. Die Überschrift lautete: »Mitarbeiter bedanken sich auf Plakaten bei ihren Chefs.« Was war geschehen? Eine Druckfirma mit gut hundert Mitarbeitern feierte ihr 25. Jubiläum. Als Dank an ihre Chefs hatten die Mitarbeiter zu einer großen Party eingeladen. Clou der Überraschungsaktion war die Anmietung von zwei großen Plakatwänden, welche die beiden Geschäftsführer zeigen. All das wurde von den Mitarbeitern selbst organisiert und finanziert. Ein verantwortlicher Mitarbeiter gegenüber der Presse: »Wir wollen zeigen, dass wir das überdurchschnittliche Vertrauen unserer Chefs mit einer ebenso außergewöhnlichen Identifikation mit dem Unternehmen honorieren.«[44]

Um es noch einmal klar zu sagen: Im Alltag gibt es immer wieder neue Möglichkeiten, sich um Ihre Mitarbeiter zu bemühen. Wer den Samen der wohlwollenden Aufmerksamkeit und des Vertrauens reichlich aussät, der wird früher oder später das Herzblut, die Begeisterung, die Emotionalität und die Ideenvielfalt seiner Mitarbeiter ernten. Wer sich um seine Mitarbeiter kümmert, der kümmert sich damit zugleich um sein Unternehmen.

Lassen Sie Ihre Mitarbeiter spüren, dass Sie sie schätzen

Jeder fünfte Mitarbeiter hält seinen Chef für unsensibel – unter anderem weil der ihn zu wenig beachtet. Das hat die Personalberatung Development Dimensions International bei einer Befragung von 1 600 Managern und 1 500 Mitarbeitern herausgefunden.[45]

Es überrascht nicht, dass die Folgen mangelnder Sensibilität missgestimmte Mitarbeiter sind, die im Durchschnitt zwei Tage pro Jahr länger krank sind als die Mitarbeiter von einfühlsamen Chefs.

Die Bemühungen um Wertschätzung und Anerkennung der Mitarbeiter kann man überhaupt nicht übertreiben. Eine mittelständische Firma im Fränkischen bietet ihren Mitarbeitern beispielsweise an jedem Tag der Woche eine wertschätzende Aktion: Montags bekommt jeder Mitarbeiter einen frischen Blumenstrauß auf den Schreibtisch. An Dienstagen gibt es Vitamintabletten. Mittwochs kann jeder Mitarbeiter seine Einkaufsliste mitbringen. Am Ende des Tages stapeln sich dann Plastiktüten mit Lebensmitteln und frisch gewaschener sowie gebügelter Wäsche vor den Schreibtischen. An Donnerstagen kommt der Masseur in das Unternehmen. Es ist kein Wunder, dass der Umsatz pro Mitarbeiter beinahe doppelt so hoch ist wie der Branchendurchschnitt.

Die »33 Rosen«

Bei uns im Hause gibt es ein Programm der Wertschätzung, über das auch mehrfach im Fernsehen berichtet wurde. Wir nennen es »33 Rosen«. Es handelt sich dabei um 33 einfache Möglichkeiten, die den Mitarbeiter spüren lassen, dass wir ihn schätzen. Einige dieser Angebote seien nun skizziert:

- *Kostenloses Mineralwasser*
  Kostenloses Mineralwasser ist in jeder beliebigen Menge gratis gekühlt sowie in Zimmertemperatur erhältlich.
- *Frisches Obst und Salate*
  Den Mitarbeitern wird regelmäßig frisches Obst wie Äpfel, Bananen und Mandarinen kostenlos angeboten. Zusätzlich zum üblichen Kantinenessen gibt es Salate zu einem stark subventionierten Preis.

- *Gemeinsame Freizeitaktivitäten*
  Gemeinsames Fahrradfahren, Wandern und Familiennachmittage helfen, sich besser kennen und schätzen zu lernen.
- *Fitness*
  Zum Nulltarif beziehungsweise zu einer kleinen Anerkennungsgebühr kann ein nahegelegenes Fitness-Center besucht werden. Dies beinhaltet auch den Besuch der Sauna.
- *Geburtstagsbrief*
  Die Geschäftsleitung übergibt jedem Mitarbeiter, der Geburtstag hat, einen persönlichen Glückwunsch zusammen mit einem wertvollen Geschenk. Das Mittagessen ist an diesem Tag gratis.
- *Gehaltsanbindung an Zielsetzungen*
  Die Gehaltshöhe aller Mitarbeiter orientiert sich an der Erreichung der Zielsetzung und individuellen Beurteilungen.

Service: Falls Sie die komplette Übersicht der »33 Rosen« kennen lernen wollen, finden Sie diese kostenlos unter www.abc-strategie.de/formulare.

Wundermedizin Gesundheitsprämie

Zu den »33 Rosen« gehört auch, dass wir Mitarbeiter belohnen, die nicht krank waren. Anhand dieser »Rose« möchten wir etwas ausführlicher aufzeigen, wie solche Prämien wirken.

Jeder weiß: Ein hoher Krankenstand ist ärgerlich, denn er führt zu Engpässen im Unternehmensablauf und zu erhöhten Kosten. Auch die gesunden Mitarbeiter fangen an zu murren, weil sie die Arbeit des Krankgemeldeten mitschultern müssen. Ob sich ein Mitarbeiter krankmeldet oder nicht, macht also einen entscheidenden Unterschied.

Wahrscheinlich haben Sie es schon vermutet: A-, B- und C-Mitarbeiter unterscheiden sich gravierend in den Krankheitstagen. Gallup hat auch dies empirisch erforscht. Die Zahlen im Jahr 2008 für Deutschland sind wie folgt:

- *A-Mitarbeiter:* 4 Tage (1,9 % der Arbeitszeit)
- *B-Mitarbeiter:* 6 Tage (2,7 % der Arbeitszeit)
- *C-Mitarbeiter:* 8,1 Tage (3,7 % der Arbeitszeit)

Wir danken allen Mitarbeitern, die ein halbes Jahr lang nicht krank waren, mit einem persönlichen Brief der Geschäftsleitung. Außerdem belohnen wir die Mitarbeiter für ihre persönliche Umsicht und Fitness mit einer Prämie in Höhe von 100 Euro für sechs Monate »Gesundsein«.

Wenn Sie ebenfalls mit einer Gesundheitsprämie arbeiten wollen, bedenken Sie bitte: Für die Mitarbeiter ist es natürlich schön, wenn der Chef Geld verteilt. Doch Geld allein motiviert nicht. Noch wichtiger ist das persönliche Schreiben, das Sie dazu formulieren. Darin sagen Sie sinngemäß, Ihnen sei sehr wohl aufgefallen, dass der betroffene Mitarbeiter sechs Monate nicht krank war. Sie bedanken sich herzlich dafür, dass er beispielsweise mit Sport und frischem Obst aktiv an seiner Gesunderhaltung arbeitet. Ermuntern Sie ihn, auch weiterhin alles in seiner Kraft stehende dafür zu tun. Vermeiden Sie unbedingt den Verdacht, dass Sie den Krankgemeldeten unterstellen, sie würden simulieren und sich einen schönen Tag machen.

Service: Falls Sie sich im Detail für die Spielregeln interessieren, finden Sie kostenlos weitere Unterlagen unter www.abc-strategie.de/formulare.

Ein Effekt, mit dem wir überhaupt nicht gerechnet hatten, war der spürbare Rückgang von Krankmeldungen am Montagmorgen. Ein Mitarbeiter, der sich zu Wochenbeginn nicht besonders gut fühlt, sagt sich möglicherweise: »Die 100 Euro brauche ich dringend für die neue Tapete im Kinderzimmer. Ich werde zu Hause bleiben, aber die Firma soll mir doch acht Stunden von meinem Gleitzeitkonto abbuchen.« Auch dies ist möglich.

Vielleicht fragen Sie sich jetzt, was denn diese Prämien und Vorteile für Mitarbeiter kosten. Zu einem guten Controlling gehört, dass auch diese Kosten jedes Jahr ermittelt werden. Bei uns machen diese Leistungen etwa 4 Prozent der Löhne und Gehälter aus. Es handelt sich also um eine Größenordnung, die im Vergleich sonstiger Ausgaben eher gering ist. Viel stärker ist aber der Motivationseffekt für Ihre Mitarbeiter für vergleichsweise wenig Geld.

Wenn wir eines begriffen haben, dann ist es die Tatsache, dass jeder Mensch für Dank und Anerkennung empfänglich ist. Dies gilt für Chefs und auch für Mitarbeiter. Obwohl der gesunde Menschenverstand das alles nahelegt, sieht die Praxis leider noch deutlich anders aus.

Feiern Sie auch kleine Erfolge

Wenn Sie ohne großen Aufwand das Mitgenießen in die Praxis umsetzen wollen, dann beginnen Sie damit, auch kleine Erfolge zu feiern. Warum das sinnvoll ist, verdeutlicht die Geschichte von dem alten Indianer, der den Kindern erzählt, in jedem von uns wohne ein böser und ein guter Wolf. Beide Wölfe streiten ständig miteinander. »Und welcher wird gewinnen?«, fragen die Kinder. Die Antwort des Indianers: »Der, den du fütterst!«

Mit anderen Worten: Die Menschen verstärken das Verhalten, für das sie Anerkennung bekommen. Anerkennung und Wertschätzung, verbunden mit Freude und Selbstbestimmung lassen Leistungen katapultartig nach oben schnellen. Wir Menschen sind geradezu süchtig nach kleinen Momenten des Glücks. Solche Momente machen uns kreativ und leistungsfähig. Wo sie das Klima bestimmen, gedeihen Lust auf Arbeit und Engagement.

Warten Sie mit Lob nicht bis zum Abschluss eines Projekts. Erkundigen Sie sich regelmäßig nach Fortschritten und spenden Sie Ihren Mitarbeitern auch für kleine Erfolge Anerkennung. Es zahlt sich aus, das Projekt in mehrere leicht überschaubare Abschnitte aufzuteilen. Dann gibt es immer wieder ein Erfolgserlebnis.

Auch unabhängig von einzelnen Projekten gibt es immer herausragende Ereignisse – beispielsweise ein umsatzstarker Monat, eine besondere Tagesleistung oder Ähnliches. Sie können den Erfolg mit kleinen Geschenken honorieren wie etwa einem Sektfläschchen, einem Lebkuchenpaket, einigen Wurstdosen oder ähnlichen Aufmerksamkeiten.

Die Abwicklung ist denkbar einfach: Jemand fährt in den Großhandel und kauft die entsprechende Menge an Geschenken. Schon für 2, 3 oder auch 4 Euro findet man ansprechende Sachen. Sie schreiben einen kleinen Dankesbrief, oder ein entsprechend begabter Mitarbeiter dichtet einige passende Zeilen. Das Papier wird in der nötigen Anzahl vervielfältigt, und jeder Mitarbeiter erhält die Nachricht mit dem Geschenk. Es hat sich bewährt, für jeden Mitarbeiter ein Fach (ähnlich Posteingangskörbchen) einzurichten. Wenn der Mitarbeiter gerade nicht am Platz ist, kommt das kleine Geschenk dort hinein.

Das Feiern von kleineren und größeren Erfolgen zählt zu den wirksamsten Motivationsinstrumenten. Veranstalten Sie aber bloß kein steifes Betriebsfest in ihren Geschäftsräumen oder in einem Restaurant. Am besten ist es, Sie unternehmen gemeinsam etwas, an dem alle Spaß haben, beispielsweise einen Ausflug. Laden Sie dazu auch die Partner und die Kinder Ihrer Mitarbeiter ein.

Erfolgreiche Unternehmer wissen: Vor allem die guten Geschichten schweißen zusammen und geben Auftrieb. Kein Sportler würde ständig seine Negativerlebnisse vorkramen, wenn er zum nächsten Sieg will. Ganz im Gegenteil: Er führt sich seine größten Triumphe vor Augen. Also: Nur keine falsche Bescheidenheit!

Wie sieht die Situation bisher bei Ihnen aus? Horchen Sie einmal aufmerksam ins eigene Unternehmen rein. Worüber wird auf den Gängen geredet? Geht es da um Klatsch und Tratsch? Oder machen »Heldentaten« die Runde? Wird gejammert? Oder wird auch über Erfolge geredet? Es ist nicht egal, womit sich das Bewusstsein Ihrer Mitarbeiter beschäftigt und in welcher Stimmung sie ihrer Arbeit nachgehen. Diese Aspekte haben eine große Macht.

Kleine Erfolge feiern bedeutet nicht zuletzt auch: Richten Sie Ihren Fokus auf das, was funktioniert. Machen Sie es in Ihrem Unternehmen zur Gewohnheit, an den Anfang wichtiger Besprechungen oder auch Betriebsversammlungen Erfolgsstorys zu setzen. Wenn Sie beginnen, Erfolge zu feiern, werden Sie sehen: Es beflügelt und setzt eine Menge Energie frei.

Kapitel 13

Stufe 6: Mitbesitzen

In diesem Kapitel erfahren Sie:

▶ Wie Sie in die Karriereplanung Ihrer Mitarbeiter investieren
▶ Welche Komponenten ein kreatives Entlohnungsmodell haben sollte
▶ Wie Sie Ihre Mitarbeiter langfristig durch Kapitalbeteiligung binden

Investieren Sie in die Karriereplanung Ihrer Mitarbeiter

Das Thema Mitbesitzen beginnt nicht beim Geld, sondern bei der Aufmerksamkeit, die Sie Ihren Mitarbeitern schenken. Nehmen wir an, jemand, der erstklassige Arbeit leistet, kommt in Ihr Büro und sagt: »Vielen Dank, aber am 31. ist mein letzter Arbeitstag. Ich habe mich entschieden zu gehen.« Was werden Sie darauf erwidern? Vielleicht werden Sie entgegnen: »Was kann ich tun, um Sie zu halten? Gibt es einen Weg, um Sie umzustimmen?«

Wenn Sie so antworten, stellen Sie exakt die richtigen Fragen. Das Problem ist nur: Sie tun es zu spät. Wie viel besser wäre es gewesen, diese Fragen wären schon am ersten Tag gestellt worden! »Willkommen bei uns, was kann ich tun, um Sie zu halten? Welche Arbeitszeiten sind für Sie passend? Wie kann ich Ihnen entgegenkommen, um Ihnen in Ihrer familiären Situation das Optimale zu bieten?«

Wenn Sie solche Fragen bisher nicht gestellt haben, dann fangen Sie jetzt damit an. Arbeiten Sie mit Quartalsgesprächen, dann haben Sie den Mitarbeiter viermal im Jahr vor Ihnen sitzen. Nutzen Sie die Gelegenheit, schauen Sie ihm in die Augen und stellen Sie ihm genau diese Fragen. Erkundigen Sie sich auch danach, an welchen Stellen er mehr Unterstützung von der Geschäftsleitung erwartet. Diskutieren Sie außerdem die weiteren Karriereschritte, die in Ihrem Hause möglich und sinnvoll sind. Schließlich profitieren beide Seiten davon, wenn sich die Karriere Ihres Mitarbeiters in die richtige Richtung entwickelt. Daher sind kluge Chefs auch dazu bereit, den Weg dafür zu ebnen. Und nicht nur das – sie werden diese Schritte auch angemessen entlohnen. Ihnen ist klar: Wenn sich der Wert des Mitarbeiters erhöht, dann steigert sich auch der Wert des Unternehmens.

Nun wissen wir, dass diese Karrierefindungsfragen in der Praxis nur sehr selten gestellt werden. Wenn man nach dem Grund fragt, werden meist die drei folgenden Argumente genannt:

1. Das Entwickeln von Mitarbeitern kostet Zeit, die der »normale« Mittelständler nicht hat. Der Chef eines durchschnittlichen Unternehmens ist mit dem Bewältigen des operativen Geschäfts ausgelastet und kommt kaum zum strategischen Nachdenken, geschweige denn dazu, für seine Leute als Coach zu fungieren.
2. Coaching erfordert vorheriges Nachdenken. Wer nicht nachgedacht hat, der hat auch keine Antworten.
3. Karrieregespräche enden sehr schnell in Gehaltsverhandlungen. Dieses Thema ist dem Unternehmer meistens unangenehm.

Wenn Sie dem Mitarbeiter jedoch die richtigen Fragen stellen, werden Sie beide herausfinden, wo er momentan steht. Außerdem werden Sie Anhaltspunkte dafür gewinnen, ob die Zeit für einen Karriereschritt gekommen ist. Marcus Buckingham stellt in seinem Buch *Erfolgreich führen gegen alle Regeln* fünf Fragenkomplexe vor, die wir Ihnen für Karrierefindungsgespräche empfehlen können.[46]

1. Worin sehen Sie Ihren derzeitigen Erfolg? Lässt er sich messen?
2. Was macht Sie derzeit so erfolgreich?
   Was sagt das über Ihre Fertigkeiten, Kenntnisse und Begabungen? Was können wir tun, damit Sie diese Stärken noch besser ausspielen können?
3. Was gefällt Ihnen an Ihrer momentanen Tätigkeit am besten?
   Was ist der Grund dafür?
4. Was macht Ihnen bei Ihrer gegenwärtigen Tätigkeit die größten Probleme? Wo kommen Sie nicht so gut zurecht?
   Was sagt das über Ihre Fertigkeiten, Kenntnisse und Begabungen?
   Was können wir tun, um diese Schwächen zu neutralisieren? Welche Schulungen und Trainings sind sinnvoll? Ist eine Tätigkeitsverlagerung angeraten?

5. Was wäre die ideale Aufgabe für Sie?
Stellen Sie sich in dieser Aufgabe vor. Es ist Donnerstag, 15 Uhr. Was machen Sie gerade? Warum hätten Sie diese Aufgabe gern?

Derartige Fragen können Sie in den Quartalsgesprächen beraten. Der Mitarbeiter hat auf diese Weise die Chance, sich darüber klar zu werden, ob er sich in seinem derzeitigen Tätigkeitsgebiet weiterentwickeln oder lieber in eine neue Rolle hineinwachsen will.

Wenn es um die Frage des Aufstiegs geht, ist allerdings auch Vorsicht angeraten. Der kanadische Schriftsteller Laurence J. Peter hat in seinem Weltbestseller *Das Peter-Prinzip oder Die Hierarchie der Unfähigen* auf satirische Weise beschrieben, wie es *nicht* gehen sollte.[47] Peter stellt die These auf, dass in einer Hierarchie, also auch in Unternehmen, jeder Beschäftigte so lange aufsteigt, bis er die Stufe seiner Inkompetenz erreicht hat und die auf dieser Stelle geforderten Arbeitsergebnisse nicht mehr bringen kann. Beispiel: Ein Lehrling hat seine Ausbildung mit guten Ergebnissen abgeschlossen und wird deshalb übernommen. Er bringt gute fachliche Leistungen und entwickelt sich zum technischen Spezialisten. Schließlich erwirbt er den Meistertitel und bekommt Personalverantwortung. Der Umgang mit den Mitarbeitern liegt ihm allerdings nicht. Zwar löst er nach wie vor die schwierigsten technischen Probleme, aber die Mitarbeiter lässt er völlig uninformiert und unbeaufsichtigt. Laut Peter hat er jetzt die Stufe der Inkompetenz erreicht. Mit anderen Worten: Er ist genau einmal zu viel befördert worden.

Um das zu vermeiden, sollten Sie sich rechtzeitig die folgenen Fragen stellen:

- Warum halte ich diesen Mitarbeiter für die zu besetzende Stelle für geeignet?
- Was hat er neben fachlichen Qualifikationen zu bieten?
- Hat der Mitarbeiter bei vorangegangenen Projekten schon einmal Führungskompetenz bewiesen?
- Zeigt er Interesse an der Gesamtentwicklung unseres Unternehmens?
- Übernimmt er Verantwortung für seine eigenen Fehler?
- Macht es ihm Spaß, sich neues Wissen anzueignen?

Darüber hinaus gibt es auch Fragen, die Sie seinen Kollegen stellen sollten:

- Können Sie sich vorstellen, dass Herr X Ihr Vorgesetzter wird? Falls nein, warum nicht?
- Übernimmt er gerne Verantwortung für Menschen und Projekte?
- Steht er zu seinen Fehlern?
- Würden Sie gerne direkt mit ihm zusammenarbeiten?
- Kann er Sie motivieren?

Die Antworten auf diese Fragen werden Ihnen zeigen, ob eine Beförderung der richtige nächste Schritt ist.

Wenn sich A-Mitarbeiter schlecht behandelt oder ignoriert fühlen, ist die Gefahr groß, dass sie ihr Glück woanders suchen. Wo sie aber wissen, dass sie die Aufmerksamkeit der Geschäftsleitung besitzen und sich ihren Begabungen gemäß entwickeln können, werden sie loyal zum Unternehmen stehen.

Übrigens geht ein erfolgreicher Werdegang nicht zwangsläufig mit mehr Verantwortung und höherer Bezahlung einher. Als Alternative gewinnt das sogenannte »Career-Downshifting« an Bedeutung. Dabei geht es darum, Verantwortung und die damit verbundene zeitliche Belastung herunterzufahren. Wir sind beispielsweise mit einem Journalisten befreundet, für den dies der richtige Weg war. Seine beruflichen Erfolge führten dazu, dass er zum Beispiel mit der deutschen Nationalelf um die Welt gereist ist, aber kaum noch zu Hause sein konnte. Er traf die Entscheidung, dies zu verändern. Jetzt sitzt er in einer Lokalredaktion bei einer eher provinziellen Zeitung. Sein Gehalt ist deutlich kleiner, aber dafür hat er jetzt mehr Zeit für seine Familie.

Schaffen Sie ein kreatives Entlohnungsmodell

Auf dem Weg, die Mitarbeiter zu Mit-Unternehmern zu machen, kommt dem Thema Entlohnung eine hohe Bedeutung zu. Ein flexibles Entgeltsystem ist dabei aber lediglich als flankierende Maßnahme zur Motivation der Mitarbeiter zu sehen. Wie bei einem Musikinstrument erzeugt nicht der Verstärker den Ton, sondern er macht ihn nur lauter. Deswegen darf die Entlohnung nie isoliert von weiteren Aktivitäten zur Entwicklung der Unternehmenskultur gesehen werden.

Mit Blick auf das Ziel des flexiblen Entlohnungsmodells gibt es zwei Sichtweisen: Der Mitarbeiter hat das Ziel, durch eine bessere Leistung seinen Verdienst erhöhen zu können. Aus Unternehmenssicht besteht das Ziel darin, proaktives Verhalten der Mitarbeiter im Hinblick auf die Firmenziele zu fordern und zu fördern. Das Entlohnungsmodell sollte folgende Ansprüche erfüllen:

- Der Aufbau ist einfach, transparent und nachvollziehbar.
- Die Größen, die den Ausschlag für die Höhe der Entlohnung geben, sind durch die Mitarbeiter tatsächlich beeinflussbar.
- Das System ist fair, gerecht und motivierend.
- Das Modell unterstützt den Unternehmer bei der Suche und dem Halten von A-Mitarbeitern.
- Es fördert das Leistungsdenken und honoriert Ergebnisse, die im Hinblick auf Firmenziele erbracht wurden.
- Mitarbeiter haben die Möglichkeit, ihren Verdienst zu verbessern.

Ein Modell, das die oben genannten Anforderungen erfüllt, besteht aus den folgenden drei Komponenten:

1. Komponente: Individuelles Fixum
2. Komponente: Individuelle Leistung
3. Komponente: Anbindung an den Unternehmenserfolg

1. Komponente: Individuelles Fixum

Dieser Betrag ist in der Regel rein personenbezogen. Ausgangspunkt sind oft tarifliche Eingruppierungen. Weitere Einflussfaktoren sind Größen wie Betriebszugehörigkeit, Alter, besondere Anforderungen der Tätigkeit und besondere Qualifikation des Mitarbeiters. Die Höhe des individuellen Fixums ist nicht an die Erbringung bestimmter Leistungen geknüpft.

2. Komponente: Individuelle Leistung

Bei der individuellen Leistung werden sowohl die Leistungsbeurteilung als auch der Grad der Zielerreichung berücksichtigt:

- *Leistungsbeurteilung*
  In den Ausführungen zu *Stufe 2: Mitdenken* haben Sie die Beurteilungsbögen für Mitarbeiter und Vorgesetzte kennengelernt. Die Ergebnisse aus der Beurteilung geben Ihnen klare Hinweise auf die individuelle Leistung der betroffenen Person. Es geht nun darum, die Höhe der 2. Komponente an die Ergebnisse zu koppeln.

  Das Würdigen der Leistung im Rahmen der Notengebung wird dazu führen, dass im Unternehmen intensiv über Leistung diskutiert wird und Fragen gestellt werden wie: »Was ist Leistung?«, »Welche Leistung verdient die Note 1?«, »Welche Leistung verdient die Note 2?«. Diese Diskussionen sind ganz im Sinne des Unternehmens. Wenn Sie sich in diese Gespräche einschalten, denken Sie daran: Es geht nicht darum, jemanden zu bestrafen. Ziel ist es, klarzumachen, welche Anforderungen wie honoriert werden. An dieser Stelle wird besonders deutlich, dass das Verfahren transparent sein muss. Nur dann wird sich bei den Mitarbeitern Akzeptanz einstellen.

  Spätestens in dem Moment, da sich die Leistungsbeurteilung auf die Entlohnung auswirkt, muss auch die Abstimmung mit dem Betriebsrat erfolgen. Wichtig ist, dass nur ein von den Mitarbeitern als gerecht wahrgenommenes Leistungsbeurteilungssystem tatsächlich motivieren wird.

- *Zielerreichung*[48]
  Ausgangspunkt für das Berücksichtigen der Zielerreichung beim Bestimmen der Verdiensthöhe ist die Tatsache, dass das Gehalt an sich keinen besonderen Motivationseffekt hat: Jede Gehaltserhöhung wirkt in der Regel nur kurzzeitig motivierend. Dagegen ist es sehr motivierend, durch die eigene Leistung etwas verändern zu können und Ziele zu erreichen.

  Die Entlohnung in Abhängigkeit von der Zielerreichung eines Mitarbeiters baut darauf auf, dass Sie bereits mit den Zielvereinbarungen arbeiten, die in *Stufe 4: Mitverantworten* beschrieben werden. Voraussetzungen für die Einführung von zielorientierter Entlohnung sind:

– Unternehmensziele müssen definiert und auf die Abteilungen sowie auf die einzelnen Arbeitsplätze heruntergebrochen sein.
– Die Mitarbeiter müssen das Erreichen der Ziele durch ihre individuelle Leistung beeinflussen können.

- Die Ziele müssen tatsächlich *vereinbart* werden. Ein Zieldiktat wirkt kontraproduktiv, da es den Mitarbeiter zu wenig einbezieht. Die Folge: »No Involvement, no Commitment«.
- Die Leistungskennzahlen für die Zielerreichung müssen wirtschaftlich und objektiv erfassbar sein.

3. Komponente: Anbindung an den Unternehmenserfolg

Die 3. Komponente der Entlohnung ist mit dem Unternehmenserfolg verknüpft. Da der Gewinn des Unternehmens das Verdienst aller Mitarbeiter ist, sollen sie auch finanziell am Erfolg beteiligt werden. Diese Beteiligung bedeutet einen wichtigen Schritt auf dem Weg vom Mitarbeiter zum Mit-Unternehmer. Die immaterielle Beteiligung fördert dieses Mit-Unternehmertum. Durch die materielle Beteiligung wird die Rolle des Mitarbeiters als Mit-Unternehmer zusätzlich gestärkt.

Als aufwändig, aber überaus wirksam haben sich in der Praxis Modelle bewährt, bei denen eine Auszahlung der Prämie bar erfolgt. Durch das »monetäre Erlebnis« wird die Besonderheit der Leistung deutlich.

Wie bei allen anderen Aspekten der Entlohnung gilt auch hier, dass das Modell einfach, transparent und leicht nachvollziehbar sein muss. Einflüsse, die Auswirkungen auf das Ergebnis haben, müssen frühzeitig und klar kommuniziert werden. In diesem Zusammenhang sind Instrumente der internen Kommunikation wie Aushänge und Mitarbeiterzeitung besonders wichtig.

Erfolgsbeteiligungsmodelle lassen den direkten Bezug zur Mitarbeiterleistung nicht immer zu. Sie können deshalb nicht das zentrale Element eines leistungs- und zielorientierten Entlohnungskonzepts sein. Beteiligungsmodelle können aber die Motivation der Mitarbeiter erhöhen, unternehmerisch zu denken. Daher eignen sie sich sehr gut als abrundendes Element der Gesamtvergütung und dienen dabei insbesondere der Teambildung.

Vermeiden Sie die typischen Fehler

In unserer Beratungspraxis treffen wir bei der Einführung von Zielvereinbarungs- und Entlohnungsmodellen immer wieder auf die folgenden kostspieligen Fehler, die Sie vermeiden sollten:

- Fertige Konzepte »von der Stange« werden ohne Beachtung unternehmensspezifischer Besonderheiten einfach übernommen.
- Der Betriebsrat wird zu spät eingebunden.
- Das Modell ist zu kompliziert.
- Die Entlohnung beinhaltet Aspekte, die der Mitarbeiter nicht beeinflussen kann beziehungsweise von denen der Mitarbeiter meint, dass er sie nicht beeinflussen kann.
- Die Entlohnung wird zu schnell umgestellt. Erfahrungsgemäß dauert die Einführung von Leistungsbeurteilungs- und Zielsystemen drei bis fünf Jahre. Die Leistungsbeurteilung und Zielvereinbarungen sollten zuerst einige Jahre praktiziert werden, bevor die Entlohnung daran geknüpft wird.
- Die variablen Anteile dürfen nicht zu groß sein, sonst entstehen bei manchen Mitarbeitern Ängste, dass das Einkommen zu unkalkulierbar wird.

Kreative Entlohnungsmodelle sind ein wichtiges Instrument auf dem Weg vom Mitarbeiter zum Mit-Unternehmer. Allerdings stehen sie erst am Ende dieses Weges. Immaterielle Aspekte wie Kommunikation und Information sind zu Beginn wichtiger. Haben Sie genügend Erfahrungen mit den immateriellen Führungsmitteln gesammelt, dann ist die Entlohnung ein sehr gutes Instrument, das verstärkend wirkt.

Service: Unter www.abc-strategie.de/formulare können Sie sich Informationen zum Entlohnungsmodell der Firma drilbox herunterladen, das mit dem BestPersAward zum Thema Entlohnung ausgezeichnet wurde.

Binden Sie Ihre Mitarbeiter langfristig durch Kapitalbeteiligung

Der Erfolg eines Unternehmens ist nur mit engagierten und motivierten Mitarbeitern möglich. Dazu gehört, dass alle ein Wir-Gefühl entwickeln. Die Beteiligung der Mitarbeiter am Eigenkapital des Unternehmens ist eine Möglichkeit, dieses Wir-Gefühl zu stärken.

Neben der Bindung des Mitarbeiters an Ihr Unternehmen entstehen noch weitere Vorteile. Dazu gehören:

- Erhöhung der Eigenkapitalquote,
- Steigerung der Arbeitsproduktivität,
- Anhebung des Pro-Kopf-Umsatzes,
- Verbesserung der Kapitalrendite.

Es gibt so viele verschiedene Modelle der Mitarbeiterbeteiligung, dass es an dieser Stelle nicht sinnvoll ist, ein einzelnes ausführlicher darzustellen. Da jede Entscheidung für ein Modell auch komplexe steuerliche Belange berührt, müssen Sie bei der Gestaltung des passenden Konzepts Ihren Steuerberater beziehungsweise Wirtschaftsprüfer hinzuziehen. Es gibt Spezialisten in Deutschland, die Hunderte von Mitarbeiterbeteiligungen in Betrieben eingerichtet haben. Unkompliziert und schnell wird eine Mitarbeiterbeteiligung mithilfe der Arbeitsgemeinschaft Partnerschaft in der Wirtschaft e. V. (www.agpev.de) installiert.

Service: Übersichtsartikel, Checklisten und weiteres Material erhalten Sie kostenlos unter www.agpev.de/downloads.

Wer seine Belegschaft langfristig durch eine Kapitalbeteiligung an das Unternehmen binden will, muss die relativ komplexen Zusammenhänge so kommunizieren, dass sie von möglichst vielen Mitarbeitern verstanden werden und ein großer Teil begeistert mitmacht. Machen Sie zu Beginn auch deutlich, dass niemandem Nachteile entstehen, wenn er sich nicht beteiligt. Die häufigsten Fragen, die sich den Mitarbeitern stellen, lauten:

- Wie viel muss ich einzahlen?
- Wie sicher ist mein Geld?
- Wann bekomme ich mein Geld wieder zurück?
- Welche Nachteile habe ich davon?

Antworten auf diese Fragen sowie Ihr Konzept der Mitarbeiterbeteiligung können Sie in einer Broschüre darstellen. Um das grundlegende Verständnis zu schaffen, können Sie auch mit einer kleinen Bildergeschichte arbeiten, die Sie beispielsweise in Ihrer Mitarbeiterzeitschrift abdrucken.

Abbildung 44: Ausschnitt einer Broschüre zur Kapitalbeteiligung

Durch die Beteiligung der Mitarbeiter am Eigenkapital der Firma werden diese zu einem Teil Miteigentümer des »Bootes«.

Service: Die Bildergeschichte, die wir zu diesem Zweck entwickelt haben, finden Sie kostenlos unter www.abc-strategie.de/formulare.

Wenn sich im Laufe der Jahre 50 bis 70 Prozent der Mitarbeiter für die Teilnahme an einem Beteiligungsmodell entscheiden, ist das ein guter Wert.

Kapitel 14

Stufe 7: Mit Werten unterwegs

In diesem Kapitel erfahren Sie:

▶ Wie Sie das Herz Ihrer Mitarbeiter gewinnen
▶ Warum Werte wichtig sind
▶ Wie Sie an einer sinnstiftenden Unternehmenskultur arbeiten

Gewinnen Sie die Herzen Ihrer Mitarbeiter

»Mit Werten unterwegs« bezeichnet die höchste Stufe der Treppe. Es geht dabei um die Beobachtung, dass immer weniger Mitarbeiter ausschließlich für Geld arbeiten. Sie wollen mehr, nämlich Ehrlichkeit, Wahrhaftigkeit, Verzicht auf Manipulation. A-Mitarbeiter suchen eine hoch entwickelte Unternehmenskultur und schätzen Freiräume, die individuelle Entwicklungen ermöglichen. Es kommt darauf an, diese Freiräume zu schaffen und das Herz des Mitarbeiters für das Unternehmen zu gewinnen, indem Sie Sinn bieten.

Wenn Sie die Sinnfrage ausklammern und versuchen, den Mitarbeiter allein mit Geld zu halten, dann haben Sie schlechte Karten. Denn wenn ein Wettbewerber Ihrem Mitarbeiter ein lukrativeres Angebot macht, dann ist die Gefahr groß, dass Sie ihn verlieren. Solche Angebote richten sich vor allem an A-Mitarbeiter, und der Verlust eines A-Mitarbeiters ist eine Katastrophe.

Unterschätzen Sie diese Gefahr nicht. A-Mitarbeiter sind begehrt, und deshalb werden sogenannte Headhunter oder auch »Executive Searcher« angesetzt, um bei der Suche zu helfen. Diese Personen haben den Auftrag, Mitarbeiter bei anderen Unternehmen direkt anzusprechen und für ihren Auftraggeber abzuwerben. Firmen zahlen bis zu einem halben Jahresgehalt an Headhunter, denen es gelingt, den Wunschkandidaten bei seinem Arbeitgeber loszueisen und an sie zu vermitteln.

In Deutschland ist es nicht rechtswidrig, einen Mitarbeiter anzurufen und ihm dabei von der neuen Karrierechance zu erzählen und um einen Termin für ein ausführlicheres Gespräch zu bitten. Aus eigener Erfahrung können wir berichten, dass die Methoden des Abwerbens immer dreister werden. Es ist nicht ungewöhnlich, wenn ein Besucher in Ihrer Firma beim Rundgang gleich einen Mitarbeiter anspricht und ihm ein Angebot unterbreitet.

Wenn Sie mit Menschen darüber ins Gespräch kommen, warum sie ihr Unternehmen verlassen, dann wird überraschenderweise meist an oberster Stelle nicht fehlendes Geld, sondern Unterforderung beim Job genannt. Vor allem A-Mitarbeiter suchen die größere, begeisterndere und herausfordernde Aufgabe. Wer unter seinen fachlichen und intellektuellen Fähigkeiten eingesetzt wird, verliert bald die Lust und wird woanders bessere Entwicklungs- und Aufstiegsmöglichkeiten finden.

Sollte Ihnen ein Mitarbeiter von einem Abwerbeversuch berichten, dann nutzen Sie dies als Anlass, um mit Ihren Leistungsträgern über deren berufliche Situation zu sprechen. Auf keinen Fall sollten Sie cholerisch oder beleidigt reagieren. Und wenn es in der Tat einmal zu einer Trennung kommt, dann seien Sie auch in dieser Situation nicht nachtragend. Brüllen Sie nicht und reagieren Sie nicht eingeschnappt mit Sätzen wie: »Reisende soll man nicht aufhalten.« Fragen Sie den Umworbenen, was Sie persönlich ändern könnten, um ihn zum Bleiben zu bewegen. Was stört ihn? Was wäre das wichtigste Kriterium für ihn, um noch zu bleiben?

Nützt all dies nichts, dann trennen Sie sich im Guten. Sie könnten beispielsweise eine kleine Abschiedsparty inszenieren. Heben Sie alle Verdienste der Person, die das Unternehmen verlässt, noch einmal hervor. Betonen Sie in Anwesenheit der Kollegen, was alles geleistet wurde. Sagen Sie auch, dass der Mitarbeiter jederzeit zurückkommen kann, sollte irgendetwas mit dem neuen Arbeitgeber nicht funktionieren. Machen Sie deutlich: Hier hat er Freunde, hier ist seine Heimat. Wenn Sie schon einen wichtigen Mitarbeiter verlieren, stärkt ein solcher Abschied in Würde die Bindung der verbleibenden Mitarbeiter. Außerdem kann es tatsächlich passieren, dass der Mitarbeiter nach kurzer Zeit wieder zu Ihnen zurückkommt.

Ist Geld das einzige Kriterium, das Mitarbeiter an ein Unternehmen bindet, dann kann der Mitarbeiter einem besseren Angebot nur schwer widerstehen. Gelingt es Ihnen jedoch, stärkere Bindungen zu schaffen, haben es Headhunter deutlich schwerer.

Wer seinen Traumjob gefunden hat, an dem perlen Abwerbeversuche einfach ab. Der Führungskraft kommt daher die Aufgabe zu, Traumjobbedingungen zu schaffen. In der Praxis heißt das, für jeden einzelnen Mitarbeiter einen ganz eigenen Weg zu finden. Wenn Sie sich die Mühe machen, sich auf den Mitarbeiter einzulassen, wenn Sie eine Arbeitssituation schaffen, die in Form von Sondervereinbarungen ganz auf ihn zugeschnitten ist, dann wird der Mitarbeiter im Unternehmen Wurzeln schlagen.

Die Untersuchungen des US-amerikanischen Meinungsforschers Bruce Tulgan haben ergeben, dass es fünf nicht-finanzielle Faktoren gibt, die den Menschen mit Blick auf ihre Arbeitsbeziehung am meisten am Herzen liegen:[49]

1. Arbeitszeit (wann sie arbeiten),
2. Ort (wo sie arbeiten),
3. Aufgaben und Verantwortlichkeiten (was sie tun),
4. mit wem sie zusammenarbeiten,
5. was sie bei der Arbeit lernen (oder nicht lernen).

Wenn Sie Ihren Mitarbeitern die Möglichkeit verschaffen, diese fünf Faktoren auf sich zuzuschneiden, dann werden sie sich Traumjobs entwerfen. Ihre Mitarbeiter werden spätestens ab dann mit ganzem Herzen bei der Sache sein.

Führungskräfte, die das Herz ihrer Mitarbeiter gewinnen wollen, gestalten aber nicht nur individuelle Sondervereinbarungen. Sie entdecken im Alltag auch immer wieder Möglichkeiten, um das Interesse an ihren Mitarbeitern zum Ausdruck zu bringen:

- Sie schreiben (mit der Hand!) Dankeschön-Karten.
- Sie gratulieren ihrem Team bei außergewöhnlichen Erfolgen mit einer Flasche Champagner.
- Sie anerkennen pünktliche und hervorragende Leistungen mit einem Buch, in das sie eine persönliche Widmung geschrieben haben.

Was wird passieren? Ihr Interesse an Ihren Mitarbeitern wird erwidert durch das Interesse der Mitarbeiter an Ihrem Unternehmen. Wenn Abwerbeversuche an einzelne Mitarbeiter herangetragen werden, dann werden sie sagen: »Dies ist mein Traumjob, und ich sehe keinen Anlass, ihn aufzugeben.« Der Wettbewerber wird es sehr schwer haben, in eine solch enge Beziehung störend hineinzuwirken.

Die Aufgabe, das Herz Ihrer Mitarbeiter zu gewinnen, hat aber nicht nur den Zweck, Headhunter abzuwehren. Es geht um mehr. Sicher kennen Sie den Bibelvers »Der Mensch lebt nicht vom Brot allein.« Diese Aussage bedeutet auch: Weil Geld letztlich nicht alles ist, lässt sich Arbeit nicht auf eine rein materielle Tauschbeziehung »Geld für Arbeitsleistung« reduzieren. Auch aus diesem Grund kommt es darauf an, den Mitarbeitern »Sinnangebote« zu machen. Der Neurologe und Psychiater Viktor E. Frankl sagt: Der Mensch ist ein Wesen »auf der Suche nach Sinn«[50].

Dieser Wille zum Sinn ist auch der Grund dafür, dass Geld nach kurzer Zeit als Leistungsanreiz versagt. Kann sich der Arbeitnehmer erst einmal eine zufriedenstellende Lebensführung erlauben, ist mehr gefragt als bloß Geld. Zur Verantwortung einer Führungskraft gehört es deshalb auch, Antwort zu geben auf die Sinnfrage der Menschen, für die Verantwortung übernommen wird.

Ein brauchbares Instrument ist in diesem Zusammenhang eine motivierende und tragfähige Unternehmensvision, also ein Bild der Zukunft, das Begeisterung auslöst. Denn die Sinnsuche gipfelt in der Frage: Für wen arbeite ich? Nur für mich? Nur für die Eigentümer? Führungskräfte, die auf diese Fragen keine überzeugenden Antworten geben können, werden es schwer haben, die Herzen ihrer Mitarbeiter zu gewinnen. Wem es aber gelingt, eine begeisternde Vision zu vermitteln, der hat gewonnen: Eine Arbeit, die mit Blick auf eine überzeugende Vision erbracht wird, ist nicht nur erstklassig, sie stiftet auch Sinn.

In den Ausführungen zu *Stufe 1: Mitwissen* haben wir gesagt: Begeisterte Mitarbeiter schaffen begeisterte Kunden, und begeisterte Kunden schaffen weitere begeisterte Kunden. Vollständig muss es allerdings heißen: Eine begeisternde Vision des Unternehmers schafft begeisterte Mitarbeiter. Begeisterte Mitarbeiter schaffen begeisterte Kunden. Begeisterte Kunden schaffen weitere begeisterte Kunden.

Wer das Herz seiner Mitarbeiter gewonnen hat und Sinn bieten kann, der wird Menschen erleben, die nicht mehr auf das Wochenende warten, um sich selbst zu verwirklichen. Im Gegenteil: Durch das passende Maß an Eigenverantwortung und die damit verbundene Freude an der Arbeit erfährt der Mitarbeiter Erfüllung und Wertschätzung. Eigenschaften wie Ehrlichkeit und Mut, zu den eigenen Fehlern zu stehen, kennzeichnen das neue Betriebsklima. In der Folge verstehen sich immer mehr Mitarbeiter als »Kulturmissionare«. Das sind Menschen, die ihre kulturellen Werte nach außen kommunizieren – ob am Stammtisch in der Gaststätte oder auf Geburtstagsfeiern. Wenn sie von ihrer Firma sprechen, haben sie ein Glänzen in den Augen.

Werte machen wertvoll

Ob Mitarbeiter ihre Arbeit als sinnvoll erleben, hängt auch davon ab, ob sie sich mit den im Unternehmen geltenden Werten identifizieren können. Denn Werte haben eine wichtige Funktion: Sie steuern über die Einstellungen das Verhalten. Wie ein Kompass verschaffen sie Ausrichtung und Klarheit. Das gilt für Menschen wie für Organisationen.

Die Universität St. Gallen hat zusammen mit der Bonner Unternehmensberatung Deep White eine Grundlagenstudie erarbeitet, die den Zusammenhang von Wertekultur und Unternehmenserfolg erhellen möchte. Die Ergebnisse sind interessant: Eine nur auf Leistung getrimmte Unternehmenskultur führt zu Unzufriedenheit, mangelnder Motivation und fehlender Selbstverwirklichung der Mitarbeiter.[51] Auf der anderen Seite lassen sich Wertefaktoren identifizieren, die mit einem überdurchschnittlichen Unternehmenserfolg in einer Wechselbeziehung stehen:[52]

- Sich uneingeschränkt einzubringen und sich konstruktiv und loyal unterzuordnen, steigert die Unternehmensrendite um 171 Prozent.
- In Unternehmen, in denen Vertrauen höher bewertet wird als zu viel Kontrolle, liegt die Rendite um 162 Prozent höher als in Unternehmen, wo Kontrolle das oberste Prinzip ist.
- Wo gelacht wird und es fröhlich zugeht, wo auch geblödelt werden darf, liegt die Rendite um 150 Prozent höher.
- Wenn Mitarbeiter Freiräume haben, um Dinge infrage zu stellen und kontrolliert zu experimentieren, steigt die Rendite um 146 Prozent.
- Gilt lebenslanges Lernen als wichtig und werden Niederlagen mutig und systematisch aufgearbeitet, so ist die Rendite um 145 Prozent höher.

Werte, die einen überdurchschnittlichen und langfristigen Unternehmenserfolg begünstigen, stellen sich nicht von allein ein. Die Werte müssen definiert und reflektiert werden sowie in den alltäglichen Entscheidungen zum Ausdruck kommen.

Schaut man sich Unternehmen an, lässt sich feststellen, dass es vier verschiedene Möglichkeiten gibt, mit Werten umzugehen:

1. *Werte wurden nie thematisiert*
   Viele Firmen betreiben ihr Geschäft, ohne über die Werte nachzudenken, die das alltägliche Handeln steuern beziehungsweise steuern sollten.
2. *Shareholder-Value*
   Der Shareholder-Value ist die entscheidende Fokussierung, wenn es darum geht, den Finanzwert des Unternehmens in die Höhe zu treiben. Alles wird aus Sicht der Anteilseigner beurteilt. Es geht darum, möglichst viel Geld zu verdienen; alles andere ist zweitrangig.
3. *Stakeholder-Value – Corporate Citizenship*
   Beim Stakeholder-Value geht es nicht nur um den Wert für die Anteilseigner, sondern auch darum, den Wert gegenüber weiteren »Anspruchsberechtigten« wie Lieferanten, Kunden und Mitarbeitern zu steigern. Ziel des Unternehmens im Sinne des Stakeholder-Value-Ansatzes ist es zudem, einen gesellschaftlichen Beitrag zu leisten. Eine dem Stakeholder-Value verpflichtete Firma versteht sich als »Corporate Citizen« und zeichnet sich durch gelebte gesellschaftliche Verantwortung und hohes Umweltbewusstsein aus. Solche Unternehmen engagieren sich beispielsweise sozial und kulturell. In den USA ist der Begriff bereits selbstverständlich, und auch in Deutschland gewinnt er immer stärkere Konturen.
4. *Shared Values*
   Die Idee der »Shared Values« geht noch einen Schritt weiter. Werte wie Wahrheit, Wertschätzung und Vorurteilsfreiheit sind für alle Mitarbeiter verbindlich und werden im Idealfall kompromisslos gelebt.

Abbildung 45: Vier Möglichkeiten, mit Werten umzugehen

Authentizität, gesellschaftliches Engagement, Verlässlichkeit, Integrität und Umweltschutz sind zentrale Stützpfeiler, um im langfristigen Wettbewerb bestehen zu können. Dabei spielt es keine Rolle, ob es sich um einen international agierenden Konzern handelt oder um einen mittelständischen Familienbetrieb.

Der bewusste Umgang mit den handlungsleitenden Werten wird an Bedeutung zunehmen. Werteprogramme wie der Shared Values-Prozess bieten entsprechende Unterstützung. Worum es dabei geht, wird im nächsten Abschnitt beschrieben.

Arbeiten Sie an einer sinnstiftenden Unternehmenskultur

Ob jemand seine Arbeit als sinnstiftend erlebt, hat viel mit der Unternehmenskultur zu tun, die den Alltag des Unternehmens prägt und in den tagtäglichen Entscheidungen zum Ausdruck kommt: Stellen Sie sich vor, Sie arbeiten in einer Organisation, in der die Menschen die Interessen anderer an die erste Stelle setzen, in der bei Bedarf jeder jeden unterstützt, in der Wahrheit und Vertrauen regieren sowie neue Ideen – wo auch immer sie herkommen mögen – willkommen sind. In dieser Organisation wird jeder ermutigt, Entscheidungen zu treffen. Wer Erfolge hat, wird gelobt. Es herrscht die Freiheit, so zu arbeiten wie man es möchte – couragiert und engagiert, in einem positiven Umfeld.

In Unternehmen mit einer solchen Kultur lassen die positiven Ergebnisse nicht lange auf sich warten: Das Geschäft blüht, Qualität und Service werden verbessert, der Umsatz steigt, die Kunden spüren, dass in diesen Unternehmen ein starkes Verantwortungsbewusstsein und ein hohes Entwicklungspotenzial vorhanden ist. Wer in einem solchen Unternehmen arbeitet, erlebt seine Arbeit viel eher als sinnvoll, als dies in einer Firma mit den entgegengesetzten Werten der Fall ist: Wo gelogen wird und Misstrauen vorherrscht, wo sich jede Idee durch einen Sumpf von Vorurteilen kämpfen muss und meistens darin versinkt, wo Angst regiert und das Umfeld als negativ und belastend wahrgenommen wird, dort wird es einem sehr schwer fallen, Sinn in seiner Arbeit zu sehen. Es fehlt eine gute Unternehmenskultur.

Ähnlich wie Mac OS X oder Windows als Betriebssysteme einen Computer zum Laufen bringen, funktioniert die Unternehmenskultur wie ein menschliches Betriebssystem. Und so ähnlich, wie man ein Betriebssystem für Computer gezielt optimieren kann, geht dies auch mit der Unternehmenskultur.

Ermöglicht wird dies durch den sogenannten Shared Values-Prozess[53], einem Verfahren, das zu Werten führt, die vom Management und den Mitarbeitern gleichermaßen geteilt werden. Der Shared Values-Prozess wurde 1985 von dem Amerikaner Rob Lebow entwickelt. Er begann seine Arbeiten mit der Auswertung einer wissenschaftlichen Studie der University of Chicago über persönliche und betriebliche Werte. Über 17 Millionen Datensätze aus Fragebögen hatten die Forscher in 40 Ländern zu der Frage gesammelt, wie Menschen gern arbeiten würden.[54]

Heraus kamen acht persönliche Werte, die Teilnehmer der Befragung aus verschiedenen Ländern, Kulturen und Weltanschauungen als Merkmale eines positiven Leistungsumfeldes genannt hatten:

Abbildung 46: Die acht Werte eines positiven Leistungsumfeldes

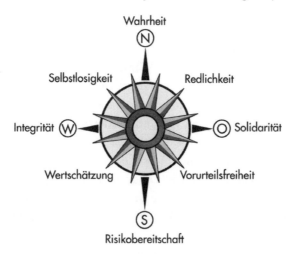

Aufbauend auf diesen acht Werten entwickelt Lebow Regeln, die das Kernstück von Shared Values sind:

1. Seien Sie ehrlich zu anderen – ohne Kompromisse.
2. Vertrauen Sie Ihren Kollegen und Partnern.
3. Seien Sie ein uneigennütziger Förderer und Mentor.
4. Seien Sie offen für neue Ideen – ohne Vorurteile.

5. Vertreten Sie unpopuläre Entscheidungen, wenn es der Organisation hilft.
6. Lassen Sie die Hände von schmutzigem Geld.
7. Sparen Sie nicht mit Lob, wenn es angebracht ist.
8. Stellen Sie die Interessen anderer über Ihre eigenen.

Der Shared Values-Prozess dient nun dazu, die acht Werte zum gelebten Bestandteil der Unternehmenskultur zu machen. Ein Beratungsprogramm analysiert sämtliche Aspekte, die eine positive Arbeitsumgebung fördern.

Wenn Sie Ihre eigenen Werte und die Werte der Organisation, in der Sie arbeiten, vergleichend beurteilen möchten, rufen Sie die folgende Webseite auf: www.persolog.de/wertecheck.html. Dort können Sie Ihren persönlichen Wertespannungsindex kostenlos ermitteln. Dieser Index zeigt Ihnen, ob Lücken zwischen Ihren Wertvorstellungen und denen des Unternehmens klaffen. Die Beurteilung erfolgt anonym und dauert nicht länger als zwei Minuten.

Die Ermittlung des Wertespannungsindex kann der Beginn für den Shared Value-Prozess sein. Die professionelle Begleitung dieses Prozesses wird auch in Deutschland angeboten.[55]

In unseren Unternehmen treffen wir uns außerhalb der Arbeitszeit zu sogenannten Umsetzungsmeetings, um den Prozess lebendig zu halten. Beim ersten Termin stellten wir den Wert »Wahrheit« und die dazugehörige Regel »Seien Sie ehrlich zu anderen« ins Zentrum. Kollegen berichteten, was ihnen in puncto Ehrlichkeit im Unternehmen widerfahren ist. Anschließend teilten wir uns in kleine Gruppen und diskutierten, wie wichtig Ehrlichkeit im Umgang miteinander ist. Die Ergebnisse trugen wir auf dem Flipchart zusammen und präsentierten sie vor der Gruppe. Bei diesen Treffen fürchten wir uns nicht davor, auch peinliche Dinge anzusprechen. Gerade das macht die Sache so spannend. Probleme, die zum Teil jahrelang verdrängt wurden, werden angepackt und erledigt. Es gibt vier Wochen Zeit, die betroffenen Aspekte zu recherchieren und in Ordnung zu bringen beziehungsweise um Vergebung zu bitten, wo es notwendig ist. »Leichen« werden aus dem Keller geholt und offiziell »bestattet«. Das entlastet und reinigt die Atmosphäre.

Damit wir die oben genannten acht grundlegenden Regeln immer vor Augen haben können, entwickelten wir eine »Wertekarte« im Scheckkartenformat.

Service: Wenn Sie wissen möchten, wie diese Karte aussieht, schicken wir Ihnen gern ein Exemplar zu. Sie können es kostenlos anfordern unter www.abc-strategie.de/formulare.

Werte lassen sich nicht von heute auf morgen verändern. Erfahrungsgemäß benötigt der Prozess im Unternehmen etwa vier bis fünf Jahre, um kultur- und werteverändernd zu wirken. Im Laufe der Zeit werden Sie zunehmend die Erfahrung machen, dass gemeinsame Werte als Grundlage für das Handeln im Alltag gelten. Wurde der Prozess erfolgreich durchlaufen, werden Ihre Mitarbeiter wie selbstverständlich die genannten acht Werte als Richtschnur und Maßstab für das tägliche Arbeitsleben einsetzen. Sie tun, was sie sagen, und sagen, was sie tun. Indem Sie mit Ihrem Unternehmen aktiv Werte wie Vorurteilsfreiheit, Redlichkeit und Integrität vorleben, arbeiten Sie immer noch in der gleichen Branche, aber Ihre Firma ist eine andere. Mit Werten leben heißt: Nicht mehr jeder Weg führt zum Ziel, sondern nur ein ganz bestimmter Weg.

Wenn ein neuer Mitarbeiter zum Team hinzukommt und nicht über die geltenden Werte informiert wird, sind Konflikte programmiert. Darum sollten Sie jedem neuen Mitarbeiter die Kultur Ihres Unternehmens nahebringen. Je schneller sich ein Mitarbeiter darin zurechtfindet, desto schneller wird er sich dazugehörig fühlen, zu einem Träger dieser Kultur werden und sich mit dem Unternehmen identifizieren. Die Bemühungen lohnen sich, denn je stärker die Identifikation mit dem Unternehmen ist, desto

- effizienter und engagierter arbeitet er mit,
- niedriger ist die Fluktuation,
- größer ist die Akzeptanz von anstehenden Veränderungsprozessen.

Wenn Sie es schaffen, die sieben Stufen vom »Mitwissen« bis zu »Mit Werten unterwegs« aufzusteigen und eine Unternehmenskultur auf dem Fundament gemeinsam geteilter erfolgstreibender Werte zu gründen, dann machen Sie Erfahrungen, von denen andere nur träumen:

- Ihre Mitarbeiter sind engagiert bei der Sache.
- Probleme erkennen und lösen sie selbstständig.
- Sie bringen ihr Potenzial zu 100 Prozent ein und verblüffen Sie mit außergewöhnlichen Leistungen.

Das siebenstufige Führungskonzept mit seinen zahlreichen Instrumenten ist wie ein gut gemachtes Korsett, das Ihr Unternehmen im Alltag stützt, ohne es einzuengen, und das in der Krise zusammenhält. Eine solchermaßen gestaltete Hochleistungsorganisation ist die Antwort auf die Frage, wie Sie A-Mitarbeiter dauerhaft für Ihr Unternehmen begeistern können.

Danksagung

Viele Personen haben zum Entstehen dieses Buches beigetragen. Ihnen sagen wir unseren herzlichen Dank:

- *Frank-Michael Rommert,* der uns auf dem Weg vom Manuskript bis zu diesem Buch mit seinen wertvollen Hilfestellungen begleitet hat.
- *Marcel Dompert,* der entscheidend zum Entstehen des Skriptes beigetragen hat, insbesondere für die langen Nächte beim Recherchieren, Formulieren und Schreiben.
- *Traudel Knoblauch* für ihre Geduld beim Korrekturlesen des Manuskriptes.
- *Christine Albrecht,* die mit ihren ausgezeichneten Computerkenntnissen das Manuskript mitgestaltet hat.
- *Johannes Czwalina* hat mit seinen vielerlei Kontakten zu Personalverantwortlichen eine Plattform für Diskussion und neue Erkenntnisse geschaffen.
- *Prof. Dr. Rolf Wunderer* als ehemaliger Direktor des Institutes für Führungs- und Personalmanagement an der Universität St. Gallen. Ich, Jörg Knoblauch, hatte das Vorrecht, an seiner Seite in Vorlesungen mitzuwirken.
- *Prof. Dr. Friedrich Hanssmann* für die kritische Durchsicht des Manuskripts und seine wertvollen Anregungen.
- *Vincent G. A. Zeylmans van Emmichoven.* Seine Erfahrung aus dem Bereich Jobhunting hat uns wesentliche Einsichten gebracht.
- *Klaus Steiner* als Personalverantwortlicher eines Großbetriebs. Seine Sicht der Dinge ließ uns manche Positionen noch einmal neu überdenken.
- *Friedbert Gay* für die Rechte am persolog® Persönlichkeits-Profil (D-I-S-G). Es ist das beste Instrument zur Persönlichkeitsentwicklung, das wir kennen.

- *Eberhard Jung* als Führungskräftecoach und Vertriebschef bei persolog, dem Spezialverlag für Managementsysteme, für viele anregende Diskussionen, die in diesem Buch ihren Niederschlag gefunden haben.
- *Dr. Rainer Linnemann* vom Campus Verlag. Er hat dieses Projekt engagiert betreut und uns viele wichtige Ratschläge gegeben.

Unser besonderer Dank gilt auch dem *Campus Verlag,* der sofort bereit war, unser Thema aufzugreifen.

Danke an *Sie, liebe Leserin, lieber Leser,* dass Sie sich bis hierher vorgearbeitet haben, um die Frage nach den besten Mitarbeitern offensiv anzugehen. Wir wünschen Ihnen die richtigen Talente an Ihrer Seite. Der Erfolg stellt sich dann von alleine ein.

Giengen, im Frühjahr 2009

Jörg Knoblauch (JKnoblauch@tempus.de)
Jürgen Kurz (JKurz@tempus.de)

Literatur

Bennis, Warren: *Geniale Teams. Das Geheimnis kreativer Zusammenarbeit.* Frankfurt/Main: Campus 1998.
Blanchard, Ken: *Der Minuten-Manager.* 3. Aufl. Reinbek: Rowohlt 2002.
Brake, Jörg und Dieter Zimmer: *Praxis der Personalauswahl. So wählen Sie den idealen Bewerber aus.* 3., erw. u. überarb. Aufl. Würzburg: Krick Fachmedien 2002.
Branham, Leigh: *The 7 hidden reasons employees leave.* New York: Amacom 2005.
Brown, Philip, Anthony und Hesketh Sara Williams: *The Mismanagement of Talent. Employability and Jobs in the Knowledge Economy.* Oxford: Oxford University Press 2004.
Buckingham, Marcus: *The One Thing. Worauf es ankommt.* Wien: Linde 2006.
Buckingham, Marcus und Curt Coffman: *Erfolgreiche Führung gegen alle Regeln. Wie Sie wertvolle Mitarbeiter gewinnen, halten und fördern.* 3., aktualis. Aufl. Frankfurt/Main: Campus 2005.
Buckingham, Marcus und Donald O. Clifton: *Entdecken Sie Ihre Stärken jetzt! Das Gallup-Prinzip für individuelle Entwicklung und erfolgreiche Führung.* 2. Aufl. Frankfurt/Main: Campus 2002.
Collins, Jim: *Der Weg zu den Besten. Die sieben Management-Prinzipien für dauerhaften Unternehmenserfolg.* 5. Aufl. München: Deutscher Taschenbuch Verlag 2005.
Comelli, Gerhard und Lutz von Rosenstiel: *Führung durch Motivation. Mitarbeiter für Organisationsziele gewinnen.* 3., erw. u. überarb. Aufl. München: Verlag Franz Vahlen 2003.
Czwalina, Johannes: *Zwischen Leistungsdruck und Lebensqualität. Warum der Markt keine Seele hat.* Oberursel: Who's Who Media-Projektgruppe 2003.
Czwalina, Johannes und Andreas M. Walker: *Karriere ohne Sinn? Der Manager zwischen Beruf, Macht und Familie* 2. Aufl. Gräfelfing: Resch 1998.
Frankl, Viktor E.: *Der Wille zum Sinn.* 3., erw. Aufl. Bern, Stuttgart, Wien: Verlag Hans Huber 1982.
Gay, Friedbert: *Das DISG-Persönlichkeits-Profil. Persönliche Stärke ist kein Zufall.* Offenbach: GABAL 2004.

Hanssmann, Friedrich: *Humanisierung des Managements. Ein christlicher Standpunkt.* Gräfelfing: Resch 2001.

Hanssmann, Friedrich: *Quantitative Betriebswirtschaftslehre. Lehrbuch der modellgestützten Unternehmensplanung.* 4., unwesentl. veränd. Aufl. München u. a.: Oldenbourg 1995.

Iacocca, Lee: *Eine amerikanische Karriere.* 25. Aufl. Düsseldorf, Wien: Econ 1995.

Johnson, Mike: *Kampf um die Besten. Wie Unternehmen den Wettlauf um die Spitzenkräfte gewinnen.* München: Financial Times Deutschland, ein Imprint der Pearson Education Deutschland 2000.

Knebel, Heinz: *Taschenbuch für Bewerberauslese.* 7. Aufl. Heidelberg: Sauer 1996.

Knoblauch, Jörg (Hrsg.): *Unternehmer beraten Unternehmen. So machen die besten Companys Ihr Unternehmen fit.* Offenbach: GABAL 2006.

Knoblauch, Jörg: *www.ziele.de. Wie Sie Schritt für Schritt Ihre Ziele erreichen.* Offenbach: GABAL 2005.

Knoblauch, Jörg, Johannes Hüger und Marcus Mockler: *Dem Leben Richtung geben. In drei Schritten zu einer selbstbestimmten Zukunft.* Frankfurt/Main: Campus 2004.

Knoblauch, Jörg, Kurt Nagel und Lars Stängle: *Methodenhandbuch Unternehmens-Fitness. Die 55 besten Methoden für KMUs.* Giengen: tempus. Consulting 2003. (erhältlich über www.tempus.de)

Knoblauch, Jörg, Jürgen Frey, Rolf Kummer und Lars Stängle: *30 Minuten für eine bessere Unternehmensfitness.* Offenbach: GABAL 2002.

Knoblauch, Jörg, Jürgen Kurz, Jürgen Frey: Die TEMP-Methode® – Das Konzept für Ihren unternehmerischen Erfolg. Frankfurt/Main: Campus 2009.

Kobjoll, Klaus, Ulrich Scheiper und Markus Wiesmann: *max. Das revolutionäre Motivationskonzept.* 2. Aufl. Zürich: Orell Füssli 2005.

Kurz, Jürgen: *Handbuch Zielvereinbarung. Ihr Weg zu Spitzenleistung und variabler Entlohnung.* Giengen: tempus. Consulting 2006. (erhältlich über www.tempus.de)

Lebow, Rob und William L. Simon: *Lasting Change. The Shared Values Process that makes companies great.* New York: John Wiley & Sons 1999.

Osterhammel, Bernd: *Pferdeflüstern für Manager. Mitarbeiterführung tierisch einfach.* Weinheim: Wiley-VCH 2005.

Peter, Laurence J. und Raymond Hull: *Das Peter-Prinzip oder die Hierarchie der Unfähigen.* 3. Aufl. Reinbek: Rowohlt 2001.

Peters, Tom und Robert H. Waterman Jr.: *Auf der Suche nach Spitzenleistungen. Was man von den bestgeführten US-Unternehmen lernen kann.* Landsberg am Lech: verlag moderne industrie 1986.

Smart, Bradford D.: *Topgrading. How Leading Companies Win by Hiring, Coaching, and Keeping the Best People.* New York u. a.: Portfolio, a member of Penguin Group (USA) 2005.

Smart, Bradford D.: *The Smart Interviewer.* New York u. a.: John Wiley & Sons 1989.

Smart, Geoff und Randy Street: Who – The A Method for Hiring. New York: Random House, 2008.

Sprenger, Reinhard K.: *Mythos Motivation. Wege aus einer Sackgasse.* Frankfurt/Main: Campus 2004.

Tulgan, Bruce: *Wettlauf um die Besten. Talente finden, fördern und ans Unternehmen binden.* München: Econ 2001.

Welch, Jack und Suzy: *Winning – Das ist Management.* Frankfurt/Main: Campus 2005.

Welch, Jack mit John A. Byrne: *Was zählt – Die Autobiografie des besten Managers der Welt.* München: Econ 2001.

Wunderer, Rolf: *Führung und Zusammenarbeit. Eine unternehmerische Führungslehre.* 6., überarb. Aufl. Neuwied: Luchterhand 2006.

Wunderer, Rolf und André Jaritz: *Unternehmerisches Personalcontrolling. Evaluation der Wertschöpfung im Personalmanagement.* 3., aktual. u. erw. Aufl. München: Luchterhand 2006.

Wunderer, Rolf und Heike Bruch: *Umsetzungskompetenz. Diagnose und Förderung in Theorie und Unternehmenspraxis.* München: Vahlen 2000.

Wunderer, Rolf (Hrsg.): *Mitarbeiter als Mitunternehmer. Grundlagen, Förderinstrumente, Praxisbeispiele.* Neuwied u. a.: Luchterhand 1999.

Yate, Martin John: *Hiring the Best. A Manager's Guide to Effective Interviewing.* Boston: Bob Adams 1988.

Anmerkungen

1 FAZ, »GM-Chef Wagoner tritt zurück«, 30. März 2009
2 Barbara Hug: »Mahnmal für die Zukunft«. In: *Freitag* Nr. 16 vom 21. April 2006
3 Harald Schaub: »Menschliches Versagen«, 1999, Uni Bamberg
4 www.unwortdesjahres.org vom 20. März 2007
5 *manager magazin* 7/2006, S. 92
6 *manager magazin* 7/2006, S. 88ff.
7 www.tagesschau.de: »Auswandern als Trend«, 3. Juli 2006
8 *Capital* 8/2000, S. 86
9 Focus 9/2009, S. 55 ff. »Irgendwie wird alles Apple«
10 www.sueddeutsche.de vom 29. Januar 2007, »Was Ingenieure in China verdienen«
11 *Handelsblatt*, 27. August 2001, recherchiert über www.handelsblatt.com
12 Jack Welch 2001, S. 296
13 Bradford D. Smart 2005, S. 46
14 Bradford D. Smart 2005, S. 44
15 Jim Collins 2005, S. 61ff.
16 Jim Collins 2005, S. 61
17 Jim Collins 2005, S. 62
18 Jim Collins 2005, S. 63
19 Rido Busse
20 Bradford D. Smart 2005, S. 19
21 www.gallup.com
22 *WirtschaftsWoche* Nr. 12 vom 20. März 2006, S. 64
23 *Herald Tribune* vom 10. Mai 2005, S. 2A
24 Jim Collins 2005, S. 31ff.
25 www.wirtschaftsrevolution.de (Newsletter KW 17/2006)
26 Bernd Osterhammel 2005, S. 9f.
27 www.persolog.de/wertecheck.html
28 *Die Welt* vom 2. März 2005
29 Schindlerhof, Nürnberg

30 Weitere Informationen zum persolog® Persönlichkeits-Profil (D-I-S-G) sowie zum Employer Integration Quotient (EIQ) bekommen Sie bei: persolog GmbH, Königsbacher Straße 21, 75196 Remchingen, www.persolog.com
31 Jack und Suzy Welch 2005
32 Jack und Suzy Welch 2005, S. 93ff.
33 Gertrud Höhler, Vortrag in Stuttgart
34 Jack und Suzy Welch 2005, S. 38ff.
35 Jim Collins 2005
36 Marcus Buckingham 2005, S. 153f.
37 Dekra, dib Report 2008
38 www.karriere.de, 12. Mai 2009, »Arbeitgeber setzen auf kluge Köpfe«
39 Reinhard K. Sprenger 2004
40 Studie von Hewitt Associates aus dem Jahr 2004
41 Lee Iacocca 1995
42 Tom Peters und Robert H. Waterman Jr. 1986
43 Warren Bennis 1998
44 Schleswig-Holsteinischer Zeitungsverlag GmbH: *Flensburger Tageblatt.* 2. August 2004, S. 15
45 www.ddiworld.com am 28. September 2006
46 Marcus Buckingham 2005, S. 238f.
47 Laurence J. Peter und Raymond Hull 2001
48 Weiterführende Informationen zur Entlohnung unter Berücksichtigung von Zielvereinbarungen finden Sie in: Jürgen Kurz: *Handbuch Zielvereinbarung. Ihr Weg zu Spitzenleistung und variabler Entlohnung.* Giengen: tempus. Consulting 2006. Erhältlich über www.tempus.de
49 Bruce Tulgan 2001, S. 173
50 Viktor E. Frankl 1982, S. 194
51 Bernd Osterhammel 2005, S. 44
52 Bernd Osterhammel 2005, S. 35f.
53 Rob Lebow und William L. Simon 1999
54 Christiane Sommer: »Was ist was wert?« in: *brand eins* Nr. 08/00. 2. Jg. Hamburg: brand eins Verlagsgesellschaft Oktober 2002
55 www.persolog.com am 29. September 2006

Register

4E-(und1P-)Konzept 108
5-Minuten-Test 15, 17, 133
80:20-Formel 162

Agentur für Arbeit 86
A-Mitarbeiter 9, 13-17, 20, 33-43, 50f., 56, 58, 61-64, 69-121, 126, 130, 135, 144, 148-150, 164, 167, 173, 186, 194, 200, 207f., 214f., 223
Anforderungsprofil 16, 21, 71f., 74, 76-81, 87, 93f., 103
Arbeitsverhältnis, -beziehung 21f.
　befristet 21
Arbeitsvertrag 68, 115f.
Assessment-Center 66, 121-124
Ausbildung (*auch* Berufsausbildung) 14, 20, 26, 77, 88, 91, 113, 121-125, 172, 206
Auswahlkriterien 13, 73-76
Auswandererwelle (*auch* Brain Drain) 22
Auszubildende (*auch* Azubi) 14, 121-125, 137, 140, 147, 178, 186-189

Bennis, Warren 197
Besetzung 66, 81, 86
– externe 81
– interne 86
Beteiligung 131, 133, 140, 150f., 204, 210-213
– immaterielle 133, 210
– materielle 133, 210
　Kapital- 131, 133, 140, 204, 211-213
Beurteilungsbogen 131, 133, 140, 204, 211-213
Bewerberanalyse 67
BIP 99
Blanchard, Ken 139
B-Mitarbeiter 20, 34-43, 49-51, 63, 109, 126, 144, 148-151, 175, 194, 200
Branham, Leigh 127
Buckingham, Marcus 163, 205
Busse, Rido 33

Career-Downshifting 207
C-Mitarbeiter 9, 13, 15, 20, 29, 33-51, 61-63, 93, 95, 143f., 148f., 151f., 176, 194, 200
Collins, Jim 30f., 43, 160
Cooley, Dick 31
Corporate Citizenship 59, 219
Czwalina, Johannes 44, 224

Die fünf Ja 118f.
Dienst nach Vorschrift 39, 119
Differenzierung 13, 33, 39, 41, 43-46
  siehe auch Persönlichkeits-Profil
  99, 102, 226, 230

Einstellungs-
  filter 66
  gespräche 14, 16, 27, 62, 64-66,
  70, 78f., 93-98, 104-106, 110,
  112, 114, 116, 121, 123, 162
  siehe auch Interview
  kosten 26-28
  prozess 15, 64, 66, 71, 136
  verfahren 71, 77
Einstellungs-Integrations-Quotient
  (EIQ) 14, 99, 102f.
Engagement Index 39
Entlohnungsmodell, flexibles 208

Fähigkeitsprofil 37
Feedback 118, 123, 127, 149, 157,
  160-163, 166f.
Fehlbesetzung (auch Fehleinstellung)
  12, 14f., 26f., 126-128
Flexibilität 21, 54, 91, 101, 104
Frankl, Viktor E. 217
Führung 37f., 133, 155, 163, 169,
  179, 194
Führungs-
  kraft 8, 26, 35, 38, 55, 63, 79f.,
  86, 90, 95, 102, 108f., 135, 137f.,
  155-157, 160, 163, 168, 179, 189,
  216f., 225
  position 26, 108
  stil 22, 55f., 96, 103, 194
    hierarchischer 194
  kooperativer 56, 96, 194
  verantwortung 16, 111, 114, 156

Gallup 33, 39-41, 163, 175, 200
Gefälligkeitszeugnisse 65
Gold-Mitarbeiter 30
  siehe auch A-Mitarbeiter

Hanssmann, Friedrich 49, 224
Happy Hippos 40, 109
  siehe auch High-Potentials
HBDI 16, 99
Headhunter (auch Headhunting)
  86f., 172, 214-217
Herzberg, Frederick 132
hidden champions 18
High-Potentials 40, 109
Höhler, Gertrud 139
Humankapital 20

Iacocca, Lee 19, 183
Identifikation 75, 196, 198, 223
Image, positives 16, 53, 56f., 61
Innovationen 55
Institut für Führungs- und Personal-
  management St. Gallen 41, 224
Integrationsprozess 136
Interview 14, 16, 27, 62, 70, 79, 104-
  106, 112, 114, 116, 121, 123, 162
– techniken 64
  Telefon- 16, 93f.
  typische Fehler beim 14, 98, 210

Jobrotation 131, 145, 173f.

Kalibrierungsmeeting 147
Kann-Kriterien 79

Kapitalbeteiligung *siehe* Beteiligung
Karrierefindungsgespräch 205
Kobjoll, Klaus 53, 66, 68f.
Kommunikation 37f., 77-79, 101, 140, 145, 162, 169, 210f.
Kompetenzen 16, 49, 76, 78f., 95, 191
Kultur des Lobens und Dankens 131, 157f.
Kundenorientierung, (-bezug) 34, 37f., 72, 75, 145

Lebow, Rob 221
Leistungsanreize 132f., 217
– immaterielle 132f.
– materielle 132
Level-5-Unternehmensführer 43

Management 13, 20, 22, 24, 30, 35, 39-41, 49f., 55, 77, 80, 86, 138, 157, 160, 168, 191, 221, 224f.
 by Fear 55
 by Love, Joy and Peace 55
 Excellence Survey 40
 -prozess, strategischer 49
Marktattraktivität 49f.
MBTI 16, 99
Mentor *siehe* Pate
Merkle, Hans L. 24
Messen 86
 Hochschul- 60
Milestone-Plan
Mitarbeiter-
 beteiligung 212 *siehe auch* Beteiligung
 broschüre, -zeitung 60, 131, 138, 140, 150, 210, 212
 gesprächs-Formular 164f.

Mit-
 besitzen 130f., 191, 204-213
 denken 20, 25, 130f., 143-156
 genießen 130f., 195-203
 lernen 130f., 157-170
 Unternehmer 41, 73, 103, 177, 181, 207, 210f.
 verantworten 130f., 175-194
 wissen 130f., 136-142, 217
Motivation 38, 50, 112, 132f., 134, 176f., 179, 181, 188, 196, 207, 210, 218, 226
– defizite 176
 Die drei Arten der 176
– effekt 201
 Extrinsische 132
– faktoren 102
– hemmnisse 50f.

 Intrinsische 177, 181
– kraft 77
Muss-Kriterien 79f.
Musterbriefe 149-151

Netzwerk 70, 81-87, 115, 194

Online-Netzwerke 87
Osterhammel, Bernd 56

Pate 117, 137
Personal 187
– berater 44, 80, 84, 87f., 199
– entscheider, (-verantwortlicher) 14, 28, 37, 109, 116, 119, 126, 224
– entscheidung, (-auswahl) 14-17, 30, 64, 96, 134, 76, 87, 95
– fragebogen 70, 87, 90f., 123

Persönlichkeits-
  entwicklung 168, 224
  Profil 14, 98f., 102
Peter, Laurence J. 206
Peters, Tom 196
Pilotenblick 37
Pilsl, Karl 55
Pischetsrieder, Bernd 61
Praktika 88
Probezeit 15, 17, 62, 68, 70, 73, 106, 116-119, 126f.

Qualitäts-
  bewusstsein 101
  management 138
  merkmale 37
  standards 29
Quartalsgespräche 175, 183-188, 192, 196, 204, 206

Recruiting Events *siehe* Messen
Referenzen 25, 70, 96, 104-106
Rekrutierungs-
  instrument 85
  prozess 14, 16, 64, 68, 95, 99, 116
Rockefeller, John D. 33

Selbstständigkeit (*auch* selbstständig) 37f., 101, 140, 144f., 153f., 163, 223
Shared Values 56, 219-222
Shareholder-Value 219
Sinn 105, 130, 152, 161, 182, 217, 220
Skunk Works 197
Smart, Bradford D. 25, 28, 39, 43

Sommer, Ron 22
Sprenger, Reinhard K. 175f.
Stakeholder-Value 219
Statussymbole 112, 141
Stellenausschreibung (*auch* Inserate) 16, 74, 76, 83, 89

  Online-Inserat 83
  Printanzeige 8
Strategietage 142, 192

Tag der offenen Tür 58
Talente 22, 31, 53, 56, 59-61, 70, 72, 81, 113, 179, 225
  Krieg um 22
Taylor, Frederik W. 20
Telefoninterview 16, 93f.
Top-1-Prozent 61
  siehe auch A-Mitarbeiter
Trennung mit Stil 127
Tulgan, Bruce 216

Vertrauen 19f., 38, 59, 75, 77, 98, 114, 128, 152f., 157, 160, 181, 188, 198, 218, 220f.
Vier-Augen-Gespräch 149
Viererklassifikation 40
Vorauswahl (*auch* Bewerbervorauswahl) 14, 65, 99, 10
Vorgesetztenbewertung 152, 155

Watson, Thomas J. 47
Weiterbildung 15, 20, 26f., 33f., 47f., 89, 91, 107, 109f., 115, 126, 131, 144, 146, 150f., 156, 168-172, 186f.
Welch, Jack 24, 33, 36, 39, 107f., 141

Werte 13, 22, 26f., 29, 36, 38, 49f. 54-56, 62, 68, 81, 85, 96, 109f., 114, 130f., 140, 152, 168, 180, 192, 214f., 217-223
Wertschätzung 55f., 75, 116, 131, 198f., 202, 217, 219
Wissens-
gesellschaft 12, 20-22
management 157
vermehrung 168

Work-Life-Balance 54, 72, 182
Wunderer, Rolf 41, 224

Zeitarbeitsfirmen 86
Zentralstelle für Arbeitsvermittlung 86
Zielvereinbarung, (-findung) 108, 131f., 175, 188, 191-194, 196, 209-211
Zufriedenheit 72, 76, 93, 111, 118, 132, 180, 185, 187, 190, 218

Jörg Knoblauch, Jürgen Kurz, Jürgen Frey
Die TEMP-Methode®
Das Konzept für Ihren unternehmerischen Erfolg

2009, 235 Seiten
ISBN 978-3-593-38806-9

Das Konzept für Ihren unternehmerischen Erfolg

Welcher Unternehmer möchte nicht zu den Spitzenreitern seiner Branche gehören? Mit Hilfe der konkreten und umsetzbaren TEMP-Methode® zeigt der erfolgreiche Manager und Buchautor Jörg Knoblauch, wie Unternehmer ihre Firma Schritt für Schritt optimieren.

Die Lizenzierung zur Methode
Über 100 Berater und Unternehmer haben sich nach der TEMP-Methode® lizenzieren lassen und sind Teil eines Experten-Netzwerks.

Weitere Informationen zur Lizenzierung:
www.temp-methode.de/lizenzierung

Personal-Toolbox

Alles, was Sie brauchen, um die besten Mitarbeiter zu finden und zu halten

- Erhöhen Sie Ihre Trefferquote der erfolgreichen Einstellungen von 30 % auf 80 %
- Erfolgreich rekrutieren mit einem mehrstufigen Auswahlprozess
- Lernen Sie von Personalprofis weltweit, nutzen Sie moderne Auswahlinstrumente
- Schärfen Sie Ihren Blick für A-, B- und C-Mitarbeiter
- 30 Teile – alles, was Sie brauchen, um Ihren Einstellungsprozess nachhaltig zu verbessern

Der 9-stufige Auswahlprozess – Der Garant für A-Mitarbeiter

Prof. Dr. Jörg Knoblauch

Die 30-teilige Personal-Toolbox erklärt Ihnen den 9-stufigen Einstellungsprozess Schritt für Schritt. Alle Unterlagen sind so gestaltet, dass Sie sie direkt in der Praxis einsetzen können.

Zusätzlich DVDs, Bücher usw. – einfach alle Unterlagen, die Sie für einen Einstellungsprozess brauchen. So stellen Sie sicher, dass Sie Ihre Trefferquote von 30 % auf 80 % erhöhen.

Weitere Infos, Videos und Bestellmöglichkeit:
www.abc-personalbox.de

Geschäftsführender Gesellschafter der Firmen tempus, persolog und tempus-Consulting, Bestsellerautor

Jörg Knoblauch
Die Personalfalle
Schwaches Personalmanagement
ruiniert Unternehmen

2010. Ca. 224 Seiten, gebunden
ISBN 978-3-593-39089-5

Wer neun von zehn Stellen richtig besetzt, wird Marktführer.

»Der Faktor Mensch bestimmt den Unternehmenserfolg« – die zentrale Managementerkenntnis wird in kaum einem Unternehmen umgesetzt. Jörg Knoblauch spricht Klartext: Wer im Vertrauen auf das Bauchgefühl neue Mitarbeiter auswählt, wer sich darauf verlässt, dass sich die Fehlbesetzung noch zum Performer entwickeln wird, wer unter Personalentwicklung nur das jährliche Mitarbeitergespräch versteht, der darf sich nicht wundern, wenn sein Team in eine Abwärtsspirale gerät. Knoblauch zeigt, warum das Personalmanagement in die Unternehmensführung gehört und warum es ein entscheidender Wettbewerbsvorteil ist, wenn Mitarbeiterauswahl, -förderung und -führung oberste Priorität bekommen.

Mehr Informationen unter
www.campus.de

Martin Lindstrom
Buyology
Warum wir kaufen,
was wir kaufen

2009, 230 Seiten, gebunden
ISBN 978-3-593-38929-5

Der Robbie Williams des Marketings

Was wissen wir eigentlich wirklich darüber, warum wir kaufen, was wir kaufen? Bisher hat niemand erschlossen, was genau in unserem Gehirn passiert, wenn wir Kaufentscheidungen treffen – der Marketingguru Martin Lindstrom ändert das jetzt. In seinem Bestseller »Buyology« präsentiert der gebürtige Däne die faszinierenden Ergebnisse seiner revolutionären Neuromarketingstudie, in der er erstmals die unmittelbare Wirkung von Marketing auf das menschliche Gehirn untersucht. Er zeigt, was selbst die raffiniertesten Unternehmen, Werbemacher und Marketer noch nicht über unsere Kaufgedanken wissen, räumt mit den gängigen Vorurteilen über unser Kaufverhalten auf und liefert uns spannende Erkenntnisse über die Beeinflussung unserer Entscheidungen, unser Kaufverhalten und letztlich uns selbst.

Mehr Informationen unter
www.campus.de

Frankfurt · New York